캠핑카 타고 고양이는 여행 중

길 위의 라이프 205일

캠핑카 타고 고양이는 여행 중

이재경 지음

좋은땅

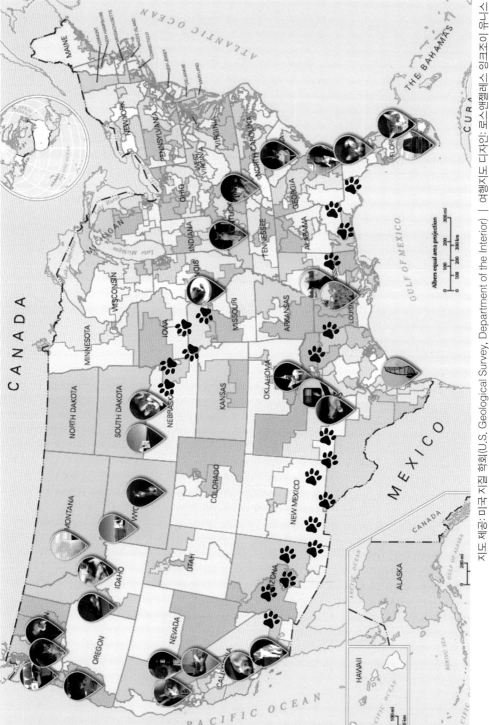

지도 제공: 미국 지질 학회(U.S. Geological Survey, Department of the Interior) | 여행지도 디자인: 로스앤젤레스 잉크조이 유니스

목차
CONTENTS

RV(캠핑카)의
모든 것

×

책을 내면서… 프롤로그… 머리글… 아무튼 책을 만들다.

나는 어릴 때부터 글을 좀 끄적거렸다.
글쓰기를 꿈꾸는 사람들이 다 하듯이.

기분 좋을 때, 기분 나쁠 때 글을 쓰면 스트레스가 풀린다.
스트레스 푸는 도구로 쓴 글을 책으로 낸다는 것, 두려운 일이다.

나는 노바디(No body).
출판사 접속도 어렵다.
자비 출판? 머니가 문제이고,
독립 출판? 언제 배워서 출판하나.

한국을 떠난 17년의 삶, 17년의 언어 공백도 생겼다.
나의 언어와 생각, 삶이 17년의 시간을 좇아 갈 수 있을지 의문이다.
한국에서 4개월 남짓 체류하면서 4평도 안 되는 인천의 한 고시텔
에서 사진 정리, 글 정리, 사진 정리, 글 정리, 사진 정리, 글 정리…
조물락, 조물락, 조물락…

한국에 가면 책 출판을 기대했는데 아무 진전 없이
로스앤젤레스로 돌아와
다시 조물락, 조물락, 조물락…

이 책엔 유명 인사들의 추천사도 없다.
아는 인사가 없다.
그게 나다.
나를 모르는 세상에
겁 없이 책을 냈다.

캘리포니아

california

고양이와 함께 미국 캠핑카 여행

2017년 2월 19일 일요일

나는 100이란 숫자에서 반 이상을 살았다. 한국에서 36년, 미국에서 17년. 미국에 온 이후 계속 새로운 것만 시도했다. 새로운 것이 좋아서 시도한 것이 아니라 단지 돈을 잘 벌 것 같아서였다. 그런데 다 배우고 나면 그 일을 하지 못했다. 남들이 좋다고 해서 배운 건데 적성이 맞지 않았다. 아니, 적성 탓을 했다. 배가 덜 고팠다. 하지 못하게 되면 저절로 하지 않게 된다. 포기….

그리고 또 새로운 것을 찾는다. 하지만 그것 역시 아니다. 그러다 보니 새로운 것을 조금씩 조금씩 많이도 배웠다. 아들이 그랬다. "Again?" 그러면서 지금까지 배운 것을 사용하라고 했다. 다른 걸 또 배우지 말고. 나는 아들에게 "지금까지 배운 거 나한테 안 맞아"라고 말한 후 학비를 기어이 내고야 만다. 아들과 의논하기 전에 새로운 것을 또 배우기로 이미 마음의 결정을 하고, 아들에게서는 위로 또는 응원을 받기 위하여 '의논'하는 척했다.

뭔가를 배울 때 공짜로 배우지 못한다. 학비가 있다. 나는 학비만을 계속 냈다. 그리고 1달러는커녕 학비도 건져내지 못했다. 그러는 사이 시간이 훌쩍 지났다. 정착도 하지 못한 상태에서 인생을 마무리해야 하는 시간도 가까워졌다. 내일일지… 그 내일이 언제가 될지… 나는 과연 (돈을 버는) 정착을 할 수 있을까? 정착하는 삶은 무엇일까? 더 이상 도서관이나 스타벅스에 가서 공부하지 않고, 남들처럼 9시 출근 5시 퇴근하고, 남들이 잠자는 시간에 나도 자고, 남들이 쉬는 주말에 나도 쉬고… 정착이 무엇이든 시간이 너무 많이 흘러서 정착할 시간이 제대로 있을지, 갈 때가 너무나 가까워졌다… 때가 되면 가야지.

그러나 갈 때가 되기 전에 또다시 새로운 것을 시도하기로 했다. 돈 버는 것 아니다. 다행히 학비는 들지 않는다. 대신 비용이 든다. 이것 역시 마무리가 잘 될 수 있는지는 미지수이다.

2017년 4월 1일부터 남친과 함께 캠핑카 타고 미 대륙 횡단 여행을 할 예정이다. 서부 로스앤젤레스에서 시작하여 남부, 동부, 북부, 서부를 잇는 빅 루프(Big loop), 커다란 원을 그리며 여행한다. 우리 고양이, 토마스도 함께!

아침마다 나를 깨우는 우리 집 고양이, 토마스.
함께한 지 5년. 배고플 때만 나에게 온다. 밥을 빨리 주지 않으면 밥그릇과 물그릇을 발로 차면서 신경질을 낸다. 옆집 고양이나 남친이 키웠던 고양이와 비교하면 토마스는 잘 놀라고, 잘 도망가고,

무서워하고… 사교성이 떨어진다기보다는 겁이 많다. 새로운 것을 하기까지 시간이 많이 걸린다. 집 안에서만 산다. 밖에 넓은 언덕이 있는데도. 아무도 가지 않는 언덕 너머에는 코요테가 떼를 지어 살고 있다. 우리 양이 헤칠까 봐 내가 무서워서 밖에 내보내지 않는다. 그런데 이번에 함께 캠핑카 여행을 떠난다. 남친이 처음에는 반대했다. 작은 캠핑카에 냄새난다, 다른 곳으로 입양 보내라, 동물보호소에 보내라. 아니 그런 험한 말을 하다니… 마음이 아팠다. 그래서 인터넷에서 여러 가지 정보를 찾았다. '고양이와 여행', '고양이와 RV 여행'… 서치를 클릭하자마자 고양이와 여행하는 방법과 경험담이 쏟아져 나왔다. 남친에게 얘기했다. "고양이하고 여행하는 사람들 많더라." 그러자 남친은 "OK." 하는 수 없이 맘이 바뀌었다. 그러면서도 "너 후회할 거야."라고 경고했다.

2017년 2월 21일 화요일

캠핑카 여행을 하기 위하여 필요한 물건을 3개 박스(각각 40cm *50cm*30cm)에 담아 가려고 한다. 캠핑카에 있는 옷장도 작고, 공간이 많지 않아서, 물건을 최소로 줄였다. 또 하나, 모든 걸 뒤로하고 3개 박스만으로도 살고 싶어서이다. 고양이 물건도 작은 박스 속에 담고, 남친도 역시 짐을 가볍게 하고, 캠핑카 뒤에는 두 대의 자전거와 의자를 싣고…. 4월 1일로 여행을 예정했지만 3월 중순이나 말에는 떠나야 한다. 그래야 4월에 텍사스에 도착할 수 있다. 해마다 3, 4월이면 텍사스 사우스 파드레 섬(South Padre Island)의 파도가 가장 좋은 시기여서 윈드서핑을 즐기려는 사람들이 몰려온다고 한다. 그곳에서 60을 앞둔 남친은 윈드서핑을 하고 싶어 했다.

나는 1개월의 스케줄을 만들고 그 스케줄대로 로스앤젤레스 생활을 정리했다.

마음의 쉼표를 찍을 시간

2017년 3월 18일 토요일

이사 하면서 동시에 시작된 캠핑카 여행. 좁은 캠핑카에 짐을 제대로 정리하지도 못하고 여기저기 쌓아 두었다. 그래서 함께 길을 떠나는 토마스에게 적응할 시간조차 주지 못했다. 마음의 여유가 없었다. 하룻밤 사이에 환경이 바뀐 토마스는 캠핑카 벙커 베드 구석에 숨어 나오지를 않았다. 우리는 그렇게 정신없이, 도망치듯 엘에이를 떠났다.

먼저 캠핑카 여행 최종 점검을 위하여 샌디에고에 갔다. 샌디에고는 남친이 사는 곳이기도 하다. 바닷가 공원 주차장에서 캠핑카에 쑤셔 넣은 짐을 다 꺼내어 짐 정리를 했다. 이 선반과 수납장은 내가 쓰고, 저 선반과 수납장은 남친이 쓰고, 그리고 캠핑카 밧데리 교체, 타이어 점검, 자전거 점검…

샌디에고 RV파크, 특히 바닷가 RV파크(RV리조트)는 주말에는 자리가 없다. 있다고 하더라도 요금이 비싸다. 남친은 돈을 아끼기 위하여 18일과 19일 밤에는 길가에서 캠핑카 노숙을 했다. 이를 '분덕 (boondock)'이라고 한다. 18일 밤은 샌디에고의 어느 상가 뒤 언덕 외진 곳에서, 19일 밤은 어느 주택가에서. 주택가에서 노숙할 때는 캠핑카의 불빛이 밖으로 새어 나가지 않도록 창문을 햇빛 가리개로 가렸다. 동네 주민들이 홈리스로 생각하고 싫어하기 때문이다.

2017년 3월 20일 월요일

샌디에고 미션 베이 RV리조트에 입주했다. 한 달간의 이사 준비에 지쳐서인지 아니면 게을러서인지, 10일 동안 줄곧 리조트에서만 있었다. RV리조트에서만 지내는데도 시간은 어김없이 흘렀다. 더 빨리 흘렀다. 10일 동안 딱 한 번 도심으로 나갔다.

2017년 3월 22일 수요일

나는 가끔 한국어, 북경어, 영어, 3개 국어를 통역하는 법정 통역사와 '언어' 이야기를 나누었다. 그중에 하나 '점심.' 통역사의 말에 의하면, 점심(딤섬)이라는 말은 "마음의 점을 찍다."라는 뜻이 있다고 한다. 하루 일과 중 오전 일을 마치고 점을 찍고(간단한 식사를 하면서 휴식), 오후가 되면 다시 일을 시작한다.

하루 일과 중의 점심은 주로 12시, 그렇다면 인생의 점심은 언제쯤일까? 인생을 70, 80, 또는 90을 산다면, 언제 쉼표를 찍고 오후의 삶을 시작하는지. 오후의 삶은 있기나 한 건지. 나이 50을 넘어서 6개월이 될지 아니면 9개월이 될지 모르는 캠핑카 여행을 위해서 짐을 쌀 때, '이번 여행이 내 인생에 점을 찍는 시간이구나'라고 생각했다. 평상시 미루기만 했던 일을 하고, 좁은 공간에서 음식과 물건을 쌓지 않고, 남친과 협력하며 사는 것, 그리고 나이든 엄마도 모험을 찾아, 새로운 삶과 도전을 찾아 길을 떠나는, 그런 시간이 되었으면 한다.

우리가 태어나서 어른이 되고, 우리의 아이들을 키우면서 나이 들어가고, 우리의 아이들도 어른이 되고… 모두가 가는 길이다. 모두가 가는 그 길에 미처 정리하지 못한 짐이나 무거운 짐을 살아 있는 아이들에게 떠넘기고 가기도 한다. 나는 인생의 점심시간을 무거운 짐 덜고, 정리하고, 그리하여 아이들의 짐을 덜어 주는, 인생의 마무리를 위한 인생 중간쯤의 검토의 시간이라고 말하고 싶다.

캠핑카 여행을 할 거라고 친구들이나 지인들에게 말하자, "나도 언젠가 하고 싶어요." "부러워요." "먹고 사느라고 못하죠." 등등의 말들을 들었다. 지금이 나의 "Someday." 나의 오후의 인생을 위하여 점을 찍는 시간. 새로운 50을 위하여, For another 50 years.

點心
점찍을 점(點), 마음 심(心)

03.

버리기와 무소유

2017년 3월 22일 수요일

2000년 5월 미국으로 떠나기 한 달 전, 내가 살았던 수유리 극동 아파트 주차장에서 마당 세일(Yard sale, Garage sale)을 했다. 아파트 주차장을 오가는 동네 사람들, 심지어 후배까지 와서 쓰던 물건을 사갔다. 다 팔았다. 옷과 이부자리만 빼고. 미국과 한국을 오가며 사는 아는 언니가 미국에서 이불만 있으면 어디서든 잘 수 있다고 했다. 나는 진짜로 이불과 옷만 챙겼다. 그리고 생각했다. 앞으로의 내 인생, 이민 가방 3개만으로 살자.

17년 동안 미국에 살면서 이사를 6번 했다. 이사 할 때마다 버리고 또 사고… 쌓이는 물건 속에서 살았다. 어떤 경우에는 1년, 2년 동안 한 번도 사용하지 않은 코스트코(Costco) 물건도 있었다.

2017년 3월, 캠핑카 여행을 준비하면서, 버릴 것 버리고, 굿윌(Good Will)에 기부하고, 보관하고, 꼭 필요한 물건만 챙겼다. 캠핑카 길이가 26피트(약 8m), 그 안에는 퀸사이즈 침대, 작은 냉장고,

스토브(가스레인지), 마이크로웨이브(전자레인지), 미니 옷장과 서랍, 선반, 식탁과 의자, 샤워실, 미니 화장실, 세면대, 벙커 베드 등이 있기 때문에 실제 사용 공간이나 보관 공간은 작다. 물건을 많이 줄여야 했다. 그러나 캠핑카에 싣지 못한 짐들, 중요하다고 생각하여 보관한 짐들, 5일이 지난 지금 생각해 보니 그 짐들이 무엇인지 생각나지 않는다. 그렇게 중요하다고 해서, 여행에서 돌아오면 꼭 필요하다고 해서 보관한 짐들이었는데.

이번 캠핑카 여행을 하면서 버리는 것과 소유하지 않을 것들에 대하여 배우게 될 것이다. 습관이 되도록 할 것이다. 냉장고에는 4~5일 동안 먹을 만큼만 음식을 사서 보관하고, 그 음식을 다 먹은 후에 마켓에 가고, 가능한 한 새 옷은 구입하지 않고, 대신 세탁을 자주하고, 공간이 작을수록 정리를 잘 해야 되고, 갖고 싶은 마음으로 물건을 사지 말고, 세일 한다고 해서 왕창 구입하지 말고, 필요한 물건조차도 생각을 한 번 더 한다면, 구입 시기를 하루 미룬다면 필요하지 않을 수 있다는 걸 알게 될 것이다.

버려야 한다. 소유하지 않아야 한다. 그래야 나의 마음이 구속당하지 않을 것이다. 홀가분하게 살자.

04.

어, 집에다 두고 왔다

2017년 3월 25일 토요일

어제 캠핑카의 프로판 가스가 떨어져서 밤에 잘 때 추웠다. 나만 추웠다. 그래서 오늘 프로판 가스 주입하러 시내에 나갔다. 시내에 나갈 때, 캠핑카에 연결(훅업 hookup)한 전기, 수도, 케이블 TV, 하수도 등을 풀어서 다시 캠핑카 속에 넣어야 한다. 귀찮다. 작은 자동차를 캠핑카 뒤에 끌고(towing) 다니면 얼마나 좋을까. 시내에 갈 때는 작은 자동차로 가면 되니까. 덩치 큰 캠핑카를 끌고 복잡한 다운타운에 가서 주차 걱정할 필요도 없고.

캠핑카 훅업을 풀고 다시 연결하는 불편을 줄이기 위하여 시내에 나갈 때는 가능한 많은 일을 하려고 한다. 프로판 가스 사고, 문방구에 들러서 프린트하고, 우체국에 가서 등기 우편 보내고, 마지막으로 마켓에 들러서 장을 보는 것. 우체국에 도착했다. 나는 남친에게, "어, 편지, 집에다 두고 왔다!" 그랬더니 남친이 하는 말, "뭔 소리? 캠핑카에 다 있잖아?" 아, 생각해 보니 맞다. 우리는 집을 통째로 가지고 다닌다. 집에다 편지를 두고 나올 일이 없다.

고양이의 캠핑카 여행 적응기 1

2017년 3월 21일 화요일

우리집 고양이는 치즈 태비 종류이고, 이름은 토마스 오말리(Thomas O'Malley), 1970년 월트 디즈니가 만든 애니메이션 아리스토캣츠 (The Aristocats)에 나오는 주인공 고양이 이름이다. 아들이 애니메 이션 보고 이름을 지었다.

토마스는 겁이 많다. 작은 소리에도 놀래서 도망가기 일쑤다. 집 사인 내가 토마스를 쓰다듬기 위하여 손을 대면 몸을 움찔한다. 그 런 토마스가 캠핑카 여행을 한다는 건 상상하기 어렵다. 새로운 환 경에 적응하기까지 최소 한 달 정도 걸리는데 매일 매일 바뀌는 환 경에 어떻게 적응할지 걱정이다. 물론 캠핑카에서 대부분의 시간을 보내겠지만 어디 집과 비교되겠는가? 그렇다고 남친의 말대로 다른 집에 입양 보내는 것은 마음이 울컥하고, 동물 보호소에 보내는 것 은 더더욱 안 되고… 그래서 같이 여행하기로 결정한 건데 잘 적응 할지 의문이다. 남친이 토마스의 동행을 허락하기는 했지만, 여행 끝까지 이해를 해 줄지, 여행 중에 무슨 일이라도 생기면….

캠핑카 여행 처음 2, 3일은 너무나 놀래서 토마스는 식사도 하지 않고 물도 마시지 않았다. 화장실도 가지 않았다. 그러나 시간이 좀 지나자 식사는 했다. 또 토마스를 화장실에 모셔다주자 냄새 맡고 쉬를 했다. 응가는 하지 않았다.

어제 저녁, 토마스 음식을 준비하고 휘파람을 불었다. 그러자 벙커 베드에서 꽁꽁 숨어 있던 토마스가 스스로 내려왔다. 그리고 음식을 먹고, 물도 마셨다. 토마스가 조금 안정되어 보였다.

다음 날 아침, 토마스가 보이지 않았다. 어디에 숨었지? 문이 열렸나? 은근히 걱정되었다. 그런데 왠걸? 토마스는 캠핑카 슬라이드 인 (slide in) 위(천장 바로 아래)에 올라가 있었다. RV파크에서 캠핑할 때 슬라이드 아웃하여 공간을 넓히는 부분이다. 그때는 지붕이 된다. 캄캄한 밤에 이 공간을 어떻게 알았지? 그러나 그 순간, 토마스를 찾은 반가움보다는 더러울텐데… 아니나 다를까, 토마스의 배, 발 모두 새까만 먼지로 뒤덮여 있었다.

슬라이드인 위의 토마스

06.

내 평생의 두려움

2017년 3월 26일 일요일

나는 자전거를 타지 못한다. 중학교 다닐 때 교장 선생님의 명령으로 전교생이 자전거 타는 법을 배웠지만 그 명령을 어기면서까지 자전거를 타지 못했다. 두 바퀴가 넘어지지 않고 어떻게 굴러가나, 신기하면서도 무서워서였다. 어른이 되어 여의도 광장에서 직장 후배들의 도움으로 자전거를 배웠다. 타지 못했다. 역시 무서워서.

1992년, 캄보디아 프놈펜에서 여행할 때 외국인 여행자들이 자전거나 스쿠터를 빌려서 여행하는 것을 보고 나도 해야지… 프놈펜 궁 앞 광장에서 빌린 자전거와 씨름했다. 그리고 순간, 프놈펜 시민들이 광장 주변을 둘러싸고 자전거와 씨름하고 있는 나를 지켜 보는 것을 알았다. 모두가 쉽다고 하는 자전거, 모두가 교통수단으로 이용하는 자전거, 그때도 역시 자전거를 타지 못했다.

자전거 타는 꿈이 점점 멀어져갔다. 그러나 마음속에서는 자전거 타고 전원을 달리는 나를 그렸다. 언젠가는… 꼭 할 거야.

2011년 말, 로스앤젤레스에서 어른들을 위한 자전거 클래스에 갔다. 강사가 자전거 뒤에서 잡아 주면서 가르치는 방식이 아니었다. 맨 처음에는 자전거 페달을 빼고 학생들 스스로 키 작은 자전거에 걸터앉아 걸어갔다. 그 다음엔 오른쪽으로 왼쪽으로 방향을 바꾸며 걸어갔고, 그리고 마지막으로 페달을 달았다. 어, 탔다! 나는 자전거를 타고 있었다. 뒤에서 잡아 주는 사람도 없이. 내가 어떻게 타게 되었는지 모른다. 기분이 너무나 좋았다. 그러나 그날 이후, 자전거에서 발을 내려놓았다. 무릎을 다치면서 자전거 타기가 무서워졌다.

3월 18일, 남친이 주문한 내 자전거를 픽업했다. 자전거를 타지 못한다고 아니 무서워한다고 분명히 말을 했는데도 불구하고 남친은 자전거를 주문했다. "자전거 타는거 쉬워."라고 말하면서.

샌디에고 미션 베이 RV 리조트. 평생 처음 가져 보는 자전거, 파란색 자전거의 페달을 밟았다. 어, 어…, 탄다! 혼자서! 나는 자전거를 타고 있었다. 2011년에 30분 동안 배웠던 자전거를 내 몸은 기억하고 있었다. 그러면서도 엉거주춤 아슬아슬하게 자전거 타는 나를 보이기 싫어서 아무도 일어나지 않은 아침에 자전거를 탔다. 사람들이나 자동차가 없어야 안전함을 느끼고 자전거를 탈 수 있었다.

바닷가의 조용한 아침. 부드러운 바닷바람이 얼굴에 와 닿는다. 그 즐거움이란 이루 말할 수 없다. 그 기쁨이란 새로운 인생을 만난 느낌이다. 왜 진작에 자전거를 타지 못했을까? 자전거 타고 세계 여행도 할 수 있었을 텐데…

힘들다, 쉬자. 다리가 힘든 것이 아니라 긴장을 많이 한 탓에 마음이 피곤해졌다. 어깨도 아프다. 한국에 있는 가족에게 이 기쁨을 전했다. 50이 넘어서 자전거를 탔다는 말에 동생은 할렐루야~

그리고 매일 남친 보이지 않는 곳, 안전한 RV 리조트 안에서, 다른 사람들 자고 있는 시간에 혼자서 열심히 자전거를 탔다. 넘어지지 않으려고 열심히 페달을 밟았다.

피할 수 없는 시간이 왔다. 남친과 함께 RV 리조트 안에서 자전거를 탔다. 한참을 내 뒤를 따라오던 남친이, Do you know coasting? (코우스팅 하는 거 알아?) Coasting? walking on the coast line? (코우스팅? 해안가에서 걷는 거?) coast 하면 해안선이나 연안만 생각하고 그렇게 되물었다. 남친은 "No."라고 말하고는 coasting 하는 모습을 직접 보여 줬다. 코우스팅은 자전거 페달을 밟지 않고 가는 거였다. '아이고, 지금 막 자전거 타기 시작했는데 또 뭐가 있다는 거지?' 그리고 남친은 나의 자전거 타는 방법을 분석했다. 나는 페달만 계속 밟는다. 다리도 쉬어야 된다. 그래서 나는, "넘어지지 않으려면 페달을 계속 밟아야지."라고 말했다. 가만히 생각해 보니 나는 자전거 페달을 마구마구 밟았다. 다리가 피곤했다. 그래서 페달을 밟지 않고 coasting을 해 봤다. 처음에는 불안했지만 그런대로 할 만했다. 힘이 덜 들고, 쉬엄 쉬엄 탈 수 있고, 속도가 떨어져도 넘어지지 않았다. Coasting을 사전에서 찾아보니 관성으로 나아간다 라는 뜻도 있었다. 그러니까 페달을 밟지 않아도 자전거가 돌고 있는 힘으로 가는 것, 이해가 됐다.

자전거를 타다가 노면이 고르지 못한 곳에서는 엉덩이가 너무 아팠다. 그래서 자전거 의자에 푹신한 커버를 씌우자고 얘기 했더니 남친은 자전거를 서서 타면 충격이 덜해서 아프지 않다나? 앉아서도 중심을 잡지 못하는데 서서 중심을 잡으라고? 자전거 타기만 하면 됐지 뭐가 이렇게 많은지….

자전거를 타고 RV 리조트 밖에 있는 미션 베이 공원으로 갔다. 자전거 길이 있다고 하더라도 좁아서 힘들고, 좁은 자전거 길 우측통행 하기도 힘들고, 다른 자전거 피하는 것도 힘들고, 특히 우측 좌측 불사하고 자전거 타는 아이들을 피하는 것도 힘들고, 보행자를 피하는 것도 힘들고, 남녀가 나란히 걷고 있는 뒤에서 어떻게 무사히 지나갈까 생각하니 힘들고… 드디어 넘어졌다. 충분히 브레이크를 잡을 수 있었는데(혼자만 있었다면), 피하는 것만 생각하다가 브레이크 잡는 것을 생각하지 못했다. 나는 스르르, 아니 스스로 힘없이 넘어졌다.

07.
고양이의 캠핑카 여행 적응기 2

2017년 3월 22일 수요일

이른 아침, 토마스 목줄에 달려있는 이름표가 달랑달랑 소리를 냈다. 나는 자면서도 토마스가 벙커 베드에서 내려왔다는 걸 알게 된다. 그다음은 야옹, 야옹, 아침 식사 달라는 소리이다.

토마스의 야옹 소리는 상황에 따라서 다르다. 다양한 야옹 소리로 나와 커뮤니케이션을 한다. 밥 달라고 할 때는 내 다리에 자신의 몸을 부비부비하며 야옹, 야옹~ 화장실에 갈 때는 야옹! 짧게, '나 화장실에 가니까 방해하지 마시오.' 쥐를 잡아서 나에게 선물 할 때는 평상시 야옹 소리보다 작으면서 급하고 당당하게 야옹, 야옹, 야옹, 야옹, 내 선물 받아 줘, 그 소리에 나가 보면 방문 앞에 쥐(장난감) 한 마리를 놓고 앉아 있다. 화가 나고 귀찮을 때는 히스테릭하게 야옹! 아침에 나를 깨울 때는 조심스럽고 미안한 듯한 ㅇ~ㅑ ㅇ~ㅗ~ㅇ 그래도 내가 일어나지 않으면 뽀송뽀송한 앞발을 내 얼굴에 사알짝 댄다. "그만 자고 일어나면 좋겠는데…."

오늘 아침, 식사 한 그릇을 다 먹은 후에 화장실에 데려다 주었지만 웅가는 하지 않았다. 그리고 다시 벙커 베드로 올라갔다. 며칠 동안 웅가도 하지 않고, 오늘 아침 식사를 뚝딱! 한 관계로 토마스가 무겁다. 벙커 베드 위에서도 토마스는 벌러덩 누어서 내 손을 자근자근 물면서 놀았다. 그리고 다시 꽁꽁 숨어서 잠을 자는지, 꿈을 꾸는지, 캠핑카 천장의 창을 통해 날아가는 새를 보는지… 하루종일 그렇게….

2017년 3월 23일 목요일

새벽 2시쯤, 달랑달랑 가냘픈 소리가 들렸다. 그리고 다시 잠들었을 때, 바닥 긁는 소리가 들렸다. 나는 본능적으로 벌떡 일어나 토마스를 화장실에 데려다 주었다. 토마스는 잠시 멍하고 있더니 냄새를 맡기 시작했다. 그리고는 이내 모래를 파기 시작했다. 볼일을 보려고 하는구나~. 그런데 쉬~인지, 웅가인지… 드디어!! 볼일을 봤다! 세 덩어리씩이나! 그동안 밀린 것 모두 다 나왔다. 나는 다시 침대 속으로 들어가고, 토마스는 혼자서 가벼운 몸으로 놀았다.

나는 뭔가, 어디에 있나

미국 캠핑카 여행, 대장정에 오르다

2017년 3월 27일 월요일

샌디에고 미션 베이 RV파크에서 체크아웃했다. 떠나기 전 50갤런(약 190L)의 캠핑카 물탱크를 가득 채우고, 빨래하고 말리고, 캠핑카에 연결(hook up)한 케이블이나 호스 풀고, 물건이 이리저리 굴러다니지 않도록 정리하고, 슬라이드 인(slide in)하고, 토마스가 놀라지 않도록 살폈다. 시내에서는 은행과 우체국에 가고, 마켓에 가서 2, 3일 필요한 음식 사고, 그리고 샌디에고 한국 마켓에 가서 라면과 군만두도 샀다.

오후 4시경, 샌디에고를 떠났다. 샌디에고 동쪽 8번 고속도로[01]를 타고 아리조나로 향했다. 첫 번째 목적지는 텍사스의 사우스 파드레 섬. 쉬지 않고, 잠만 자고 가도 2~3일 정도 걸린다. 이미 3월이 다 갔다. 그래서 아리조나와 뉴멕시코를 건너뛰어야만 한다. 사우스 파드레 섬에서는 약 3주 정도 지내고, 다시 길을 떠날 예정이다.

---

01 미국의 고속도로는 주에 따라서 Freeway 또는 Highway라고 한다. 캘리포니아는 프리웨이라고 한다.

루지애나, 미시시피, 알라배마, 그리고 플로리다.

플로리다에는 5월 23일 전에 도착해야 한다. 할인된 가격으로 구입한 디즈니월드 4일 입장권은 23일 이전에 입장해야 유효하기 때문이다. 플로리다 디즈니 월드는 캘리포니아 아나하임에 있는 디즈니랜드보다 훨씬 크고, 디즈니 월드 안에 RV 리조트와 텐트 캠핑장이 있다고 한다. 우리는 디즈니 월드 리조트에서 8일 동안 지낼 예정이다. 한 번도 가 본 적 없는 플로리다 디즈니 월드와 RV 리조트, 마음이 설렌다. 그리고 키웨스트… 케네디 우주 센터… 미국 속으로 가자.

아리조나

Arizona

샌디에고에서 아리조나 주 데이트랜드
그리고 첫 사고

2017년 3월 27일 월요일

샌디에고에서 8번 고속도로를 타고 동으로 동으로 달리기 시작했다. 캘리포니아의 윈터헤이븐(Winterhaven)을 지나자 아리조나가 눈에 들어 왔다. 그리고 주 경계를 지나자 가스 비용이 1달러 정도 저렴해졌다. 또 하나 다른 것은 아리조나 주의 8번 고속도로 제한 속도는 시속 75마일(120.7km), 캘리포니아는 65마일(104.6km)이다.

밤 9시 30분경, 주 경계선을 한참 지난 후 아리조나 주 검문소가 나왔다. 미국 연방 국경 경비대(CBP: Customs and Border Protection) 검문소 직원이 Are you both American citizens?(둘 다 미국 시민권자입니까?) Yes, sir. (네, 그렇습니다.) 그리고 검문소를 통과했다.

아리조나 데이트랜드(Dateland, AZ)에 밤 10쯤 도착했다. 자고 가자. 고속도로에서 가까운 주유소 주변에 미국 전 지역을 달리는 초대형 트럭들이 늘어 서 있다. 트럭 운전자(트럭커, trucker)들이 잠을 자려고 주차한 것이다. 엔진을 켠 상태로 자고 있는 트럭 뒤에 우리도 주차했다.

  자기 전에 토마스에게 밥을 주기 위해서 밥그릇을 꺼내려고 주방 수납장을 열었다. 그러자 수납장 안 물건들이 와장창창창~! 떨어졌다. 그중 하나는 미림 소스 유리병, 산산조각 깨졌다. 갈비를 재우려고 샌디에고 한국 마켓에서 구입한건데, 신발이며 옷이며 캠핑카 바닥, 의자 등등… 이리 튀고 저리 튀고… 난리가 났다. 페이퍼 타올로 닦았다. 그런데 미림 소스가 얼마나 끈적거리는지 모른다. 그것도 왕짜중나는 끈적임. 열심히 닦아도 끈적끈적… 남친은 뜨거운 물에 세정제를 풀어서 바닥을 열심히 닦았다. 그리고 나는 신발도 빨았다. 그렇게 닦았는데도, 얼마나 많은 소스가 사방으로 튀었는지 아직도 여기저기 끈적거렸다. 나는 미림에게 화풀이를 했다. 다시는 미림 사지 말아야지. 미림 소스 없이도 얼마든지 갈비를 재울 수 있는데, 인터넷에서 어느 블로거가 미림 소스로 갈비를 재웠다고 하는 바람에 나도 덩달아 해볼까? 그래서 샀는데… 한 번도 사용하지 못하고 왕창 깨졌고 캠핑카를 엉망으로 만들었다.

  남친은 주방 수납장에 여러 가지 양념통이나 소스병을 보관한다. 잘 보관해도 운전 중에 물건이 이리저리 움직이고 쓰러질 수 있다. 그걸 모르고 수납장 문을 열면 쓰러진 병이 바닥으로 떨어진다. 남친은 캠핑카 여행하며 얻은 경험을 나에게 미리 얘기해 주었다. 그러나 말로는 교훈이 되지 않을 때가 있다. 실전을 통해서 더 많은 것을 배운다. 나는 나 스스로에게 주의를 주기 위하여 수납장 문에 포스트잇을 붙였다. "Watchout! Falling…"(떨어지는 물건 조심하기!)

10.

달려도 달려도 끝이 없는 길

2017년 3월 28일 화요일

미국이라는 나라는 엄청 큰 나라, 한국은 엄청 작은 나라, 그것도 남북이 갈라져서 더 작은 남한에서 온 나는 미국에서 여행할 때마다 끝이 없는 길, 끝이 없는 광활한 대지를 보고 감탄한다. 넓다~ 진짜 넓다~ 저 많은 땅, 아무도 살지 않고, 개발할 생각도 없이 남겨져 있는 땅. 개발하기에는 비용이 많이 들기 때문이라고 남친이 말했다. 물도 끌어 와야 하고, 전기도 끌어 와야 하고, 길을 만들어야 하고… 그래도… 바지런한 한국인들에게 빈 땅을 주어서 개발하라고 하면 어떨까 하는 생각을 했다.

내 아들의 여자친구는 북경에서 온 중국인이다. 언젠가 아들의 여자친구에게 미국은 참 크지 라고 말했더니 자기는 미국이 크다고 생각하지 않는다고 했다. 그렇지, 중국도 어마어마하게 크지. 이렇게 '크다'라는 개념조차 사람마다 다르다.

오전 8시, 아리조나 데이트랜드(Dateland)의 이름 모를 주유소 뒤

초대형 트럭 사이에서 아침을 맞이했다. 다시 출발. 8번 동쪽 방면 고속도로.

돌과 바위산이 끊임없이 펼쳐져 있다. 건물은커녕 집도 없고, 사람도 없다. 돌과 바위산 사이를 가르마처럼 달리는 도로만 있다. 그리고 그 위를 달리는 온갖 종류의 자동차들, 멈출 생각도 하지 않고 앞만 보며 달린다. 도착 시간이 늦었나? 어디를 가고 있나? 달려도 달려도… 돌, 바위, 돌, 바위….

해발 4,000피트(1,219m), 바람을 저지할 나무들이 없는 고지대, 바람이 강하게 불었다. 고속도로에는 바람이 강함으로 주의가 절대 필요하다는 안내판이 계속 나왔다. 어디서 이런 돌과 바위가 날아와 쌓여 있는지, 강한 바람은 어디에서 오는지, 어떻게 해서 이런 환경이 생겨났는지, 신기할 뿐이다. 순간, 캠핑카가 휘청거렸다. 바람이 불어도 휘청, 초대형 트럭이 지나가도 휘청, 남친은 운전대를 두 손으로 꼭 잡았다.

달렸다.
바람이 강한 이 지역에는 바람을 이용한 풍력 발전소가 설치되어 있다. 바람 외에는 아무것도 존재하지 않는다.

달렸다.
돌과 바위산 지역을 지나자 모래 지역(sand dune)이 펼쳐졌다. 계속되는 모래밭. 그리고 대평원이 모래밭 뒤를 이었다. 끝이 없는 평원.

모래 외에는 아무것도 없는 이곳에는 태양열 발전소가 대평원에 펼쳐져 있었다. 돌, 바위, 바람, 모래, 평원… 뭔가 연관이 있을 것 같다.

달렸다.

오전 10시. 아리조나 피닉스(Phoenix) 밑에 있는 작은 마을, 카사 그란데(Casa Grande)를 지나자 8번 고속도로는 끝나고 10번 고속도로로 합쳐졌다. 10번 고속도로는 서쪽 캘리포니아 산타 모니카(Santa Monica)와 동쪽 플로리다 레이크 시티(Lake City)를 연결하는 도로이다.

아리조나하면 그랜드 캐년(Grand Canyon), 세도나(Sedona), 모뉴멘트 밸리(Monument Valley), 레이크 파웰(Lake Powell), 호스슈 벤드(Horseshoe Bend), 엔텔롭 캐년(Antelope Canyon) 등이 유명하다. 그리고 또 하나, 선인장. 선인장은 종류도 많지만 이곳의 명물 선인장은 사구아로(Saguaro)라는 대형 선인장이다. 투산(Tucson) 근처에 사구아로 국립 공원(Saguaro National Park)이 있다.

Tucson(나는 자꾸 이 도시 이름을 턱선이라고 했다. 그러나 턱선이 아니라 투산)을 지나자 천연 동굴 국립 공원(Colossal Cave National Park) 안내판이 나왔다. 종유석, 용암 석순, 유석… 어릴 적 지리 시간에 배운 기억이 난다.

키 작은 관목 식물들이 끝없이 펼쳐져 있다. 그리고 가끔 무슨 무슨 wash라는 표지판이 나왔다. 비가 많이 올 때 강이 넘쳐서 한꺼번에 씻겨 내려가고(wash out), 비가 내리지 않을 때는 메말라

있는 지역이다.

치리카후와 국립 공원(Chiricahua National Monument).
아리조나가 끝나 갈 무렵, 뉴 멕시코에 들어가기 전에 있는 국립
공원이다. 기암석으로 가득 찬 공원이다.

달렸다.
뉴멕시코에 진입했다.

저녁 8시경. 뉴 멕시코를 지나 텍사스에 진입했다. "Welcome to
Texas! Drive friendly-The Texas Way"(텍사스에 온 것을 환영합니
다. 친절하게 운전하세요. 텍사스의 운전 방법입니다.)

밤 9시. 캠핑카 여행 시작 후 처음으로 1,000마일(1,609km)을 달
성했다. 캘리포니아 로스앤젤레스부터 텍사스 데밍(Deming)까지.

어둠 속을 달렸다.
엘 파소(El Paso)를 지나 반 혼(Von Horn)의 한 모텔 골목에서 노
숙(Boondocking)했다. 자기 전에 캠핑카 여행 10일 만에 처음으로
토마스가 나랑 놀았다. 토마스도 마음이 진정되고 흔들거리는 캠핑
카 여행에 익숙해졌나 보다.

자면서 생각해 보니 바로 옆에 기찻길이 있었다. 칙칙폭폭, 칙칙
폭폭, 빵~

텍사스

Texas

11.

샌 안토니오 리버워크

2017년 3월 29일 수요일

밤새도록 달리는 기차 소리에 놀라 잠을 자는 둥 마는 둥, 그래도 아침이 되어서야 일어났다. 간단한 타이어 점검을 한 후, 다시 달렸다.

미국에서 두 번째로 큰 주, 텍사스, 달리고 달려도 텍사스였다. (미국에서 가장 큰 주는 알라스카로 텍사스보다 두 배 이상 크다.)[02] 아무리 커도 열심히 달리다 보면 끝이 나오기 마련이다. 조금씩 풍경이 달라지기 시작했다. 텍사스의 샌 안토니오(San Antonio)가 가까워지고 있다. 10번 고속도로는 샌 안토니오를 지나 텍사스 휴스턴(Houston)으로 간다. 첫 목적지인 사우스 파드레 섬(South Padre Islands)은 샌 안토니오에서 37번 고속도로 남쪽 방면으로 가야한다. 샌 안토니오에 도착한 우리는 저녁 식사하면서 잠시 쉬기로 했다. 우리에게 쉬는 것이란 걷는 것이다. 복잡하고 좁은 리버워크(River Walk)에서 멀리 떨어진 곳에 주차하고, 리버워크까지 걸었다. 그리고 리버워크에서도 한참을 걸었다. 오래오래 걸었다. 이렇

---

02 알라스카 면적 656,425mile^2(1,700,133km^2), 텍사스 면적 268,601mile^2(695,673.4km^2)

게 오래 걷는 것, 거의 3일 만이다.

샌 안토니오는 주요 도로가 다운타운을 중심으로 원형 모양을 하고 있다. 그리고 10번과 35번 등의 주요 고속도로는 샌 안토니오 중심을 지나간다. 또한 대부분의 관광지가 다운타운에 몰려 있다. 그 중 하나가 리버워크이다.

리버워크(River Walk)

샌 안토니오는 1921년에 발생한 홍수로 50명이 사망했다. 1926년, 홍수를 방지하고 피해를 줄이기 위하여 샌 안토니오 강 상류에 댐 건설과 강이 지나가는 다운타운 지역에 우회로(복개천 인공 수로) 건설을 시작했다. 그러나 복개천 계획은 환경단체의 반대로 실패했다. 1929년, 건축가 로버트 허그맨(Robert Hugman)이 제출한 아이디어로 현재의 리버워크가 탄생되었다. 리버워크는 일반 도로 아래에 위치하고 있다. 청계천과 똑같다. 2.5마일(4km)의 리버워크가 완공된 후 첫 시험대에 올랐다. 바로 1946년에 찾아온 대홍수. 그러나 댐과 인공 수로로 홍수를 조절하면서 피해를 줄일 수 있었다. 홍수 피해를 성공적으로 줄이면서 리버워크에는 수 많은 레스토랑을 비롯하여 호텔 등의 고층 빌딩들이 들어섰다. 또한 쑥쑥 자란 고목나무도 즐비하고, 다리도 20개나 있다. 그리고 관광객들은 수로에서 뱃놀이도 즐긴다. 리버워크는 미국과 다른 나라 도시 개발에 영감을 주었다. 리버워크는 2011년, 다운타운에서 샌 안토니오 남쪽 지역인 미션 에스파다(Mission Espada-1690년 스패니쉬가 원주민 인디언들을 카톨릭으로 개종시키기 위하여 샌 안토니오에 만든 미션, 2015년 세계 유적지로 등재)까지 8마일이 확장되었다. 이 사업을 미션 리취(Mission Reach)라고 불렀다. 미션 리취는 생태 계 보호로 유명하다. 또한 패들링(paddling) 등의 수상 스포츠와 자전거 트레일, 하이킹 트레일로도 알려져 있다.

샌 안토니오 다운타운 리버워크 수로 바닥에는 진흙이 쌓여 강물이 흙탕물이고 더럽다. 따라서 일 년에 한 번씩 진흙 제거 청소를 하고, 제거된 진흙으로 머드 페스티발을 한다.

그러나 나는 예쁘고 아기자기한 리버워크를 실제로 보고 감동 받지 못했다. 강물도 탁하고, 시내 중심에 있고, 도로보다 낮아 텁텁한 공기가 움직이지 못하고 머물러 있다. 작고 복잡한 관광지이다. 무엇보다 어둡다. 가격 또한 무척 비싸다. 우리는 리버워크 지상에 있는 리틀 스테이크 하우스(Little Steak House)에서 식사 후, 사우스 파드레 섬까지 가기에는 힘들고 시간이 늦어서 하룻밤을 길 위에서 더 자기로 했다.

37번 남쪽 방면 고속도로 옆, 주유소와 편의점 뒤에 초대형 트럭들이 밤을 지내기 위해 벌써 자리를 잡았다. 부릉부릉~ 우우우웅~ 요란하다. 잠을 자기 위한 전쟁을 치르는 것 같다. 우리는 그 지역을 빠져나와 휴게소(rest area) 아닌 주차장에서 잠을 잤다.

그러나 고속도로… 고속도로는 밤새도록 잠을 자지 않았다. 대소형 트럭, 승용차, 트레일러, 캠핑카… 한숨 자고 가면 큰일이라도 나는 듯 어둠 속을 마구마구 달렸다.

12.

사우스 파드레 섬

2017년 3월 30일 목요일

캘리포니아 샌디에고를 떠나 길 위에서 3일 밤을 자고, 그리고 4일 동안 1,800마일(약 2,897km) 운전 후, 드디어 사우스 파드레 섬에 도착했다. 자동차 바퀴에서 내리자 마치 육지에 닻을 내린 듯한 기분이었다. 바퀴 아닌 섬이다! 땅이다! 아이슬라 블랑카 RV파크(Isla Blanca RV Park) 사무실에서 체크인하고, 캠핑카를 주차했다. 그리고 전기, 케이블 TV, 수도, 오물 배수 파이프를 연결했다. 바로 옆에는 작은 베이(Bay)와 멕시코만(Gulf of Mexico)이 있고, 그 아래로 쭉 내려 가면 멕시코가 나온다. 여기서 베이(Bay)와 걸프(Gulf)의 차이. 베이는 작은 만 또는 해협이고, 걸프는 큰 해협을 말한다. 또 코우브(Cove)라는 것도 있다. 둥근 모양의 아주 아주 작은 베이이다.

파드레 섬(Padre Island)은 텍사스에서 가장 큰 섬이고, 우리는 섬 남쪽에 있다. 나는 처음에 텍사스에 무슨 바다가 있나 생각했었다. 있다. 멕시코 만. Gulf of Mexico. 파드레 섬은 길이가 113마일

(182km), 폭이 1.609마일(약 2.6km)로 좁으면서 긴 섬이다. 파드
레 섬의 북쪽은 문명의 손길이 거의 닿지 않은 자연 보존 지역으로
멸종 위기에 있는 거북이와 고래 보호 센터가 있다. 하지만 사우스
파드레 섬은 봄 방학 시즌이 되면 대학생들이 몰려와서 광란의 봄
방학 파티를 하는 곳으로 알려져 있으며, 또한 윈드서핑으로도 유
명한 곳이다. 인구는 약 3,000여 명이며 그 외에는 대부분 여행자들
이다.

사우스 파드레 섬

남친과 나는 콸콸콸 쏟아지는 수돗물로 3일 만에 샤워를 했다. 샌디에고를 떠날 때 50갤런 물을 담아 왔지만 3박 4일 동안, 식사 준비, 설거지, 화장실에서 사용하면서 물이 바닥이 날 것 같아 샤워를 하지 못했다. 남친은 샤워에 사용되는 물보다 설거지에 사용되는 물이 더 많다고 말했다. 남친에게는 그렇겠지, 남친은 고양이 샤워하니까. 나는 샤워할 때 물을 많이 쓰거든. 하지만 캠핑카 여행 시작 후, 길 위에서는 물을 아껴 쓰려고 노력한다. 노력하는 것 중에 하나가 샤워를 하지 않는 것이다. 물을 아껴 쓰기 위한 또다른 방법으로 마켓에 갈 때 마켓 화장실을 사용했다. 그러나 마켓 화장실에서 양치하고, 세수하고, 몸 살짝 닦고… 절대 하지 않았다.

이곳 아이슬라 RV파크(Isla Blanca RV Park)는 시골같은 동네이다. 어떤 여행자는 캠핑장에 판자로 만든 야외 샤워실을 갖추고 있고, 정원을 가꾸는 사람들도 있고, 아마도 장기 거주자일 것이다. 또 어떤 사람들은 의자에 앉아 책을 읽는 사람들도 있고, 캠핑카 뒤에 붙은 발코니에 앉아서 식사도 하고, 담소를 즐기는 사람들도 있고, 자전거를 타거나 달리기하는 사람, 또 개와 산책하는 사람들도 있다.

바람이 많이 분다. 베이에서 불어오는 바람 소리에 남친의 마음은 벌써 윈드서핑에 가 있다. 우리는 오랜 운전 끝에 피곤하여 간단하게 라면 먹고 잤다.

13.

윈드서핑

2017년 3월 31일 금요일

3월과 4월에 바람이 많이 분다는 텍사스의 사우스 파드레 섬. 간밤에 바람이 많이 불었다. 살벌한 바람 소리, 나무 휘청거리는 소리, 뭔가 날아 가다 부딪히고 떨어지는 소리, 덜컹거리는 소리… 캠핑카도 흔들거렸다. 그러나 이런 강풍 속에서도 아침은 왔다. 밤새도록 난리를 친 바람은 오간데 없이 사라지고 맑은 하늘, 잔잔한 하늘이 우리를 맞이했다.

남친의 윈드서핑 하는 날이다. 몇 달 동안 윈드서핑을 노래했던 남친은 오늘 물을, 아니 바람을 만났다. 아이슬라 블랑카 RV파크를 출발하여 섬 북쪽으로 약 3, 4마일(약 4~6.5km) 가면 윈드서핑 구역이 있다. 오직 멤버만 사용한다. 가입비 $10. 윈드서핑 구역 옆에는 카이트 보딩(Kiteboarding) 구역도 있다. 남친은 바닷물이 들어온 모래 위에 캠핑카를 주차하고, 장비를 착용했다.

바다에 주차 후 윈드서핑 준비

　윈드서핑이나 카이트보드를 즐기는 사람들이 많지는 않았지만 여자들도 있었다. 나이는… 대부분 50대, 60대? 어떻게 저런 걸 타는지 신기하다. 하늘을 나는 기분이 어떨까? 물 위를 바람으로 가는 느낌이 어떨까? 남친은 윈드서핑이 쉬운 운동은 아니라고 했다. 굉장한 체력이 필요하고, 무척 힘든 스포츠라고 했다. 인간은 참으로 새로운 모험, 도전을 하는 유일한 영장류임은 틀림없다.

　바람이 강하면서도 적당하게 불었다. 남친은 윈드서핑을 끌고 바다로 나갔다. 그리고 보드 위에 올라타고, 물을 가르고, 바람을 가르며 멀어져 가고 있다. 점점점… 멀어져 간 그 자리는 파란 하늘만이 있었다.

로스앤젤레스는 습도가 거의 제로인데 이곳은 습도가 무척 높다. 아무 일도 하지 않는데도 불구하고 피부가 완전히 땀으로 젖었다. 피부 촉촉 아닌 축축 그래도 피부에 좋은 거라고 생각했다. 나는 바닷물 속을 걸어 다니며 열심히 셀피를 찍고 나서 토마스를 확인했다. "토마스, 여기 바다다. 낚시하러 가자." 토마스는 천장에 거의 맞닿은 슬라이드 인 위에서 잠을 자고 있었다. 늘어지게 네 다리 모두 위로 아래로 쭈욱 뻗고, 덥고 끈적거리는 날씨에 체온 조절을 하며 세상 모르게 입 벌리고 자고 있다. 바다에 맛있는 물고기가 뛰어놀고 있는 것도 모르고, 한량이다. 이렇게 토마스의 팔자 좋은 모습을 보며 여행의 피로를 푼다.

기진맥진할 때까지 윈드서핑을 탄 남친, 오늘은 여기까지, 그리고 RV파크로 돌아왔다. 캠핑카의 슬라이드 아웃도 했다. 그러면서 위의 공간이 사라지자, 그 위에서 팔자 좋게 잠을 자던 토마스는 강제 퇴거당했다.

우리의 저녁 식사는 코스트코(Costco)에서 구입한 신선한 연어와 재스민(Jasmin) 쌀밥. 연어는 버섯, 생강, 간장과 오렌지 쥬스로 만든 소스에 재우고, 아스파라가스, 샐러드, 그리고 엘에이를 떠날 때 친구가 여행지에서 마시라고 준 러시안 밸리 리버 피노 노아(Russian Valley River Pinot Noir), 우리의 만찬이다.

14.

고양이의 캠핑카 여행 적응기 3

2017년 3월 25일 토요일

새벽녘, 나는 토마스가 어슬렁어슬렁 돌아다니는 소리를 간간이 들으면서 잠을 자고 있었다. 조심스럽게 야~ㅇ~ㄱ~ㅇ, 그리고 토마스가 침대 위로 올라왔다. 침대 위, 특히 내가 자고 있는 곳을 탐색하더니 지난 5년 동안 같이 살면서 한 번도 하지 않았던 행동을 했다. 내 가슴 위에 살포시 앉았다. 이제서야 나를 안아 주었다, 자진해서. 토마스는 내가 안을 때마다 고개를 돌리고 안간힘을 쓰며 나를 뿌리친다. 그러나 오늘 새벽에는 그러지 않았다. 뿌리치지 않았다. 토마스 스스로 나를 안았다. 아, 이 행복! 이런 날도 있구나. 이제 나를 받아 주는구나. 느낌이 좋다.

나는 잠을 잘 때 많이 움직인다. 하지만 처음으로 나를 안아 준 토마스에게 고마운 마음으로 움직이지 않았다. 내 몸이 서서히 꼬이기 시작했다. 움직여 주어야 되는 시간이 왔다. 하지만… 이런 기회가 또 언제 올지 알 수 없다. 나는 움직이지 않고 참았다.

토마스, 사람인 나보다 먼저다. 야단을 치거나 약간이라도 심하게 말을 하면 금방 삐지고 내 근처에 오지도 않는다. 그래서 지금까지 야단친 적이 거의 없다. 토마스가 실수를 했어도 친절한 목소리로 달래 주거나 이해시켜야 한다. 여기서 실수란 주로 화장실에서 볼일을 본 후 발을 더럽히는 것이다. "(화난 목소리로) 발이 이게 뭐야?" 이게 아니라 "(부드러운 목소리로) 고양이도 사람도 실수를 해. 실수할 수 있어. 깨끗하게 닦으면 돼. 괜찮아. 다음에는 깨끗하게 해~ Good boy!" 남친은 그게 불만이다. "토마스가 너를 갖고 노는 거야."

집을 떠나 캠핑카 생활과 여행을 한 지 8일 동안, 토마스는 나의 휘파람 소리를 듣고도 숨은 곳에서 나오지 않았다. 그래도 나는 입술이 피곤해질 때까지 열심히 휘파람을 불었다. 그리고 겨우 벙커베드에서 나온 토마스가 식사하고 응가 할 수 있도록 도와주었다. 10일 정도 지났다. 드디어 토마스가 나의 휘파람 소리를 듣고 처음으로 스스로 내려와 식사를 했다. 새벽에는 쉬도 하고 응가도 했다. 지성이면 감천이라고 했던가.

3월 29일 수요일, 토마스가 나랑 놀았다. 토마스를 쓰다듬어 주자, 벌러덩~ 배를 드러내고 누웠다. Love is touching. 나를 만져 주오, 야옹~, 귀, 가슴, 배, 목… 따뜻하게 어루만져 주었다. 그다음 토마스가 기분이 좋아지면 하는 것, 바로 내 손을 문다. Love is biting. 하지만 나는 아프다. 그렇다고 앗, 아파! 라고 소리치지 못한다. 대신 토마스 놀라지 않게 작은 목소리로, 아파~ 라고 말하며 슬쩍 손

을 뺀다. 이러한 행동을 되찾은 토마스, 벙커베드에 숨어 있는 시간
이 줄었다.

창문 밖 바라보기

4월 1일 토요일, 남친은 윈드서핑을 하지 않고 쉬었다. 그래서 슬
라이드를 아웃했다. 넓어서 좋다. 그러나 슬라이드 아웃을 하면서
위의 공간이 사라지자 토마스는 계속 야옹 야옹 했다. 나, 낮잠 잘
고양, 방해하지마! 근데… 내 자리 어디 있냐옹? 내 자리 어디로 간
거래옹? 토마스가 야옹거린다고 슬라이드 인 할 수는 없다. 이거만
큼은 토마스에게 양보할 수 없다. 대신 식탁 의자의 창가 쪽으로 베
개를 세워서 작은 공간을 만들어 주었다. 토마스는 그 안에서 한참
을 잤다. 온몸을 쫘악~ 핀 채. 끈적이고 더워도 하루종일 잘 자는 토
마스, 그래 잠이 보약이란다.

15.

멕시코 만에서 조깅

2017년 4월 2일 일요일

이삿짐 싸고, 이사하고, 청소하고, 여행 짐 챙기고, 캠핑카 정리하고, 운전하고. 또 RV파크에서 남친은 일하고, 나는 인터넷과 놀고… 그러면서 자전거 조금 탄 거 외에는 운동을 거의 2주 동안 하지 못했다. 아직도 자전거와 씨름하는 나는 자전거 타고 운동했다 라고 말하기에는 이르다. 오늘 우리는 나섰다. 달리기. 달리기 종류 중에서도 살살 달리기.

멕시코만(The Gulf of Mexico)은 약 3백 만 년 전에 형성되었다. 동쪽, 북쪽, 북서쪽 해안은 미국의 플로리다, 앨라배마, 미시시피, 루지애나, 텍사스를 마주하고 있고, 남쪽으로는 멕시코, 또 남동쪽으로는 플로리다 바로 밑에 쿠바가 있다. 멕시코만의 미국 영토에 해당되는 해안선의 길이는 1,680마일(2,700km), 또 33개의 강이 멕시코만으로 흘러간다. 그중 가장 대표라고 할 수 있는 강이 미시시피강이다. 나는 멕시코만 미국 영토 해안선 총 길이 1,680마일(2,703.7km) 중에서 1.6마일(약2.6km)을 뛰었다.

나는 달리기를 싫어했었다. 싫으니까 못하고, 못하니까 싫어했다. 초등학교 운동회에서 100m 달리기 출발선에 서 있을 때, 그리고 달리기 출발을 알리는 총소리가 세상에서 가장 무서웠다. 나름대로 열심히, 두 다리와 양팔 모두 빨리빨리 움직여서 뛰었다. 그 결과, 꼴찌는 면하고 뒤에서 2등. 그렇게 열심히 뛰었는데도 늘 제자리인 것 같고, 저 먼 거리(100m)를 어떻게 끝까지 달려가나, 왜 이렇게 먼가? 언제 이 달리기를 멈추나? 대학에 들어가면 달리기를 하지 않아도 되나? 그런 생각을 하며 뛰었다.

상품? 기대하지 않았다. 참가상으로 연필 한 자루 아니면 공책 한 권 받지 못해도 괜찮았다. 달리기가 끝났다는 것만으로도 좋았다. 중학교, 고등학교 다닐 때도 마찬가지였다. 100m 외에 800m 달리기도 있다. 체육 시간에는 거의 도망 다닌 것 같다. 20점 만점 체력 검사에서 한 번도 만점을 받아 본 적이 없다. 17점이 최고 점수였다. 60여 명 되는 한 반에서 체력 검사 만 점 받지 못한 학생은 아마 나밖에 없었을 것이다.

나는 꿈속에서도 달리기를 못 했다. 꿈속에서 뭔가 무서운 것으로부터 도망칠 때도 다리가 왜 떨어지지 않는지, 다리야, 제발 달려다오~ 잡힐 듯 잡힐 듯… 너무너무 무서웠다. 달리기를 잘하면 잘 도망칠 텐데… 그런 내가 1.6마일(2.6km)를 뛰었다는 것은 대단한 사건이다. 비록 '살살 달리기'라고 하더라도.

캠핑카 여행하기 전, 내 평생 처음으로 가장 먼 거리인 3마일

(5km)을 뛰었다. 물론 동네 한 바퀴씩 조금은 계속 뛰었다. 그리고 이번 달리기에서는 2.6km. 나이 들어가면서 건강하게 오래 살기 위해서 달리기를 하는 것인지 아니면 달리기가 새롭게 다가온 것인지는 모르겠지만, 둘 다인 것 같다. 장기간 여행하기 위해서는 체력이 중요하다. 잘 챙겨 먹고, 잘 자고, 꾸준히 운동하고….

16.
알라모를 기억하라

2017년 4월 13일 목요일

2주 동안 지낸 사우스 파드레 섬을 떠나 약 5시간 운전하여 샌 안토니오(San Antonio) 근교에 도착했다. 고속도로 옆에 있는 데니스(Denny's)에서 포테이토 스프와 샐러드로 가볍게 저녁 식사를 마친 후, 바로 옆에 있는 월마트 주차장(샌 안토니오 87번 고속도로와 410번 고속도로 근처) 외진 곳에서 노숙(분덕, Boondock)했다. 노숙할 때는 주변을 확인해야 한다. 주차장에 경비가 있는지, 야간 주차 금지(No overnight parking) 안내판이 있는지. 다음 날 아침, 일어나 보니 우리 캠핑카에서 조금 떨어진 곳에 다른 캠핑카도 노숙했다.

3월 말 사우스 파드레 섬에 가기 전에 샌 안토니오의 리버워크에 갔었다. 그래서 오늘은 샌 안토니오 알라모(The Alamo)에 갔다. 알라모에 가기 전에 인터넷에서 알라모를 찾았다. 그러자 알라모 렌틀 카 회사가 가장 먼저 나오고 내가 원하는 텍사스 알라모는 나오지 않았다. 다시 인터넷으로 찾은 것은 알라모 요새(Alamo Fort).

알라모 요새(The Alamo Fort)

이곳에는 관광객이 많이 온다. 군인들도 더러 눈에 띄었다. 아는 사람의 아들이 미군 공군에 입대하여 이곳 샌 안토니오 부대에 배치되었다고 며칠 전에 들었다. 그 아들이 혹시 이곳에 구경하러 오지 않았을까?

텍사스주는 알라모를 유적지로 지명하고 관리하고 있다. 알라모 입장료는 무료, 하지만 기부금 통이 있다. (입장료 없는 곳에 가시면 기부 많이 하기를 바란다.) 관광객들은 알라모를 자유롭게 입장할 수 있지만 줄을 서서 들어가는 곳이 하나 있다. 바로 알라모 요새 입구에 있는 교회로 들어가려면 줄을 서야 한다. 이 줄이 알라모에 입장하는 줄인 줄 알고 우리는 계속 줄 따라 들어갔다. 한참을 기다린 후에 알았다. 다리 아프고 지쳤는데… 아무튼… 알라모 요새… 규모는 작지만 많은 역사가 숨 쉬고 있다. 슬프면서도 미국이 자랑스럽게 여기는 역사이며 유적지이다. 특히 텍사스의 자부심이 가득한 유적지이다. 알라모에 관련된 영화도 많이 제작되었다.

1718년, 스페인의 샌 안토니오 데 발레로(San Antonio De Valero)는 카톨릭 전도 목적으로 요새(Fort)를 세웠다. 1803년, 스페인의 알라모 데 파라스(Alamo De Parras)에서 온 군인들이 자신들의 고향 이름을 따서 이 요새를 엘 알라모(El Alamo)라고 이름 지었다. 1821년, 멕시코는 스페인으로부터 독립하였고, 알라모에는 미국인들이 이민 와서 정착하였다. 그들을 텍산(Texan)이라고 불렀다. 1836년 3월, 텍사스 주민(미국에서 온 이민자들)들이 멕시코 정부의 새로운 정책에 거부하자 멕시코 정부는 텍사스를 점령하기 위하여 군대를 끌고 왔다. 멕시코 군대로부터 텍사스를 지키기 위하여 텍사스의 미국 이민자들은 알라모 요새에서 저항하며 싸웠다. 많은 미국인들이 사망 또는 처형당했다. 이 소식이 전해지자 미 전국에서 텍사스를 돕기 위하여 많은 사람들이 왔으며 텍사스 공화국(Republic of Texas)을 출범하였다. 알라모 전쟁은 너무나 처참하여 미국인들뿐만이 아니라 멕시코 군인들도 많이 희생되었다. 텍사스 공화국은 이 싸움에서 승리함으로써 멕시코로부터 독립하였으며 1845년, 미국에 귀속, 지금의 텍사스 주가 되었다. 그리고 알라모 요새는 2015년, 유네스코 세계 문화유산에 등재되었다.

알라모 요새 주변의 도로 이름은 대부분 알라모 전쟁에서 희생된 사람들의 이름을 따서 만들었다. 보위 거리, 휴스턴 거리, 크킷 거리, 트레비스 거리 등등….(Bowie Street, Houston Street, Crockette Street, Travis Street….) 알라모에서 한 가지 흥미로운 것은 제임스 보위(James Bowie)이다. 제임스 보위는 개척자이며 알라모에서 멕시코와의 전쟁 시 텍사스의 승리를 이끈 중요한 사람 중의 한 명이다. 제임스 보위의 가족은 칼을 만들었으며 제임스가 칼 결투에서 이기면서 보위 가족이 만든 칼은 유명해졌다. 알라모에는 보위가 사용한 칼, 보위 가족이 만든 칼을 전시하는 방이 있다. 2016년에 사망한 영국 가수 데이빗 보위(David Bowie)가 초창기 가수 시절, 자신의 원래 이름(David Robert Jones)이 다른 가수 이름과 비슷하여 제임스 보위 이름을 따서 보위로 바꾸었다. David Bowie.

17.

뉴 브란펠스

2017년 4월 14일 금요일

알라모를 본 후, I-35번 고속도로를 타고 북동쪽으로 40여 마일 (64km) 갔다. 그곳에 뉴 브란펠스 라는 작은 도시가 있다. 뉴 브란펠스를 지나 계속 가면 텍사스 오스틴(Austin)이 나온다. 우리는 뉴 브란펠스의 리버 랜취 RV리조트(River Ranch RV Resort)에 체크인하고 여장을 풀었다. 여장을 풀면서 리버 랜취 RV리조트 주변을 둘러 보았다. 오, 마이 갓! RV리조트 위, 아니 우리 캠핑카 바로 위에 8차선 I-35번 고속도로가 지나고, I-35번 고속도로 출구가 있고, 반대쪽으로는 35번 비지니스 고속도로(도시 내의 간선도로)가 지나고 있다. 조금 떨어진 곳에는 기찻길도 있다. 그리고 작은 과달라루페 강이 흐르고 있다. 35번 간선도로와 I-35번 고속도로, 과달라루페 강(Guadalupe River)사이 작은 삼각형 모양의 땅. 건물을 짓기에는 너무 작고, 시끄럽고, 복잡한 고가 도로 밑에 있는 쓸모 없는 땅. 거기에 RV리조트를 만든 것이다. 다른 RV리조트보다도 규모가 작고, RV들도 다닥 다닥 붙어 있다. 이름은 리조트이지만 수영장과 월풀 욕조도 없다. 소음, 장난이 아니다. 하루 종일, 밤새도록, 윙 윙 윙~

지나가는 대형 트럭, 자동차, 멀리서는 칙칙폭폭, 칙칙폭폭… 그나마 위로가 된 것은 리조트 바로 옆에 흐르는 과달라루페 강(강의 폭이 10~15m)이다. 강 옆으로는 나무들이 우거져 있고 많지는 않지만 사람들이 낚시도 하고 물놀이도 했다. 강이 RV리조트를 리조트답게 어느 정도 살려 주었다.

2017년 4월 15일 토요일

뉴 브란펠스는 독일 왕자이며 군 장교였던 솜스 브란펠스 칼(Carl of Solms-Braunfels)이 독일 이민자들의 미국 내 정착을 돕기 위하여 1844년에 땅을 구입하여 만든 도시이다. 그리고 그의 이름을 따서 도시 이름을 New Braunfels라고 지었다. 곳곳에서 독일 정취를 느낄 수 있다. 건물 양식이나 거리 이름이 독일식이다. 11월에는 독일식 소시지와 생맥주 축제가 펼쳐지며 여름에는 세계에서 유명한 쉴리터반 워터 파크(Schlitterbahn Water Park)가 개장되어 관광객들이 많이 몰려 온다.

쉴리터반(Schlitterbahn)

가족 물놀이 공원이다. 한 가족이 자기 집 앞에 있는 강에서 물놀이를 즐기는 것을 시작으로 1979년 개장했다. 독일어 Schlitterbahn의 뜻은 slippery road, 미끄러운 길이다. 우리에게도 익숙한 아우토반(Autobahn)에서도 볼 수 있듯이 반(bahn)은 '길'이라는 뜻이다. 쉴리터반은 4월 중순 부활절 전후에 개장하여 9월 중순에 폐장하며, 텍사스에 총 5개의 쉴리터반이 있다. 첫 번째이며 가장 대표적인 쉴리터반은 뉴 브란펠스에 있다. 쉴리터반은 2014년 기준, 15

년 연속(어떤 자료에서는 10년 연속) 물놀이 공원 최고의 상을 수상했다. 지금은 전 세계적으로 최첨단, 최대 규모의 물놀이 공원이 생겨나 베스트를 유지하기가 힘들다. 한국의 캐리비언 베이 워터 파크도 전 세계 탑 20 워터 파크에 기록된 것을 봤다. 뉴 브란펠스 쉴리터반에서 여름에만 근무하는 계절 임시 근로자(seasonal employee)가 무려 2,000명 정도라고 한다.

쉴리터반이 유명한 것은 바로 코말 강(Comal River) 때문이다. 코말 강은 과달루페 강의 지류이며 강의 길이는 약 2.5마일(4km)로 짧지만 현지 사람들은 'the longest shortest river 가장 길면서도 가장 짧은 강'이라고 부른다. 코말 강은 산에서 내려오는 강이 아니라 코말 냉천수(Cold-spring river)에서 나오는 물이 강이 된 것이다. 사람들은 냉천수인 코말 강에서 튜브를 타고 물놀이를 즐긴다. 강물 자체가 워터 파크이다.

쉴리터반은 부활절 주말에는 일부 개장하고 4월 마지막 주말부터는 전부 개장한다. 일부 시설만 개장할 때는 입장료가 약간 저렴하다. 하지만 남친은 일부만 즐기기에는 그 돈도 아깝다고 했다. 결국 가지 못했다. 나는 가고 싶다고 말하지 않았다. 단지 마음속으로만 캘리포니아에서 여기까지 왔는데… 얼마나 먼 거리인데… 보기 드문 냉천수 물놀이 공원인데… 섭섭했다. 캠핑카를 타고 쉴리터반 바로 옆 코말 강 다리를 지나가면서 다른 사람들이 물놀이 즐기는 것을 보는 것에 만족해 했다.

늦은 점심 식사는 독일 식당에서 했다. 프리젠하우스(Friesenhaus) 레스토랑. 독일식 생맥주와 다양한 종류의 독일식 소시지, 그 외 독일 음식이 있었지만 독일 하면 소시지가 아닌가. 그래서 세 가지 종류의 소시지, 감자 요리, 비트 샐러드, 그리고 빠질 수 없는 생맥주!! 종류도 많고 뭐가 뭔지 몰라서 가장 안전한 오리지널 생맥주를 주문했다. 대낮에 한 잔 더 마시고 싶을 정도로 맛있었다.

내일은 부활절이다. 남친은 부활절 음식으로 로스트(roast)를 샀다. 작은 도시임에도 불구하고 H.E.B마켓은 규모가 무척 컸다. 마켓에서 장을 보는 사람들이 모두 Happy Easter! 라고 인사를 나눴다. 미국 남동부와 남부로 갈수록 종교심이 강해지는 것 같다. 로스앤젤레스에서는 Happy Easter! 라고 인사하는 사람들의 숫자가 줄어들고 있다. 크리스마스에는 Merry Christmas! 대신 Happy Holiday! 라고 말한다. 트렌드인지… 많이 바뀌었다.

미국. 다양한 민족들이 산다. 살아가는 방식, 생각하는 방식, 다 다르다. 이렇게 다른 문화를 가지고 한 나라를 이루었다. 하나의 똑같은 문화를 가지고 살아도 부딪히는 일이 발생한다. 따라서 이웃과 서로 다른 문화를 가지고 함께 산다는 것 어려운 일이지만 그래도 서로를 알아 가며 살아가는 사람들이 있다. 다른 문화를 가지고 산다는 것 자체가 미국의 문화이다.

오스틴

2017년 4월 20일 목요일

어제 아침 뉴브란펠스의 리버 랜취 RV파크 리조트를 떠났다. 소음 공해에서 탈출하니 기분이 좋아졌다. 아, 드디어~ 여기만 아니라면 그 어디라도 조용할 것 같다. 우리는 텍사스 주도인 오스틴(Austin)의 오우크 포리스트 RV리조트(Oak Forest RV Resort)에 체크인하고 다시 여장을 풀었다. 그리고 오스틴 다운타운에 위치한 텍사스 주 청사(Texas State Capitol)에 갔다. 1882년에 공사 시작하여 1888년에 완공, 이탈리아 르네상스 건축 양식, 1970년 국가 유적지로 지정, 1983년 화재 발생, 1993년 7천5백만달러를 들여 증축했다. 주 청사에는 부시 전 대통령의 사진을 비롯하여 텍사스 전 주지사들의 사진들이 전시되어 있다. 건물만 봐도 텍사스에 대한 자부심이 대단했다. 문을 열면 보이는 경첩(hinge)에도 '텍사스'가 새겨져 있었고, 텍사스의 상징인 별 조각이 있다. 주 청사에는 관광객들을 위한 무료 투어가 있고, 학생들이 견학을 하러 온다. 텍사스의 자부심을 배우러 온다.

오스틴(Austin)

텍사스의 주도로서 미국에서 11번째로 인구가 많다. 오스틴에는 레이디 버드 호수(Lady Bird Lake)와 콜로라도 강을 비롯한 호수, 강, 수로가 많다. 1830년대, 초기 이주자들은 콜로라도 강을 따라서 오스틴 중부 지역에 정착했다. 1839년, 텍사스의 주도였던 휴스턴에서 오스틴으로 주도를 옮겼다. 그때의 주도 이름은 워터루(Waterloo). 그리고 텍사스의 아버지(Father of Texas)라고 일컫는 스테판 오스틴(Stephen F. Austin)을 기리며 주도 이름을 오스틴으로 변경했다.

오스틴에는 포춘 500(Fortune 500)에 포함되는 기술 관련 비지니스 본사나 지사가 많다. 그 대표로, 아마존(amazon), 애플(Apple), 시스코(Cisco), 이베이(eBay), 구글(Google), 아이비엠(IBM), 인텔(Intel), 오라클(Oracle), 페이팔(Paypal), 쓰리엠(3M) 등이 있다.

로스앤젤레스 시민들을 앤젤리노라고 부른다면 오스틴의 시민들을 오스티니티(Austinites)라고 부른다. 오스틴은 또한 공기가 깨끗한 도시로도 알려져 있다. 레스토랑, 건물, 술집에서 흡연을 금하고 있다. 이것은 로스앤젤레스도 마찬가지다. 내가 제일 좋아 하는 법이다. 2012년 FBI가 미국에서 두 번째로 가장 안전한 도시로 선정했다. 2017년에는 미국에서 가장 살기 좋은 도시로 뽑혔다. 선정 기준은 생활비, 교육, 집값, 교통, 문화 시설 등이다. 2001년부터 경기도 광명시와 자매 도시가 되었다.

19.

레이디 버드 식물원과 딥 에디 수영장

2017년 4월 20일 목요일

오스틴에는 레이디 버드 존슨 와일드 플라워 센터(Lady Bird Johnson Wildflower Center)가 있다. 이 센터는 미국 35대 대통령이었던 존 에프 케네디 대통령 정부 시절 부통령과 36대 대통령을 지냈던 린든 존슨 대통령(Lyndon B. Johnson)의 퍼스트 레이디, 레이디 버드 테일러(Lady Bird Tayler)가 1982년에 창립했다. 약 6.7ha의 자연 속에서 9,000여 종류의 이 지역 토종 식물과 야생화를 보호하고 연구한다. 센터 입구 담장에는 독수리 커플이 약 8년 동안 거주하고 있다. 지금은 생후 6주 된 아기 독수리 형제도 있다. 한 마리는 수줍음이 많아 담장 위 작은 선인장 뒤에 숨었고, 다른 한 마리는 당당하게 선인장 앞으로 나와서 방문객들을 맞이했다. 같은 부모 독수리에서 태어났음에도 성격이 달랐다. 센터 자원봉사자에게 엄마 독수리는 지금 어디 있나요? 라고 묻자, 하루 종일 돌아 다니다가 저녁에 먹이를 가지고 온다고 한다. 한 번은 아버지 독수리가 토끼를 잡아오자 엄마 독수리가 부리로 토끼를 찢어서 새끼들을 먹였다고 한다.

날씨가 덥다. 아직 4월인데. 그러나 이런 것이 여행이다. 더위도 느끼고, 땀도 뻘뻘 흘리고, 비도 맞고…. 오스틴의 딥 에디 풀장(Deep Eddy Pool)에 갔다. 거주자가 아닌 경우에는 어른 한 명당 $8. 비싸다. 거주자는 $3. 딥 에디 풀장은 텍사스에서 가장 오래된 야외 수영장이다. 옛날에 사람들은 콜로라도 강가에 커다란 우물(swimming hole)처럼 생긴 곳에서 수영을 즐겼다. 수영하는 장소에는 소용돌이(eddy)가 치는 곳도 있었다. 그래서 수영장 이름이 딥 에디 풀(Deep Eddy Pool)이 되었다. 1915년 에이제이 엘리어스(AJ Eilers)가 강가의 우물 지역을 사들였고, 그곳에 콘크리트 벽을 넣어 지금의 풀장이 되었다. 그리고 1935년, 오스틴 시가 이 풀장을 $10,000에 구입했다. 대형 풀장이 두 개 있고, 클로린(Chlorine, 염산 소독약)을 전혀 넣지 않은 신선한 콜로라도 강물로 채워진다. 두 개 풀장의 물은 이틀마다 빼고 다시 채운다. 물 빼는 시간은 얼마나 되고, 새로운 물을 넣는 데는 또 얼마나 걸리나? 물은 또 얼마나 많이 들어가나? 두 개의 풀장에 채워지는 물은 600,000갤런(2,271,247L)이다. 이 야외 수영장은 겨울에도 오픈한다. 유적지로 지명된 딥 에디 풀장은 2016년 100년이 되었다.

4월의 물이 무척 차가웠다. 몸은 그런대로 견딜만한데 얼굴을 물속에 넣으니 얼어 죽을 것만 같았다. 수영을 하면서 배가 꾸루룩~ 배가 차가울 때 오는 신호이다. 나는 풀장 밖으로 나와 햇빛 아래 서서 몸을 쬐었다. 예전 같으면 햇빛에 살이 탈까 무서워 햇빛 아래 서 있지도 않았는데, 지금은 그러려니 하고, '살 탈까 무서워서 해를 피하지 말자'로 생각을 바꾸었다. 썬크림 바르면 되고, 주근깨나 잡티가 생기면 나중에 병원에 가서 없애 버리면 되지. 추운 것보다 낫다.

20.
고양이는 여행 중 첫 말다툼

2017년 4월 20일 목요일

이 글의 원래 제목은 "고양이는 여행 중, 대판 싸우다"였다. 하루 이틀이 지나고 나서 마음이 조금 누그러진 후에 제목을 순하게 바꾸었다. 물론 "말다툼"도 좋은 말은 아니지만.

우리들은 살아가면서, 여행하면서 의견이 맞지 않아 충돌할 때가 있다. 사소한 말다툼도 있고, 폭력도 있다. 어떤 사람들은 잘 풀어나가고, 어떤 사람들은 잘 풀지 못하고 마음에 쌓기도 한다. 사람들의 관계가 수학 문제처럼 항상 정답이 있는 것은 아니지만 그래도 해결 방법이 있다는 걸 믿고 있다. 어쩌면 헤어지는 것조차도 해결 방법일 수 있다. 어쨌든 고양이는 여행 중에 말다툼을 했다. 아주 크게.

왜 싸우게 되었는지 지도가 필요하다. 나는 오스틴의 알렌 마켓(Arlan's Market)에서 오우크 포리스트 RV리조트(Oak Forest RV Resort)로 돌아가기 위하여 구글로 길안내를 시작했다. 시내(local) 도로를 타고 가다가 183번 고속도로로 진입했다. 그런데 183번 고속도로로 들어가는 진입로가 길었다. 나는 183번 고속도로를 타고 한참을 가야 한다는 것을 지도를 보고 알고 있었고, 남친도 앞으로 몇 마일을 더 가야 한다는 구글 안내를 들었다. 그래서 나는 마음 푹 놓고 딴짓을 했다. 그런데 183번 고속도로로 들어서자마자 나타난 것은 오른쪽으로 가는 35번 서쪽 표지판이었다. 남친은 당황하여 "35번 고속도로라고? 어떻게 된거야? 지도를 봐!" 난 속으로 지도를 보라구? 그대로 (183번으로) 가면 되는 거지? 그래서 "지금 차선에 있으면 돼.(Stay in this lane.)"라고 말했다. 나의 Stay라는 뜻은 183번 고속도로에 있어라는 말이었는데 알고 보니 그 차선은 35번 고속도로 서쪽으로 가는 거였다. 남친은 급하게 왼쪽에 있는 183번 차선으로 바꾸었다. 남친은 그때부터 나보고 이기적이며, 도와주지 않는다고 계속 불평을 했다. 나도 지지 않고 한마디 했다. 구글이 분명히 183번이라고 했잖아. 너도 분명히 스피커로 들었잖아. 35번으로 가라고 안내한 적 없어. 그렇다면 35번으로 가지 않기 위해서는 차선을 바꾸어야 되는거 아니야?

고속도로에 그런 비슷한 지역이 많이 있다. 고속도로에 진입하자마자 출구가 나오는 지역 또는 다른 고속도로로 가는 출구. 우리는 서로 씩씩대며 계속 싸웠다. 그래서 운전 중에 말다툼은 위험하니까 파크에 도착해서 말하자고 했다. 우리는 입을 다물었다. RV파크에 도착한후에도 조용했다. 내가 먼저 말을 걸었다. 문제는 말을 해야 풀 수 있으니까, "Let's talk." 나는 말하기 전에 문제가 되었던 고속도로 위성 지도를 인터넷에서 찾아서 설명했다. 남친도 질세라 종이 위에 길을 그려가며 설명했다. 서로 지지 않았다. 끝이 나지 않을 것 같았다. 나는 말다툼을 마무리하고 싶은 마음으로, "만약 길을 잘못 가면 돌아가면 되잖아. 오늘 아침에도 길을 반대 방향으로 갔는데 목적지에 도착했잖아. 지금도 RV파크에 도착했으면 됐지." 지도를 사용할 때도, 구글맵을 사용할 때도 여행하면서 길을 잘못 들어서는 경우가 있다. 우리가 사는 익숙한 도시에서도 길을 잘못 갈 때가 더러 있다. 하물며, 낯선 곳에서는 더 할 것이다. 그랬더니 남친은 큰 소리로, 미안하다! 내 잘못이다! 남친은 정말 미안해서 사과하는 것이 아니었다. 화를 낸 것뿐이다. 둘 다 다시 조용해졌다. 나는 블로그에 올릴 글을 썼다, 열심히. 남친을 모른 척하기 위하여 더 열심히. 랩탑의 키보드를 더 세게, 탁 탁 탁 탁… 남친은 TV를 봤다. 소리를 죽이고 자막으로. 남친은 입이 심심했던지 팝콘을 만들어서 내게 한 그릇 주었지만 나는 손도 대지 않았다. 내 고집 때문이 아니라 양치질을 이미 했기 때문이다. 양치질 한 것이 좋은 핑계가 되었다. 그러나 양치해서 팝콘 안 먹는다고 남친에게 말하지 않았다. 그리고 원래 팝콘 잘 안먹는다. 이렇게 목소리를 높이며 남친과 말다툼 한 것은 처음이다. 특히 나는 언성을 높이며 싸운 적이 거의 없다. 물론 오래전에는 있었다. 그러나 소리지르지 않고도 말하는 법을 알고 싶었다. 그래서 어린 아들과 약속했었다. 조용히 말로 하자. 소리 지르지 않고도 충분히 의사를 전달 할 수 있어.

맨 처음, 남친의 목소리가 약간 올라가도 남친의 목소리가 크구나, 화를 내는구나를 느끼지 못했다. 그러다가 남친의 화 내는 목소리를 느꼈을 때는 내 목소리를 더 낮추어 말했다. 그러면 남친 목소리가 줄어들었다. 그렇게 나의 목소리, 우리의 목소리를 조절했다. 그러나 이번 말다툼에서 나는 목소리를 조절하지 않았다. 다음 날 아침, 남친은 직접 구글 GPS를 보고 운전했다.

21.

박쥐들의 향연

2017년 4월 21일 금요일

어제 오스틴 다운타운 지역에서 교통 체증으로 오도가도 못하는 상황을 경험하고, 오늘은 일찍 다운타운에 갔다. 그리고 텍사스주 청사가 있는 뒷 길에 캠핑카를 주차하고 시간을 기다리는 중이다. 역시 캠핑카가 좋다. 낮잠 자고, 쉬고, 화장실 가고, 먹고, 컴퓨터 하고… 지금 시각 오후 5시. 6시에는 출발해야 한다. 그리고 15개 블럭을 걸어야 한다. 3, 40분 정도 예상한다. 그러나 남친은 마음을 바꾸어 우리의 목적지에서 가까운 곳에 유료 주차($12)하기로 했다. 뜨거운 햇살 아래 15 블럭을 걷기에는 거리가 너무 멀다.

100 Congress Ave. Bridge. 오스틴 콩그레스 에비뉴 다리. 우리의 목적지이다. 해마다 3월에서 10월 사이 저녁 8시 무렵이면 이 다리에서 멕시코에서 날아 온 박쥐들이 축제를 펼친다. 저녁 하늘에서 펼쳐지는 박쥐들의 모기 및 곤충 사냥, 저녁 식사 파티. 거의 매일 밤. 백만 마리 정도의 박쥐가 하늘을 나는 모습, 어마어마한 광경이다. 콩그레스 애비뉴 다리 밑에는 박쥐들이 여름을 나기에 좋은

여건을 가졌다고 한다. 박쥐들은 이 다리 밑에 와서 새끼를 낳고 키운다. 도심 한가운데서 이런 모습을 볼 수 있는 곳은 텍사스 오스틴 외에는 없을 것이다.

박쥐 보는 곳(Viewing Bats Flight). 박쥐들의 향연을 보기 위해서 하루에 1천여 명의 사람들이 다리 주변으로 몰려온다. 다리 위에서 보는 사람들, 강에서 배를 타고 보는 사람들, 근처 호텔에서 와인을 마시며 보는 사람들, 다리 옆 숲에서 보는 사람들….

남친과 나는 다리 옆 한 호텔에서 마가리타(margarita)를 마시며 시간을 보내고, 8시쯤 다리에 도착했다. 벌써 많은 사람들이 와 있었다. 콩그레스 애비뉴 다리 밑에 흐르는 콜로라도 강에도 사람들이 유람선이나 스탠드 업 패들 보드(stand-up paddle board)를 타고 박쥐 향연을 기다리고 있었다.

8시 30분, 박쥐 어디 있지?
9시, 박쥐 어디 있지?
9시가 넘자 사람들이 하나둘씩 떠났다.

'아니야. 보고 가야지… 오늘 밤에 오스틴을 떠나는데, 박쥐 보고 가야지.' 다리 밑 어둠 속에서 간혹 한두 마리의 박쥐가 재빠르게 나왔다 들어갔다 하는 것을 보았다. 연락병 박쥐? 날씨를 살피러 나왔나? 날씨 좋은데, 먹이 상태를 파악하러 나왔나? 4월에 모기가 얼마나 많은지는 모르겠고, 모기 대신 인간만 많음. 멀리서 드론이 날아

다녔다. 나는 은근히 걱정되었다. 하늘의 무법자 드론 때문에 박쥐들이 경계를 하나? 아니면… 오늘이 쉬는 날? 쉬는 날이라도 먹어야지, 배가 부른가?

9시 30분, 박쥐 어디 있니?
사람들은 다 떠났다. 우리만 남았다.
9시 45분, 피곤하다. 춥다. 가자~

우리는 아쉬운 마음으로 오스틴을 떠났다. 오늘 밤도 고속도로 주변 어딘가에서 노숙할 예정이다.

여름에 오스틴에 가게 되면 최소 2~3일 정도는 콩그레스 애비뉴 다리에 가야 한다. 첫날 운 좋으면 박쥐들의 향연을 볼 수 있지만 오늘처럼 박쥐들의 마음이 변하여 나오지 않을 경우를 대비하여 두 번 정도는 꼭 가야 한다. 박쥐 구경 무료이다.

22.
케네디 저격 장소와 X 표시

2017년 4월 22일 토요일

달라스에 도착했다. 그리고 제일 먼저 찾아간 곳은 달라스 다운타운 딜리 플라자(Dealey Plaza) 바로 옆에 있는 엘름 거리였다. 엘름 거리에는 파란색의 커다란 엑스(X) 마크 두 개가 있다. 약 54년 전, 1963년 11월 22일, 미국의 35대 대통령 존 에프 케네디가 달라스 방문 카 퍼레이드 중 오스왈드에게 저격당한 지점을 표시한 것이다. 달라스 시 정부가 표시한 것이 아니다. 누군가가 했다. 시 정부가 X 표시를 제거하면 누군가가 또 X 표시를 했다. 바로 그 X 마크 옆, 나무 뒤에 있는 건물 6층에서 오스왈드는 케네디를 향하여 총을 세 번 쐈다. 그 건물은 그 당시 학교 교과서 보관 건물이었으며 지금은 '6층 건물 박물관(The 6th Floor Museum)'이 되었다. 지금도 케네디의 암살된 지점과 박물관을 보러 많은 관광객이 온다. 박물관의 입장료 일인당 $16로 비싸다. 엘름 거리에 있는 X 마크 구경은 공짜이다.

케네디 대통령의 저격 당한 장소의 X 표시

체포된 오스왈드는 자기가 총을 쏘지 않았다고 주장했다. 경찰이 오스왈드를 이송할때 잭이라는 사람이 오스왈드를 총으로 쐈고, 오스왈드는 사망했다. 이 장면 역시 텔레비전으로 미국 전국으로 생중계되었다. 케네디 암살에는 아직도 음모론이 제기되고 있다. 미국 공영 텔레비전 방송 PBS가 제작한 케네디 암살 50주년을 다룬 기록 영화가 있다. 총이 날아온 방향과 각도, 케네디 대통령의 총 맞은 부위와 각도, 총알 분석, 영부인 재클린의 충격, 오스왈드, 잭… 등등을 상세하게 다룬 내용이다.

저격 장소 앞에는 카 퍼레이드 후에 케네디 대통령이 할 연설문이 커다란 기념 돌판에 새겨져 있다. 시간이 많이 흘렀는데도 불구하고 방문자들은 숙연하다.

23.

포트 워스 스탁야드 로데오 경기장

2017년 4월 22일 토요일

달라스(Dallas) 서쪽에 있는 포트 워스(Fort Worth)는 미국 전통의 모습을 보려는 사람들로 붐빈다. 서부 영화에서나 볼 수 있는 미국의 옛 거리, 건물, 그리고 카우보이 복장을 한 사람들로 북적거린다. 이곳에 스탁 야드가 있다. 스탁(stock)은 가축을 말하고, 스탁 야드(Stock Yard)는 한국식으로 말하면 우시장이다. 1976년 미국 역사 유적지로 지정된 스탁 야드는 주말에 관광객들을 위하여 로데오 경기를 펼친다.

로데오(Rodeo)

TV나 영화가 아닌, 처음으로 직접 로데오 경기를 봤다. 그러나 경기를 볼 수가 없었다. 마음이 아팠다. 그 중 하나는 어린 송아지를 경기장에 풀어 놓고 카우보이가 말을 타고 쫓아가서 밧줄을 던져 송아지 목을 낚아 채고, 발버둥 치는 송아지의 세 개 다리를 누가 빨리 묶는가 겨루는 경기이다. 카우보이가 송아지 다리를 묶고 나면 관중들은 환호한다. 경기 중간중간에는 관중석에 있는 아이들을 불러서 송아지를 쫓아가는 놀이도 있다. 코너에 몰린 송아지는 떼로 달려오는 아이들로부터 도망가기 위하여 애를 쓴다. 음메~ 울 엄마, 어딨쩌~ 음메~ 송아지들은 놀이인지 경기인지 어떻게 알겠는가? 이것이 미국의 실제 모습? 이것이 미국의 전통? 물론 어느 곳에서나 죽이고 살리고 하는 문화는 있다. 서부를 개척하며 살았던 그들에게는 로데오야말로 그들의 밥줄이고 삶이었다. 따라서 미국인들에게는 하나도 슬프지 않은 미국의 모습, 미국의 전통이다. 슬퍼하는 내가 바보이다.

나는 이상한 생각을 했다. 서커스의 코끼리 쇼라든가 샌디에고 돌고래 쇼 등은 동물 애호 단체들에 의하여 중단되었다. 그러나 로데오 경기는 왜 아직도 하는지, 동물 보호 단체들은 왜 항의하지 않는지 모르겠다. 미국의 전통이라서?

미국은 각 지역마다 사는 방법, 사고 방식이 다 다르다. 샌디에고는 진보적인 사람들이 항의하여 돌고래 쇼가 중단된 것이고, 텍사스, 몬타나, 와이오밍과 같은 보수적인 주에서는 사냥이 그들의 생활에 아직도 깊이 자리 잡고 있다. 따라서 로데오 경기를 보고 어느 누구도 슬퍼하거나 항의하지 않는다. 하지만 나는 텍사스 출신이 아니므로, 미국 출신이 아니므로 로데오 경기를 보며 슬픈 생각을 하지 않을 수 없다.

포트 워스(Fort Worth)
포트 워스는 미국에서 16번째, 텍사스에서는 5번째로 큰 도시로,

텍사스 중앙에서는 북쪽, 달라스에서는 서쪽에 있으며, 달라스에서 자동차로 30분 걸린다. 포트 워스는 1849년에 설립되었으며 카우보이들에게 중요한 교역 장소였다. 그러나 지금은 많이 현대화 되었다. 달라스-포트 워스-알링턴 지역을 "DFW Metroplex"라고 부른다. 미국 해군의 첫 번째 군함 이름이 USS Fort Worth이다.

포트 워스에는 루이스 칸(Louis Kahn)과 렌조 피아노(Renzo Piano)가 설계한 킴벨 아트 박물관(The Kimbell Art Museum)과 필립 존슨(Philip Johnson)이 설계한 아몬 카터 박물관(The Amon Carter Museum of American Art) 외에도 많은 박물관이 있다. 또한 굵직한 회사도 많다. 벨 헬리콥터(Bell Helicopter), 락히드 마틴(Lockheed Martin), 어메리컨 에어라인(American Airline), 피어 원 임포트(Pier 1 Import), 라디오 쉑(Radio Shack) 등이 있다. 포트 워스는 교육의 도시이기도 하다. 무엇보다 세계적인 명성을 자랑하는 반 클라이번 국제 피아노 대회(Van Cliburn International Competition)를 주최하는 도시이다. 반 클라이번은 1958년 미국과 구소련의 냉전 기간에 펼쳐진 제1회 러시아 챠이코프스키 국제 콩쿠르에서 피아노 부문 금메달을 수상한 미국인 피아니스트이다. 챠이코프스키 국제 콩쿠르는 4년에 한 번씩 열리며, 정명훈을 비롯한 한국인 음악인들도 많이 수상한 대회이다. 1962년, 반 클라이번의 챠이코프스키 국제 콩쿠르 우승을 기념하기 위하여 첫 번째 반 클라이번 국제 피아노 대회가 주최되었다. 2005년과 2009년 한국의 조이스양과 손열음이 각각 은메달을 땄으며, 2017년에는 선우예권이 금메달을 수상했다.

24.

하드 에잇

2017년 4월 26일 수요일

나는 한국과 미국에서 살면서 어릴 적 친구들도 친척들도 거의 만나지 않았다. 일만 했다. 업무 관련 사람들만 만났다. 일하면서 동료들이 친구가 되었다. 아니 친구처럼 지냈다. 그리고 혼자서 놀고 혼자서 살았다.

그러던 내가 캠핑카 여행을 하면서 달라스에서 살고 있는 사촌 동생을 만났다. 사촌 동생의 연락처를 한국에 있는 동생에게 수소문했다. 지금까지 살면서 두 번째 만남이다. 흔히 친척, 친구 또는 아는 사람들이 방문하면 부담스러운 것을 알고 있기에 얼굴만 보고, 안부만 묻고 길을 떠나려고 했지만 생각지도 못한 환대를 받았다. 4월 24일, 25일, 그리고 오늘 26일, 월, 화, 수, 3일을 계속 만났다. 사촌 동생 부부는 사업을 하면서도 시간을 내어 RV파크에 와서 픽업해주고 식사 후에는 데려다 주기도 했다. 오늘은 또 남친과 나를 달라스의 아주 재미있는 곳으로 초대했다.

하드 에잇 피트 바비큐 레스토랑(Hard Eight Pit BBQ Restaurant). 한 가족이 운영하는 이 레스토랑은 지점이 텍사스 여러군데 있다. 테이블에 앉아서 음식을 주문하지 않는다. 레스토랑 입구에서 원하는 바비큐를 받아서 계산한 후, 쟁반에 담아 레스토랑으로 들어 가 먹는다. 입구에는 고기 굽는 기구들과 땔감이 쌓여 있다.

여기서 Hard Eight이란, 주사위(dice) 또는 크랩스(craps) 게임의 용어로, 두 개의 주사위를 던져서 각각 4개의 점이 나오는 것을 말한다. 나오기 힘든 8개의 점, 그래서 Hard Eight이다. 나는 주사위 게임에 대하여 무지하다. 남친에게 이것만 물었다. "하드 에잇이 좋은 거야 나쁜 거야?" 좋은 거라고 했다.

재미있는 것은 주사위(dice)라는 말이다. dice의 단수는 die. 죽는다 뜻의 die와 스펠링도 같고, 발음도 같다. 그러나 주사위가 하나이든 두 개이든 복수인 다이스 dice를 사용한다. 즉, 주사위 하나 던질 때 'Roll the die'라고 하지 않는다. 항상 'Roll the dice!'라고 한다. 미국인들의 습관이 되었다. 그들의 언어 습관이 새로운 문법을 만든다.

하드 에잇 피트 바비큐 레스토랑 앞에 대형 주사위 두개가 있다. 두개 모두 4개의 점이 있다. Hard Eight!

25.
고양이의 토끼 사냥

2017년 4월 27일 목요일

우리는 지금 달라스, 정확히 말하면 달라스와 포트 워스 중간 지점인 그랜드 프레리(Grand Prairie)의 트레이더스 빌리지 RV파크(Trader's Village RV Park)에 있다. 지난 4월 22일 토요일에 체크인했다. 어제 루지애나로 가려고 했지만 남친 일 때문에 3일 연장했다.

블로그나 유튜브를 보면 반려동물들에 대한 아름다운 이야기나 동영상이 많다. 이쁜 고양이 더 이쁘게, 똑똑한 개는 더 똑똑하게 보인다. 그러나 그렇지 않은 일도 있다. 오늘 발생했다. 대참사. 우리의 실수였다.

남친은 고양이를 오랫동안 많이 키워 본 사람으로 나보다 고양이에 대한 상식이나 경험이 많다. 남친의 고양이들은 항상 자유롭게 밖으로 돌아다녔다. 반면에 나의 고양이 토마스는 완전히 반대다. 밖에 나간 적이 거의 없다. 밖에 나가서 동네 언덕 위 코요테들을 피해서 집에 무사히 온 적도 없다. 코요테를 조심하라는 동네 사람들의 조언을 받아들여 토마스를 아예 밖으로 내보내지 않았다. 밖에 나가 본 적이 없어서 무서움을 더 많이 탄다. 밖으로 한 발자국 떼기까지 많은 시간이 걸린다. 토마스는 집에서 장난감 쥐와 놀고, 가끔 장난감 쥐를 물고 와서 내게 선물했다. 그게 다였다. 그런 토마스를 보고 남친은 안쓰러워서 밖으로 내보내고 싶어 했다. 자유 그리고 고양이의 본성을 살려 주기 위하여.

캠핑카 여행한 지 한 달이 지났다. 목줄을 매고 밖으로 잠깐 잠깐 나간 것을 제외하고 토마스는 계속 캠핑카 안에만 있었다. 그러다가 약 2주 전부터 남친이 방충망(screen window) 창문까지 다 열었다. 토마스를 위하는 방법이라고 생각했다. 토마스는 창문 밖으로 얼굴을 쏘옥 내밀고 밖을 바라봤다. 밖을 내다보는 토마스의 모습, 귀여웠다. 토마스는 새도 보고, 사람들도 보고, 자동차도 보고, 산책하는 강아지도 보고, 2주 동안 괜찮았다. 겁 많은 토마스가 어디를 가랴.

이곳 트레이더스 빌리지 RV파크에 토끼들이 있었다. 토마스가 가끔 뭔가(아마도 토끼)를 보고 움찔하고 귀를 세우고 몸을 움츠리면 (쫓아가려는 자세) 나는 목줄을 가만히 쥐었다. 그러면 토마스는 자세를 풀었다. 그래서 아무 일도 일어나지 않았다.

고양이는 예측 불허! 나도 예측 불허! 어젯밤에는 동영상 제작에 폭 빠져서 바로 내 옆에서 창문 밖을 보고 있는 토마스를 생각하지 못했다. 그때 토마스는 갑자기 창문 밖으로 튕겨 나갔다. 뭔가를 쫓아가는 것 같았다. 토끼 사냥이었다. 토끼는 밤에 잠도 안 자나? 나도 토마스를 찾으러 캠핑카 밖으로 뛰쳐나갔다. 손전등을 들고 옆모토홈이나 트레일러 밑을 비추었다. 그리고 휘파람을 불었다. 나는 토마스에게 식사를 줄 때마다 휘파람을 부른다. 하지만 내가 아무리 휘파람을 불어도 배가 고프지 않으면 토마스는 오지 않는다. 배가 고플 때 휘파람을 불어야 밥 먹으러 나온다. 그리고 휘파람을 불지 않아도 배가 고프면 나온다. 개하고 완전히 틀리다. 또한 세상 경험 없는 고양이는 개처럼 집을 찾아온다거나 주인이 이리 와라 한다고 해서 오지 않는다. 캄캄한 밤에 어떤 캠핑카가 우리 집인지 모른다. 스스로 들어 오지 않는다.

찾았다. 다른 캠핑카 밑에 있었다. 그러나 토마스에게 가까이 가면 도망가고, 하악질을 하고, 화가 난 그르릉 소리를 내며 나를 경계했다. 또 달아났다. 그러다 남친이 토마스를 잡았다. 무력으로 잡은 것 같았다. 남친의 죽는 소리가 들렸다. 캠핑카로 돌아와 토마스를 건네받았다. 나 역시 비명을 질렀다. 토마스가 내 손과 팔을 할퀴었으며, 한 마디로 난도질을 했고, 내 다리를 물고 놓지 않았다. 토마스의 얼굴을 봤다. 두려움, 공포, 원망으로 가득 찬 얼굴… 마치 왜나를 이렇게 캄캄한 어둠 속으로 나가게 했느냐, 왜 나를 두려움 속에 떨게 했느냐 원망하며 나를 무는 것 같았다. 토마스는 나에게서 떨어져 나갔다. 그르릉 소리를 계속 내면서 벙커 베드 코너에 있었다. 두려움에 떨면서.

남친 손은 엉망, 아니 난도질 되었다. 할퀸 것뿐만이 아니라 물린 곳이 한두 군데가 아니었다. 심각했다. 피가 뚝뚝 떨어졌다. 지혈을 하고 남친의 상처를 소독하고 급한 대로 비타민 E 오일을 바르고 싸매었다. 남친은 손가락을 움직이지도 못했다. 내 손과 팔도 심각했다. 왼손바닥에는 커다란 상처가 여러 군데 있고, 팔에는 10cm 길이의 할퀸 자국이 깊이 나 있었다. 나는 아무 말없이 캠핑카 주방 여기저기에 묻은 핏자국을 소독하고 닦았다. 하지만 내 마음속에서는 남친에게 할 말이 있었다. '그래, 그렇게 창문을 열어 대더니… 자유? 캠핑카 안에만 있는 토마스가 불쌍하다구? 이번에 토마스를 아니 고양이를 제대로 알게 된 계기, 사람도 다르듯 고양이도 다르다는걸 알게 된 사건, 창문을 열어 두는 것이 좋은 방법이 아니라는 것, 앞으로 창문은 닫아 두자… 이제는 자유라는 말은 더이상 하지 않겠구나….' 다행히 토마스는 여행 전 광견병을 비롯하여 모든 예방 접종을 다 했다. 고양이를 잡을 때는 어미 고양이가 새끼 고양이 목을 입에 물고 가는 것처럼 목 부분을 잡는다. 그러나 급한 상황에서 남친은 생각하지 못했다. 아니, 토마스 목줄 때문에 잡지 못했다고 핑계를 댔다. 목줄이 크면 얼마나 크다고. 토마스는 잡히지 않으려고 발톱으로 나무를 꽉 움켜쥐었다. 남친은 나무를 움켜쥐고 있는 토마스를 강제로 잡아당기면서 토마스의 발톱이 뒤틀어졌다. 토마스 발톱에 상처가 난 것을 나중에 알았다. 고양이가 뭔가를 움켜쥐고 있을 때는 무조건 잡아당기지 말고 고양이를 잡은 후, 고양이 앞쪽으로 들어 올려서 잡으면 고양이가 움켜쥔 것을 쉽게 풀 수 있다. 그러나 남친은 이런 적이 없었기 때문에 몰랐다.

캠핑카 여행 전, 인터넷에서 애완동물, 특히 고양이와 여행할 때의 주의할 점을 읽었다. 그중 하나, 절대 문을 열어 두지 않는다. 문을 열고 나갈 때나 들어 올 때 고양이가 갑자기 뛰쳐나가지 못하도록 조심한다. 전문가에 의하면 밖으로 돌아다니는 고양이의 수명은 집안에서만 사는 고양이보다 더 짧다고 했다. 온갖 종류의 사고를 당하기 때문이다. 밖으로 자유롭게 돌아다닌 남친의 고양이도 돌아오지 않았다.

토마스는 본능적으로 토끼를 쫓아갔지만 토끼가 쉽게 잡힐 것인가? 잡히기는 커녕, 쫓아가면서 보니 한 번도 본 적이 없는 낯선 곳, 무서운 곳이라는 걸 느낀 것 같았다. 그 짧은 순간, 밖에서 느낀 토마스의 공포는 어땠을까? 얼마나 무서웠을까? 토마스가 느꼈을 공포를 생각하니 마음이 아팠다. 나의 상처보다 더 아팠다.

2017년 4월 28일 금요일

하루가 지났다. 우리 모두는 비록 상처는 있지만 마음은 안정 된 듯했다. 나쁜 기억과 아픔을 뒤로하고 서로가 다시 익숙해져야 할 시간이 또 필요하다.

2017년 5월 3일 수요일

미시시피 강변의 작은 마을 루지애나주 바이달리아에 있는 리버사이드 RV파크(Riverside Park, Vidalia)에 머물렀다. 그리고 강 건너 미시시피주 나체스(Natchez)의 작은 병원에 갔다. 의사 없이 수간호사가 진료하는 곳이다. 남친의 상처가 심각하지 않다고하여 약 처방전만 받았다.

2017년 5월 15일 월요일

플로리다 올랜도 월트 디즈니 월드 RV캠핑장(Walt Disney World Fort Wilderness RV Campground)에 도착했다. 남친의 상처는 대부분 아물었다. 나의 상처도 아물어 갔다. 그러나 단 하나, 남친의 새끼 손가락은 곪아 터지고 있었다.

2017년 5월 16일 화요일

남친은 올랜도 병원에서 손가락 수술을 받았다. 수술 비용 $1,000, 보험없이. 수술 후 90일동안 게런티 해준다. 남친은 의료보험이 없다. 미국의 의료제도를 가장 싫어한다. 아프면 샌디에고에서 가까운 멕시코 티후아나에 간다고 했다.

토마스의 토끼 사냥을 계기로 우리는 한 번도 누가 잘했네, 못했네 하고 싸우지 않았다. 언급 자체를 하지 않았다. 마음으로는 모르겠지만… 그리고 더 이상 방충망은 열어 두지 않는다.

루지애나

Louisiana

26.

미시시피 강

2017년 5월 1일 월요일

4월 29일 토요일 오후 1시쯤 루지애나 주도 배통 루즈(Baton Rouge)를 향하여 달라스를 떠났다. 그러나 그곳까지는 갈 길이 멀어 루지애나 알렉산드리아(Alexandria) 근교에 있는 월마트 주차장에서 하룻밤 노숙하기로 했다. 이제는 캠핑카 노숙이 대수롭지 않다.

자기 전에 먹어야 한다. 그래야 잘 힘이 생긴다. 근처 애플 비에 가서 가볍게 식사했다. 마가리타, 빠질 수 없다. 이번 캠핑카 여행 하면서 마가리타를 마시는 횟수가 늘었다. 바텐더는 우리의 험악한 손을 보고 어떻게 다쳤는지 물었다. "고양이와 씨름하다가…."그러면서 바텐더와 캠핑카 여행 이야기를 나눴다.

우리가 앉은 바 건너편에 한 남자가 혼자 식사하고 있었다. 그는 우리 캠핑카 여행 이야기를 들었는지 바텐더를 통하여 우리에게 말을 걸었다. 어디서 왔느냐, 어디로 가느냐… 그 남자는 미시시피 주의 나체스(Natchez), 바텐더는 루지애나 주 배통 루즈 근처에 있는 아차팔라야 습지대(Atchafalaya Basin)를 추천했다. 식사 후, 월마트 주차장에 있는 캠핑카로 돌아왔다.

그날 밤, 번개, 천둥, 강풍, 폭우가 쏟아졌다. 밤새도록. 자면서 이런 날씨에 고속도로를 달리는 자동차들이 있을까 생각했다.

다음 날인 일요일. 달라스 근교 여기저기서 폭우와 폭풍 피해가 속출했다. 하지만 우리는 반나절 일찍 달라스를 떠나 피해를 입지 않았다.

간밤에 얻은 정보를 가지고 배통루즈 대신 나체스로 가기로 했다. 미시시피 나체스로 가는 고속도로 입구에 한국전 참전 용사 기념 도로라는 팻말이 있었다. 이렇게 미국의 작고 먼 시골에서 한국전에 참전한 용사가 있다는 것, 기념하는 사람들이 있다는 것, 마음이 짠했다.

바이달리아(Vidalia)에 있는 리버뷰 RV파크(Riverview RV Park), 한 달 반 동안 다녀 본 RV파크 중에서 가장 맘에 들었다. 기찻길도 없고, 비행장도 없고, 고속도로도 없고, 한 마디로 조용, 한적, 봄이라서 모기는 아직 없는 것 같고, 습기도 없고, 덥지도 않고… 날씨가 정말 좋았다. 세탁장, 작은 수영장, 월풀욕조, 라운지, 나무와 잔디, 다람쥐, 공간도 넓고… 무엇보다 바로 앞에 미시시피 강이 있다.

어릴 때 미시시피 강에 대하여 공부했었던 기억이 나는데… 내용은… 미국에서 가장 긴 강? 두 번째로 긴 강? 노예? 목화밭? 남북전쟁?

다음 날 아침, 바로 옆집(캠핑카) 여자가 체조를 했다. 나도 스트레칭을 하기 위하여 요가 매트와 덤벨을 가지고 왔는데 한 달 반 동안 서너 번 했나? 요가 하는 옆집 여자를 보고 마음을 다시 잡았다.

오늘 바쁜 하루를 보냈다. 남친이 토마스에게 물려 손을 쓰지 못한다. 컴퓨터 일만 겨우 한다. 그래서 혼자서 빨래 세 통 돌리고, 말리고, 개고… 달리기 좀 하고, 수영 조금 하고, 월풀욕조하고, 토마스 화장실, 행주, 베개, 베이즐… 모든 것을 밖에 내놓았다. 뽀송뽀송 말라라~

하루가 이렇게 또 간다. 미시시피 강도 흐른다.

미시시피

Mississippi

27.

나체스

2017년 5월 4일 목요일

어제 오후부터 천둥과 번개, 강풍을 동반한 폭우가 쏟아졌다. 만약 무슨 일이 생기면 뭘 들고 사무실 건물 안으로 뛰나 생각했다. 토마스! 지갑! 서류!

비가 그쳤다. 높고 맑은 하늘 그러나 기온이 뚝 떨어졌다.

오늘 미시시피 강을 건넜다. 다리 중간에 미시시피 주라는 작은 팻말이 나오고 다리를 다 건너자 나체스였다.

나체스(Natchez), 작은 마을이다. 1700년대 초 프랑스가 점령하기 전까지 나체스 부족 인디언들이 살았다. 그 후에는 스페인 점령, 영국 점령, 그리고 미합중국. 미시시피 강을 이용한 교통수단이 활발했을 당시에는 번영을 누렸던 작은 마을. 남북 전쟁 전에 지어진 대농장주들의 맨션들을 통하여 농장주들과 노예들의 삶을 볼 수 있는 마을이다. 대 농장주도 노예도 죽음 앞에서는 평등했다. 그들이 떠난 후, 맨션에 전시된 그들의 식탁에는 접시 세트에 장식된 하얀 목화솜만이 방긋 피었다. 이제 기찻길은 자동차에 밀려나고, 기차역만 남은 마을, 목화솜과 노예를 싣고 다녔던 미시시피 강의 배는 관광객들로 가득하다.

아직도 배가 드나드는 작은 항구에 바람이 많이 불었다. 춥다. 이 도시를 비롯한 남부 지역에는 튀긴 메기(catfish) 음식이 흔하다. 나는 항상 튀긴 음식을 먹을 때마다 궁금한 것이 하나 있다. 고구마, 호박, 생선 등의 건강한 음식 재료를 기름에 왜 튀길까?

대농장주 방에 있는 의자로
위장한 변기

대형 파리채(Fly fan 또는
Punkah), 노예가 밖에서
줄을 흔들어 파리를 쫓았다.

루지애나

Louisiana

28.
아차팔라야 습지대

2017년 5월 6일 토요일

어제 나체스를 떠난 후 배통 루즈를 거쳐 아차팔라야 습지대에 왔다. 여기까지 겨우 두 시간 걸렸는데 꼼짝하기 싫다. 그래서 아차팔라야 습지대 방문자 센터 및 휴게소(Welcome Center and Rest Area) 주차장에서 노숙했다. 이 휴게소에는 순찰대도 없다. 밤샘 주차 금지 표지판도 없다. 다른 한쪽에는 초대형 트럭들이 이미 줄지어 쉬고 있었다. 그런데 이게 뭐야? 횡재다! 방문자 센터에서 나오는 강력한 무료 와이파이!!! 우리는 무료 와이파이를 열심히 썼다.

한밤중, 토마스의 쉬 하는 소리를 듣고 일어나 화장실박스를 청소했다. 냄새를 없애려고 방충망 문은 닫은 상태로 캠핑카 문을 열었다. 순간, 수십 마리, 아니 수백 마리의 모기들이 순식간에 캠핑카 안으로 들어오기 위하여 방충망 문에 달라붙었다. 나는 모기라면 완전 질색이다. 항상 나만 물린다. 모기에 물린 기억, 상상하기도 싫다. 동남아시아 여행했을 때는 몸에 뿌리는 모기 박멸약, 초음파 모기 쫓기, 잠잘 때는 모기향, 모기 물린 후의 약, 먹는 약 등으로

일광욕을 즐기는 악어들

완전 무장하고 다녔다. 그러나 지난 17년 동안 캘리포니아 로스앤
젤레스에서는 모기 걱정 없이 행복하게 살았다. 그러나 이제 다시
모기 많은 지역에 방치되었다. 캠핑카 문을 연 후, 문을 닫을 수도
없었다. 모기들이 방충망 문과 캠핑카 문 사이에 남게 되고, 혹시라
도 캠핑카 안으로 한 마리라도 들어 오면 끝장이다. 뿌리는 모기약
이 없어서 급한 대로 알코올(소독약)을 방충망에 뿌렸다. 그런대로
모기들은 알코올 맛을 보고 달아났다. 그리고 방충망 문을 흔든 후
잽싸게 캠핑카 문을 닫았다. 모기 한두 마리가 문 두 개 사이에 남았
다. 아니, 안으로 들어왔나? 잉~ 잉 소리가 났다.

금요일 밤에 방문자 센터에서 얻은 여러 가지 관광 정보를 읽었
다. 뭘 좀 알아야 어디를 구경할지 알 수 있다. 습지대 강과 호수에

보트 투어 서비스가 무척 많았다. 안내 책자를 읽고, 비교하고, 인터넷 후기(review)도 확인하고, 그중에 하나를 골랐다. 레이크 마틴(Lake Martin)에 있는 케이준 컨츄리 스왐프 투어(Cajun Country Swamp Tours).

토요일 아침 9시 30분. 예약도 없이 무작정 갔다. 17명의 사람들이 습지대 투어를 하기 위하여 작은 보트에 탔다. 두 시간 투어로 1인당 $20. 어떤 곳은 $50짜리도 있다. 습지대와 호수에는 수많은 상록수가 옥수수 수염처럼 생긴 스패니쉬 이끼(Spanish moss)와 서로 뒤엉켜 자라고 있다. 악어, 새, 거북이 등의 많은 생물도 살고 있다.

Atchafalaya Basin의 크기는 1,400,000에이커(566,600ha, 약 5,666㎢)로, 미국에서 가장 넓은 습지대(wetland, Basin)이다. 배통 루즈(Baton Rouge)와 라파엣(LaFayette)을 연결하는 10번 도로 중간에 있으며 남북으로 넓게 퍼져 있다. 습지대를 연결하는 다리 길이는 무려 18.2마일(약 30km). 다리가 지나는 양옆에는 상록수가 빽빽하다. 그리고 그 뒤로는 강이 펼쳐져 있다. 아촤팔라야 다리는 좁아서 다리에서 사고가 나면 꼼짝없이 갇히게 된다. 응급차조차도 들어갈 갓길이 없다. 따라서 서행 필수이다.

습지대 구석구석을 안내해 준 현지 가이드에 의하면 습지대는 생태계에 아주 중요하다고 했다. 나는 다시 한번 미국이라는 나라를 생각했다. 인종도 다양, 문화도 다양, 자연환경도 다양한 나라, 가는 곳마다 새로움으로 가득하다.

새가 부리로 물고기를 꼭 찍음

29.

묘지 관광과 프렌치 쿼터

2017년 5월 8일 월요일

루지애나 뉴올리언스 쥬드 트레블 RV파크(Jude Travel RV Park), 하루 숙박비가 전기, 수도, 케이블 티비, 와이파이, 월풀욕조 등 포함 $30이다. 뉴올리언스에서 외곽이기는 하지만 관광 도시에서 이 정도 가격이면 아주 저렴하다. 그래서 그런지 파크는 꽉 차 있었다. 마지막 하나 남은 자리(campsite)에 주차했다. 아직도 남친의 손이 완쾌되지 않아서 나는 남친의 설명을 들으면서 전기, 수도, 배수, 케이블 TV를 훅업 했다.

인터넷으로 관광할 곳을 찾으며 교통편을 살펴보다 우연히 구글에서 여행 계획 "trip planner"를 봤다. 뉴올리언스 1일 관광 일정도 있었고, 3일 일정 관광도 있었다. 구글이 일정에 맞게 추천해 주는 여행지도였다. 나는 1일 관광 일정을 토대로 계획을 세웠다.

먼저 버스를 타고, 스트릿 카(Street Car)로 갈아타고, 걸어서 세인트 루이스 묘지 2번에 갔다. 묘지 관광? 뉴올리언스는 가족 묘지로 유명하며 두 개가 있다. 1번과 2번 묘지. 1번 묘지는 유명 인사들과 부유층들의 묘지로 시에 등록된 관광 가이드만이 관광객들을 데리고 가서 설명해 준다. 관광비를 내야 한다. 2번 묘지는 일반 서민들의 묘지로 개인 관광을 할 수 있다. 무료입장이다. 무료인 대신 가이드의 설명은 없다. 관광객 혼자 묘비명을 보면서 한 가족의 생애를 엿볼 수 있다. 언제 태어나서 언제 사망했는지, 장수한 사람, 어린 나이에 세상을 떠난 사람, 몇 세대가 합장되어 있는지, 그러나 비하인드 스토리를 알기에는 한계가 있다. 묘지는 세월과 함께 많이 허물어지고, 사람의 몸은 이미 한 줌의 흙으로 돌아갔을 것이다.

묘지에 이어 두 번째 방문지는 버봉 거리(Bourbon Street).

구글 맵의 1일 관광 지도를 보며 걸었다. 한참을 걸었다. 덥고 힘들다. 버봉 거리에는 월요일 이른 오후인데도 사람들이 많았다. Bar(술집)도 많았다. 밤에는 오죽할까 하는 생각이 들었다. 버봉 거리의 코넷(Cornet)이라

가족묘

는 곳에서 점심 식사를 간단히 하고, 그다음은 세인트 루이스 성당(St. Louis Cathedral). 미국에서 가장 오래 된 대성당이다. 입장료 무료, 그래서 기부했다. 2011년인가? 뉴올리언스를 강타한 허리케인 카트리나에도 굳세게 견뎌냈다.

대성당 바로 앞, 잭슨 광장(Jackson Square). 앤드류 잭슨(Andrew Jackson)은 남북 전쟁 당시 장군이었고 나중에 대통령이 된 사람이다. 잭슨 광장에서 바라보는 대성당의 모습이 새롭다.

잭슨 광장 앞은 미시시피강(Mississippi River).

미시시피 강은 뉴올리언스에서 조금만 더 흐르면 바다, 멕시코만으로 들어간다. 바로 그 앞에는 유명한 카페 드 몽드(Cafe Du Monde)이 있다. 이곳 역시 사람들이 많다. 1862년에 오픈한 카페 드 몽드. 몇 가지 메뉴가 있었지만 대부분의 사람들은 커피와 프랑스 도넛 베네(Beignet)를 먹는다. 단 음식이나 튀긴 음식은 거의 먹지 않는 나는 베네의 맛에 쏘옥 빠졌다. 입가에 하얀 파우더 설탕을 묻히면서 먹는 베네의 맛, 크리스피 크림 도넛과 비교할 수 없다. 그런데 이상하게도 서빙을 하는 종업원들이 아시안들이다. 한국인들은 아니고. 중국인? 태국인? 나중에 인터넷으로 찾아보니 베트남 사람들이라고 한다. 루지애나 뉴올리언스 프랑스 카페에 베트남 종업원? 연관이 있는지는 모르지만 프랑스가 오랫동안 베트남을 지배했었다. 그래서 서로가 쉽게 접근이 가능한가?

미시시피 강을 따라서 걸었다. 다리가 아팠다. 그래서 여행은 한 살이라도 더 젊을 때 해야 하나 보다. 다시 스트릿 카를 타고 북쪽으로 조금 올라가서 팰리스 카페(Palace Café)에서 거북이 수프와 남부 지방 음식을 먹었다. 미시시피주 나체스를 비롯하여 이 지역은 강과 바다의 영향으로 생선 요리가 많고 특히 튀긴 생선 음식이 많다. 로스앤젤레스나 파사디나의 튀기지 않은 음식이 그립다. 팰리스 카페는 음식 주문받는 웨이터가 있고, 와인 주문받는 웨이터가 따로 있다. 물론 음식 가지고 오는 푸드 런너(Food Runner)도 있고, 그릇 치우는 버서(busser)도 있다. 바쁘지 않은 와인 웨이터는 손님과 와인 이야기를 나눈다.

우리는 다시 먼 길을 스트릿 카와 버스를 타고 한참 걸려서 RV파크 우리 캠핑카에 왔다. 하루가 갔다.

미시시피 강변에 있는 카페 드 몽드

30.
마디 그라

2017년 5월 9일 화요일

뉴올리언스는 재즈로 유명하다. 하나 또 있다. 마디 그라(Mardi Gras). 마디 그라는 뚱뚱한 화요일(Fat Tuesday-카니발 기간 음식을 많이 먹어 살이 찐다.)이라는 뜻으로 재(ash)의 화요일 또는 부활절 전후에 실시되는 카니발 퍼레이드다.

마디 그라 웹사이트에서 알려 준 대로 버스를 타고 스트릿 카로 갈아타고 시내 중간에서 내렸다. 뉴올리언스 캐널(Canal Street)과 바론(Baronne Street) 코너에 있는 루즈벨트 호텔 앞에서 마디 그라에 전화하면 무료 셔틀버스가 와서 픽업해 준다고 했다. 이 외에도 픽업 장소가 몇 군데 더 있다. 오전 9시 43분, 전화 받은 마디 그라 안내원이 5분에서 10분 후면 셔틀버스가 도착할 거라고 했다. 무료 셔틀버스가 와서 우리를 픽업해 주면 남친 앞에서 내 어깨가 으쓱해질 것이다. 왜냐면 어젯밤 열심히 마디 그라에 대하여 공부를 했기 때문이다.

10시 11분. 서틀버스는 오지 않았다. 남친 앞에서 나를 비참하게 만들었다. 큰소리 떵떵 쳤는데. 포기했다. 다시 스트릿 카를 타고 캐널 스트릿 종착역까지 가서 강변을 따라 오가는 스트릿 카로 갈아탔다. 그리고 한참을 걸었다. 별로 좋지 않은 무릎으로 천천히 걸어서… 쥬드 트레블 RV파크에서 마디 그라 월드까지 총 2시간 걸렸다. 마디 그라 월드를 보기도 전에 이미 마음이 뒤틀렸다. 맘에 안 들어. 마디 그라 월드 브로셔에 있는 문구: 마디 그라 월드 무료 서틀버스! 전화 주세요!(Mardi Gras World Canal Street SHUTTLE! FREE! Give us a CALL (504)361-7821.) 그 뒤에 이 말을 넣었다면 괜찮았을걸: "No Guarantee."(보장 못함) 불편한 심기를 가리지 못하는 남친, 피곤해 보였다.

어른 입장료가 $19.95. 곱하기 2. 비싸기는… 개인 자유 투어가 아니라 직원의 안내를 받으며 다른 사람들과 함께 1시간 정도 구경한다. 마디그라, 내 타입이 아니다. 우리 동네 옆 캘리포니아 파사디나에서 매년 1월 1일에 펼쳐지는 로즈 퍼레이드(Rose Parade)에 익숙한 나는 마디 그라 월드의 스티로폼으로 만든 동상들이 눈에 차지 않았다. 두꺼운 스티로폼(Styrofoam)을 겹겹이 붙여서 동상을 만들어 부드럽게 다듬은 후 페인트 칠하는 것이다. 기술이 나름대로 필요하다. 그러나 실제 꽃차 퍼레이드와 스티로폼과 플라스틱 꽃 퍼레이드? 물론 사람마다 취향이 다르다. 대형 스티로폼 장식을 좋아하는 사람도 있을 것이다. 차라리 마디 그라 월드 카니발 퍼레이드를 직접 보는 것이 낫지 않을까 생각한다. 오늘은 실망 투성이다.

마다 그라 월드 서틀버스가 2차 세계대전 박물관까지 태워다 준다고 했다. 그러나 안내 데스크도 없고, 직통으로 태워다 주는지 아니면 돌고 돌아서 태워다 주는지도 모르고. 무엇보다 맘이 뒤틀린 상태라서 물어보기도 싫었다. 우버를 불렀다. 2분 만에 우버가 왔다.

31.
뉴올리언스 2차 세계 대전 박물관

2017년 5월 10일 수요일

뉴올리온스 2차 세계대전 박물관 입구에는 붉은 벽돌 보도블록이 있다. 거기에는 참전 용사들의 이름이 새겨져 있다. 그중에는 한국전 참전 용사들의 이름도 있다. 어떤 용사들은 2차 세계대전과 한국전 두 개의 전쟁에 참전한 용사들도 상당수 있었다. 내 남친의 아버지도 2차 세계대전과 한국전 참전 용사였다. 어머니 역시 간호 장병으로 복무했다.

2차 세계대전 박물관에는 히틀러가 어떻게 독일을 집권하게 되었는지, 어떻게 유대인들을 학살했는지, 어떻게 연합군이 독일군이 쌓아 놓은 애틀란틱 벽(Atlantic Wall)을 뚫고 노르망디에 상륙했는지 자세하게 전시되어 있었다.

히틀러가 집권한 당시, 독일에는 뉘른베르크 법(Nuremberg Laws, Nürnberger Gesetze)이 있었다. 이 법에 의하여 국민들을 분류했다. 독일인 순수 혈통은 1급 시민, 유대인은 2급 시민, 유대인과의 결혼도 금지했다. 전쟁 후, 영국과 소련, 프랑스, 미국의 동맹국에서 온 판사들이 22명의 독일 나치 전범들을 재판했다. 바로 뉘렌베르크 재판이다. 그중 12명은 사형 선고받았다. 그 역사적인 재판을 다룬 영화도 있다. 영화 제목도 뉘렌베르크의 재판. 어릴 때는 뭔지도 모르고 보다가 잠들었던 영화, 어른이 되어 영화를 다시 봤을 때도 역시 좋았다.

　태평양 전쟁 기념관에서는 전쟁이 어떻게 시작되었는지, 어떤 싸움이 있었는지, 어떻게 원자폭탄이 투하되었는지 등을 보여 주었다. 1910년, 한국이 일본에 강제합병되어 태평양 전쟁이 발발했을 때는 한국은 일본 영토(연합군의 적군 빨간색)로 나왔다. 일본군의 잔악성을 보여 주는 자료가 많이 있었지만 아쉽게도 한국 위안부에 대한 내용은 없었다. 일본이 중국 침략 시 마을 여자들을 강간했다고만 언급했다. 그 당시 장개석이 이끄는 중국은 1941년 일본의 미국 진주만 공격 이후 미국과 영국의 첫 번째 동맹국이 되었으며 1945년 전쟁이 끝날 때까지 동맹이 유지되었다. 동맹 기간, 중국 장개석은 군인들의 훈련을 비롯하여 미국으로부터 많은 도움을 받았다. 두 개의 전쟁이 일어난 1939년~1945년 사이, 중국군은 세 번째로 많은 전사자를 냈다. 그러나 전쟁 후 중국 공산당 모택동에 의하여 장개석은 타이완으로 밀려났으며 1950년에 발발한 한국전쟁에서는 공산당이 이끄는 중국과 미국이 서로 적이 되었다.

　1945년 8월 6일, 미국이 세계 최초로 원자폭탄을 히로시마에 투하, 140,000명 사망 외에 많은 사람들이 부상당했다. 일본이 항복하지 않자 8월 9일, 나가사끼에 원자폭탄을 투하했다. 원래 2차 투하 장소는 고꾸라였다. 그러나 원자탄 투하 시간에 고꾸라 상공의 짙은 구름 때문에 시야가 좋지 않아 나가사끼로 변경했다. 나가사끼에서는 70,000명 사망 외에 역시 수 많은 사람들이 부상당했다. 원자폭탄을 싣고 히로시마에 투하한 비행기는 보잉 회사가 만든 B-29, 그 비행기에 타고 있었던 군인의 일지가 박물관에 전시되어 있다. 일지에는 원자탄 투하 3분 경과 후의 버섯 모양 먹구름 사진이 있었다. 전쟁으로 피해를 입는 나라도 있지만 돈을 버는 나라 또는 회사도 있다. 미국은 군수품 제작으로 돈을 많이 벌었다. 온 국민이 두 개의 전쟁을 이기기 위하여 전투기를 비롯한 군수품 제작에 참여했다. 보잉사만 하더라도 많은 전투기를 만들어 돈을 벌었다.

1945년 8월 15일, 일본 황제가 라디오로 무조건 항복한다는 발표가 났다. 나는 박물관에서, 무조건 항복했다는 설명 앞에서 "대한민국 만세!"를 외치고 싶었다. 그 앞에 있던 관광객에게 바로 이날이 대한민국이 빛을 찾은 날, 광복이라고 말하고 싶었다. 그러나 쭈뼛거리고 머뭇거리다가 하지 못했다. 다시 방문한다면 할 것이다.

영화감독 올리버 스톤이 만들고 해설한 다큐멘터리 "알려지지 않은 미국의 역사(Untold History of the USA)"에 의하면, 2차 세계대전 당시 구소련은 독일군에 대항하는 연합군이었다. 구소련 군인들의 희생자가 미군들의 희생자들보다 훨씬 많았다. 또한 2015년 9월

1일, 미국 CNN은 '잊혀진 동맹? 2차 세계대전에서 잊혀진 중국의 역할(Forgotten Ally? China's Unsung Role in World War II)'에서 만약 중국이 동맹국이 아니었다면 아시아에 어떤 일이 생겼을까 라는 내용의 방송을 통하여 역사를 재조명했다. 아래 표는 1939년부터 1945년 사이 2차 세계대전 참전국의 전사자들의 숫자이다.

소련	7백 5십만 명
독일	3백 5십만 명
중국	2백 2십만 명
일본	1백 2십만 명
미국	405,000 명
오스트리아	380,000 명
영국	329,000 명
폴란드	320,000 명
로마니아	300,000 명
프랑스	210,000 명

　나는 이 박물관을 둘러보며 평상시에 제대로 알지 못했던 영어 단어 두 개를 배웠다. Theater and campaign.

　일본이 미국을 침공한 전쟁을 태평양전쟁(Pacific War)이라고 한다. 그런데 미국인들은 Pacific Theater라고도 한다. Theater? 극장? 극장이라는 뜻 외에도 중요한 군사 활동 지역이라는 의미도 있다는 것을 이번에 알았다.

Campaigns of Courage. Campaign이란 '캠페인을 벌이다, 사회 및 정치적 목적을 위하여 조직적이고도 지속적으로 계몽하는 운동'이라고만 알고 있었는데 군사 작전, 전쟁의 뜻도 있다는 걸 이제서야 알았다.

전쟁 박물관에 들어갔을 때 campaign, theater 간판을 보고 '전쟁 영화 보나? 캠페인 하나?'라고 생각했었다.

이제 다시 뉘른베르크 재판 영화를 보면 졸지 않고 끝까지 다 볼 수 있을 것 같다.

원자탄 실은 비행기, 원자탄 투하 1분후의 모습, 조종사의 일지

플로리다

Florida

32.

6,437km 운전 후 플로리다에 들어서다

2017년 5월 14일 일요일

뉴올리언스에서 일주일 머무르면서 시내 여행도 하고, 비도 억수로 맞고, 죠 브라운 파크(Joe W. Brown Park) 실내 수영장에서 수영도 공짜로 두 번 하고, 남친은 일도 했다. 그리고 어제 뉴올리언스를 떠나 플로리다로 향했다. 플로리다 올랜도(Orlando)까지는 약 10시간 정도 걸린다.

10번 고속도로 동쪽 방면, 루지애나를 지나자 미시시피가 나왔다. 그리고 잠시 후 앨라배마와 플로리다.

나는 캠핑카 여행하면서 하늘을 많이 본다. 수백, 수천 가지의 얼굴이 담긴 하늘. 크고 작은 뭉게구름… 하얀구름 뒤에 숨은 먹구름… 그리고 한바탕 쏟아지는 비….

플로리다 경계선을 지나 방문자 센터에 갔다. 깨끗하고 친절한 센터에는 여행 정보가 산더미처럼 쌓여 있다. 여행 정보에 소개된 곳을 다 가려면 한 달도 부족할 것 같다. 비용은 또 얼마나 들 것인가? 그래, 그 중에 몇 곳만 가자. 방문자 센터에서 음악이 흘러나왔다. 귀에 익다. 머~나면 저곳 스와니 강물~ 아, 스와니 강! 여기 플로리다에? 스와니 강? 그래서 지도를 확인해 보니 우리가 가는 길에 스와니 강이 흐른다. 스와니 강은 246마일(396km)를 흘러서 멕시코만으로 유입된다.

구글 맵을 보면서 다시 고속도로로 들어섰다. 그러다 갑자기 남친이 "스와니 강이다!" 어디? 나는 아이폰 파워를 키고, 카메라를 선택하고, 카메라를 들이댄 순간, 지나 버렸다. 스와니강 팻말은 봤는데 사진을 찍지 못했다. 왜 이렇게 빨리 나오고 지나가는 걸까? 그래서 항상 카메라는 대기 중이어야 한다.

중학교 때인가? 스와니 강을 배웠다. 미국 민요의 아버지인 스테판 포스터(Stephen Foster)가 1851년에 작곡한 노래이다. 스와니 강 외에도 오 수잔나, 아름다운 꿈, 올드 블랙 죠, 켄터키 홈 등을 작곡했다.

민요 스와니 강은 플로리다의 주 노래이다. 가사가 몇 번 바뀌었다. 옛 노래이어서 영어 스펠링이 약간 다르다.

"Old Folksat Home", by Stephen Foster, 1851
Way down upon de Swanee Ribber,
Far, faraway,

Dere's wha my heart is turningebber,
Deer's wha de old folks stay.

All up and down de whole creation
Sadly I roam,
Still longing for de old plantation,
And for de old folks at home.

머나먼 저곳 스와니 강물 그리워라
날 사랑하는 부모 형제 이 몸을 기다려
이 세상에 정처 없는 나그네 길
아 그리워라 나 살던 곳 멀고 먼 옛 고향

미국인이든 한국인이든 고향을 그리워하는 것은 마찬가지인가 보다.

오늘 처음으로 남친의 캠핑카를 운전했다. 캠핑카의 무게가 느껴졌다. 시속 65~70마일(104~112km), 속도 내기가 무서웠다. 대형 트럭이 지나갈 때 조심, 차선 바꿀 때 조심조심… 손에서 땀이 흠뻑 젖었다. 나는 일반 승용차를 운전할 때도 70마일(약 112km) 이상 달리지 않는다. 75마일이 넘으면 겁이 난다. 60~70마일이 마음 편하게 드라이브를 즐길 수 있는 속도이다.

2017년 3월 18일 캠핑카 여행을 시작한 지 거의 2개월 만에, 플로리다 스와니 강을 지나면서 4,000마일(6,437.38km)을 운전했다. 그리고 오늘 2개월 만에 로스앤젤레스에 있는 외사촌 언니와 1시간 동안 통화했다. 미국에 거주하는 한인들은 오랫동안 한국어를 하지 않으면 입이 근질거린다고 한다. 2개월 만에 나누는 한국어 수다, 재미있었다. 오랜만에 김치를 먹은듯 속이 다 후련했다.

남친은 올랜도에 도착하기 전 어딘가에 캠핑카를 세웠다. 오늘 밤도 노숙(Boondock)한다. 밤 12시였다.

33.
월트 디즈니 월드 포트 윌더니스 도착

2017년 5월 15일 월요일

캠핑카 노숙(Boondock) 이틀째. 남친은 하룻밤 잠만 자기 위해서 RV파크에 돈을 지불 하는 것은 낭비라고 생각한다. 3일 동안 쓸 수 있는 물도 있고, 음식도 있고, 침대도 있는데… 왜 돈을 써? 하지만 노숙 장소를 찾기도 쉽지는 않다. 밤샘 주차 금지 지역인지, 주택가 눈에 띄는 곳은 아닌지, 여기저기, 이 골목, 저 골목을 다니면서 외진 곳을 찾아야 한다. 또한 노숙할 때는 소음 때문에 발전기를 사용할 수 없다. 플로리다에서는 다른 주에 비하여 고속도로 휴게소나 월마트 주차장에 밤샘 주차 금지 안내판이 많이 있다. 노숙하는 캠핑카 여행자들이 많아서 그런가 보다.

마켓에 가서 장을 다 본 후, 드디어 왔다. 올랜도 월트 디즈니 월드 포트 윌더니스 캠핑장(Walt Disney World Fort Wilderness Campground in Orlando, Florida)! 체크인 타임은 오후 1시부터. 그러나 우리는 11시에 도착. 캠핑장이 바쁘지 않은지 캠핑장 입구 직원은 우리를 거절하지 않았다. 이곳은 캠핑카에 탄 상태에서 체크인한다. 직원은 우리의 예약과 애완동물 유무를 확인하고, 캠핑장 위치(1825번), 지도, 각종시설, 규칙, 버스 노선, 몸에 바르는 모기약, 매직 월드를 비롯한 4개의 디즈니 월드 테마 공원을 입장할 수 있는 전자 팔찌(wand) 등을 주었다. 우리는 캠핑장 내의 지정 속도를 지키며 천천히 들어갔다. 또다른 새로운 세상이 펼쳐졌다. 하늘 높이 쑥쑥 자란 나무 숲길과 캠핑장은 깨끗하고 잘 단장되어 있었다. 캠핑장에는 여름 방학이 아닌데도 아이들이 생각보다 많았다. 방학과 상관없이 여행 다니나? 아니면 홈스쿨을 하나? 아이들뿐만이 아니라 애완 동물도 많았다.

디즈니월드 캠핑장 입구

아직도 남친의 손 상태가 좋지 않아 이번에는 남친 도움 없이 나 혼자서, 그러나 남친 감독하에, 캠핑카에 전기, 수도, 케이블 티비, 배수 등을 훅업했다. 먼저 전깃줄을 꺼내어 캠핑장 파워에 연결한다. 파워에는 20암페어, 30암페어, 50암페어가 있다. 남친 캠핑카는 30암페어이다. 전기를 꽂은 후 파워 스위치를 켰다. 그리고 케이블 티비와 수도도 연결했다. 수도 연결 상태가 제대로 되지 않으면 물이 줄줄 샌다. 배수도 연결했다. 마지막으로 캠핑카로 들어가 슬라이드 아웃한다. 훅업 끝! 그리고 디즈니월드 캠핑장 입주 기념으로 깨끗하고 시원하고 편리한 캠핑장 공동 샤워실(Comfort Station)에서 이틀간의 땀과 피로를 씻어냈다.

내 일을 내가 한다는 것, 남친이든 남편이든, 누구의 도움을 받지 않고, 내가 할 수 있는 모든 것, 내가 할 수 없는 모든 것을 하는 것이 나의 도전이며 목표이다. 협조하는 것조차도 내가 할 수 있는 일이다. 이곳 날씨, 화씨 91도(섭씨 약 32도), 덥고 끈끈하다.

월트 디즈니 월드 포트 윌더니스 캠핑장.

700에이커(약 2,832,802㎡ 또는 856,922.6평) 규모를 자랑하는 디즈니 월드 포트 윌더니스 캠핑장은 1971년 11월에 개장하였으며, 800여 개의 캠프사이트[03](campsite)와 409개의 캐빈(Cabins)이 있다. 주변에는 나무가 빼곡하게 우거져 주차된 캠핑카들이 보이지 않을 정도이다. 반려동물도 함께 캠핑할 수 있는 캠핑장(pet friendly campsites)도 있고, 반려동물 금지 캠핑장도 있다. 캠피장 주변에는 토끼, 사슴, 아마디요(armadillos), 오리, 거위, 공작새 등의 야생 동물도 볼 수 있다. 다람쥐들은 천지에 깔려 있다. 창문을 통해 다람쥐들을 바라보는 토마스는 항상 눈이 휘둥그레졌다. 장기거주하는 여행객을 위하여 우편물도 받아준다. 편지는 무료, 소포는 $5이다.

캠핑장 입구에서 체크인한 후, 캠핑장 안으로 들어서면 히치 앤드 언히치 구역(Hitch & Unhitch Area)이 있다. 캠핑카 뒤에 작은 차를 끌고 여행하는 사람들이 두 명 이상이라면 이곳에서 캠핑카와 차를 분리(unhitch)하여 캠핑장으로 들어간다. 캠핑장을 떠날 때도 히치 앤드 언히치 구역에서 작은 차를 캠핑카 뒤에 달고(토잉/견인, towing 또는 hitch) 떠난다.

---

03 Campsite or site(캠프사이트, 캠핑자리): 캠핑장에서 텐트를 치거나 캠핑카를 주차하여 캠핑하는 개인용 캠핑자리.
    Campground(캠핑장): 캠핑장에는 캠프사이트(캠핑자리)가 여러개 있다.
    RV Park or Resort: RV 파크 또는 리조트. 캠핑카 전용 캠핑장. 장기간 생활도 가능하다. 훅업이 있다.

월트 디즈니 월드 포트 윌더니스 캠핑장은 캠핑카의 경우 하루에 $74(세금 별도)부터 시작하고, 캠핑카 크기와 캠핑장 위치에 따라 가격이 다르다. 성수기에는 가격이 올라간다. (플로리다는 허리케인과 폭우가 쏟아지는 여름은 비수기, 비가 많이 내리지 않는 겨울이 성수기이다.) 원하는 장소를 미리 요청할 수도 있다(preferred sites). 포트 윌더니스 캠핑장은 다른 RV파크들이 구비하고 있는 시설을 다 구비하고 있지만 더 좋다. 더 편리하다. 더 깨끗하다. 더 친절하다. 무척 넓다. 무료 와이파이도 잘 된다.

캠핑카(모토홈과 트레일러) 여행자들은 배정받은 자리에서 텐트를 하나 추가로 칠 수 있다. 캠핑카 없는 사람들도 캠핑을 할 수 있다. 그런 경우, 한 자리당 텐트를 두 개까지 칠 수 있으며 애완 동물은 허용되지 않는다. 텐트가 하나이든 두개이든 자리값은 하룻밤에 $53. 최대 허용 인원은 10명. 캠핑카나 텐트도 없는 사람들은 올랜도에서 캠핑카를 빌려서 캠핑할 수 있다. 캠핑카 대여 전문점, 개인 캠핑카 대여, 또한 디즈니도 대여를 해 준다. 대여료는 캠핑카 상태와 크기, 디자인에 따라 다르다.

포트 윌더니스 캠핑장에는 자전거 도로와 산책로도 있다. 만약 걷기 힘든 노약자가 있다면 골프 카트를 빌려서 타고 다닐 수도 있다. 캠핑장에는 식당(예약 필수, 공연 포함), 풀장, 미니 워터 파크, 야외극장, 활 쏘는 곳, 카누, 말 타는 곳, 자전거 대여, 놀이터, 모닥불, 테니스장, 가게(settlement trading post) 등이 있다. 또한 어린이를 위한 프로그램을 비롯하여 다양한 이벤트가 펼쳐지며, 아기와 어린이 베이비시팅(아기 돌봐 주는) 서비스, 애완 동물 데이케어 센터도 있다. 호수와 비치도 있고, 배를 빌려 탈 수도 있다. 이곳에서 수상 버스(배)를 타고 매직 킹덤과 랏지(Lodge, 리조트 호텔)에도 갈 수 있다.

캠핑장 입구에 있는 디즈니 월드 버스 터미널(outpost)에서 캠핑장 셔틀버스, 디즈니 스프링 샤핑몰, 디즈니 헐리우드 스튜디오, 디즈니 리조트, EPCOT, 애니멀 파크, 워터 파크, 올랜도 공항행 버스를 이용할수 있다. 매직 월드 전자 팔찌를 가지고 있는 사람들만 이용이 가능하며 모두 무료이다.

캠핑장 바로 옆에는 409개의 캐빈(Cabin)이 있다. 역시 숲속에 있으며 주방 기구가 완비된 주방, 거실, 화장실, 침실, 소파 겸 침대 등이 갖추어져 있고, 최대 6명까지 숙박할 수 있다. 1일 사용료 $300 이상이다. 캐빈 바로 앞에 자동차를 주차할 수 있고, 캐빈 숙박객만을 위한 풀장이 따로 있다. 식료품 배달 서비스도 있다.

플로리다 올랜도 월트 디즈니 월드에 여행 갈 때는 디즈니 월드 밖에서 숙박할 것인가 안에서 숙박할 것인가를 결정한다. 밖에서 숙박하는 경우 매번 운전하고 주차하고 디즈니 공원에 가야 한다. 안에서 숙박할 경우, 호텔에서 할 것인가 아니면 캠핑을 할 것인가를 결정한다. 어디에서 숙박하는지에 따라서 준비물과 경비가 달라진다. 디즈니 월드에 가기 전에 충분히 조사를 하고 간다면 더 즐거운 여행을 할 수 있다.

34.

김과 냉장고

2017년 5월 16일 화요일

캠핑카 여행을 떠나면서 짐 정리를 할 때 남친이 물었다. "냉동실의 김과 말린 여주를 어떻게 할거야?" 나는 여행에 가지고 갈 거라고 했다. 남친은 캠핑카 안의 냉장고가 작다고 재차 강조했다. 그 말은 버려라. 그래도 내가 우기는 바람에 남친은 냉동실 맨 윗 칸에 두 번 포장한 김과 지퍼백에 담은 여주를 넣었다.

김은 작년에 서울에서 언니가 왔을 때 가지고 온 것이다. 로스앤젤레스에서도 김을 구입할 수 있다고 해도 굳이 가지고 왔다. 먹어 보니 맛있었다. 말린 여주는 인천에 사는 동생이 우편으로 보내 준 것이다. 말린 여주를 끓여서 차로 마시면 피로 회복에 좋다는 말을 듣고 계속 마시고 있다. 이것 역시 좋다. 캠핑카 여행 시작 후 지금까지 약 두 달 동안 김밥은 딱 두 번 만들어 먹었고, 여주 차는 자주 마시고 있다. 마켓에 가서 장을 볼 때마다 남친은 아직도 한마디씩 한다. 김을 어떻게 할 건지. 버리기를 은근히 바라는 눈치이다. 하루는 남친이 아이스크림 한 통을 사자고 했다. 내가 "아이스크림 통은 너무 커. 먹고 싶을 때 작은 것 하나씩 사 먹으면 되지." 그러자 남친은 디즈니 월드의 아이스크림 가격은 비싸다고 투정한다. 그래서 "냉장고 작은데 아이스크림 통 넣을 공간 없어. 그리고 아이스크림을 넣기 위해 김을 버리면 이상하지. 아이스크림보다 김이 더 건강한 음식인데 김을 버리고 아이스크림 통을 넣겠다고?" 나의 야무진 말 한마디에 남친은 그래 네 말이 맞다 라고 맞장구쳤다. 이렇게 해서 김은 무사히 냉동실에서 살아남을 수 있었다.

35.

월트 디즈니 월드 리조트

2017년 5월 20일 토요일

남친은 손가락 수술 후 4일 동안 휴식을 취했다. 그리고 드디어 오늘 디즈니 월드 매직 킹덤에 갔다. 수술한 손가락을 붕대에 싸매고.

플로리다 레이크 부에나 비스타에 위치한 매직 킹덤, 무척 크다. 정말 크다. 디즈니 월드 리조트는 캘리포니아 아나하임(Anaheim)에 있는 디즈니랜드(Disneyland)보다 몇 배가 크다고 했지? 플로리다 디즈니 월드는 25,000에이커(111.369㎢)로 샌프란시스코와 거의 같은 크기, 뉴욕 맨하탄의 두 배 크기이다. 반면에 디즈니랜드는 510에이커이다.

캘리포니아 디즈니랜드를 제대로 보려면 2, 3일 정도? 여유 있게 즐기려면 3, 4일이면 충분하다. 그러나 플로리다 디즈니 월드 리조트를 다 보고 즐기려면 일주일 정도 걸린다. 더군다나 수많은 인파로 인하여 줄을 오래 서야 되기 때문에 실제로 보고, 즐길 수 있는 것은 몇 개 되지 않는다. 물론 FastPass를 이용하여 줄 서는 시간을 줄일 수 있다. 디즈니랜드는 각 놀이 기구 앞에서 하루에 1인당 3개의 FastPass가 가능하고(하나 사용한 후에 하나 더 가능), 디즈니 월드는 인터넷으로 최소 30일 전 또는 60일 전에 FastPass를 예약(무료)해야 한다. 그렇지 않으면 줄 줄 줄, 긴 줄에 서야 하고, 하루가 다 지나도 놀이 기구를 타지 못한다. 우리는 모든 놀이 기구, 쇼 등의 FastPass 예약이 만료되어 놀이 기구 한 개조차도 예약하지 못했다. 레스토랑도 예약 필수이다.

4일 입장권을 구입했지만 4일 내내 공원에 갈 수 없다. 고온 다습한 날씨로 쉽게 지치기 때문이다. 따라서 4일도 부족하다. 여유가된다면 이틀 즐기고 하루 푹 쉬고 이틀 즐기는 것이 좋을 것 같다.

월트 디즈니.

그는 원래 만화가였다. 만화에도 생명을 불어넣어 주고 싶은 마음으로 시작한 것이 애니메이션 미키 마우스였다. 캘리포니아 로스앤젤레스로 이주한 월트 디즈니는 자신의 집 마당에 미니 기차와 기찻길을 만들어 그 위에 앉아 기차 타는 것을 즐겼다. 자신이 일하는 캘리포니아 버뱅크(Burbank) 스튜디오 근처에 놀이 공원을 만들려고 했으나 넓은 땅을 구할 수 없었다. 그리하여 1953년 캘리포니아 아나하임에 160에이커(65ha)의 부지를 사들여 1955년 디즈니랜드를 개장하였다. 그 이후 디즈니랜드 리조트는 계속 확장되어 지금은 510에이커 규모로, 디즈니랜드와 캘리포니아 어드벤쳐 등 두 개의 테마파크가 있다.

1955년 캘리포니아 아나하임에 디즈니랜드를 개장하여 대성공을 거둔 엔터테인먼트의 개척자 월트 디즈니는 최대 규모, 최고 규모의 낙원, 월트 디즈니 월드 리조트를 구상하였다. 그리하여 1960년 초에 플로리다의 불모지(대부분 습지대)를 구입, 개간하여 디즈니 월드를 건설하기에 이른다. 그러나 아쉽게도 월트 디즈니는 매직 킹덤 공사 시작 전인 1966년에 사망하였다. 1971년 월트 디즈니의 형이면서 비지니스 파트너인 로이 디즈니(Roy Disney)가 디즈니 월드 리조트의 첫 번째 공원인 42에이커(574,654㎡) 규모의 매직 킹덤 개장을 선언했다. 현재 디즈니 월드 리조트는 매직 킹덤(Magic Kingdom), 애니멀 킹덤(Animal Kingdom), EPCOT, 헐리우드 스튜디오(Hollywood Studio) 등의 4개 파크, 블리저드 워터 파크(Blizzard Water Park)와 타이푼 라군(Typhoon Lagoon) 등 두 개의 워터 파크, 36개의 리조트 호텔, 그중 26개는 디즈니 월드가 직접 운영한다. 리조트에는 총 30,000개 이상의 방이 있다. 799개의 캠핑장과 409개의 캐빈이 있는 포트 윌더니스 캠핑장, 4개의 골프 코스(총 63홀), 두 개의 full service 스파, 디즈니 결혼식장, ESPN 스포츠 센터, 디즈니 스프링스 쇼핑몰, 디즈니 크루즈 등이 있다. 디즈니 월드 리조트는 연중무휴이다.

매직 킹덤 하이라이트는 오후 3시에 메인 스트릿에서 펼쳐지는 퍼레이드와 밤 9시에 신데렐라 성에서 진행되는 불꽃놀이이다. 불꽃놀이의 경우 늦어도 저녁 8시 정도에는 신데렐라 성 앞으로 가서 기다려야 된다. 미리 식사를 하고, 간식도 준비하고, 화장실 위치 확인하고, 바닥에 철퍼덕 앉을 각오를 해야 한다. 불꽃놀이 마지

막 장면에서는 팅커벨(팅커벨 복장을 한 사람)이 신데렐라 성 꼭대기(189피트, 약 57m)에서 줄을 타고 내려온다. 마치 하늘을 나는 모습이다. 최고의 히트이다. 캘리포니아 디즈니랜드는 분수를 이용하여 불꽃놀이와 쇼를 한다. 2016년에 관람한 캘리포니아 디즈니랜드의 불꽃놀이와 이번에 본 플로리다 디즈니월드의 불꽃놀이를 보면서 얼마나 많은 사람들의 아이디어(상상)와 기술, 조명, 레이저, 전기, 안전, 아트, 패션 등이 집결되었는지 상상할 수가 없다. 감탄, 환호, 감탄, 환호… 그야말로 상상 초월이다.

EPCOT 공원은 미래의 과학에 관한 놀이 공원이다.
디즈니의 헐리우드 스튜디오 공원은 영화와 애니메이션이 주제이며 이곳에는 특히 월트 디즈니의 일대기를 전시한 방이 있다.

2017년 5월 27일 토요일에 판도라(아바타)를 추가 개관한 애니멀 킹덤은 자연과 동물과 함께 모험을 즐기는 정글 공원이다.

디즈니 스프링에는 레스토랑과 쇼핑몰이 있다.

ESPN 스포츠 센터에서는 프로페셔널 사격 훈련과 대회 외에도 각종 경기도 치러진다. 특히 아틀란타 브레이브 야구팀(Atlanta Braves)은 이곳에서 봄 시즌 훈련을 한다.

디즈니 월드 리조트는 하나의 도시이다. 그 안에 디즈니 월드 전용 고속도로가 있다.

플로리다에 개장한 월트 디즈니 월드 리조트로 인하여 플로리다에는 씨월드(Sea World), 유니버설 스튜디오(Universal Studio), 레고 랜드(Lego Land), 디스커버리 코우브(Discovery Cove) 등의 다른 많은 놀이 공원(Theme Parks)들이 생겼다. 전 세계에서 가장 많은 사람들이 찾는 디즈니 월드 매직 킹덤의 2016년 입장객 수는 20,400,000명, 캘리포니아 디즈니랜드의 2016년 관광객 수는 17,900,000명이었다.

그러나 한 가족이 즐거운 시간을 갖기에는 너무 비싸다. 2017년 5월 기준, 어른 1일 매직 킹덤 입장료는 $124, 플로리다 현지인이 아니라면 그곳까지 갈 교통비, 숙박비, 식사비, 간식비, 기념품 등의 돈이 추가로 들어간다. 매직 킹덤 하나만 구경할 것인지, 4개의 놀이 공원을 다 볼 것인지, 물놀이 공원은 가지 않는다고 하더라도, 가격이 만만치 않다. 놀이 공원과 호텔을 연결하는 패키지도 있지만 그래도 비싸다. 정말로 가고 싶다면 포트 윌더니스 캠핑장에서 텐트로 캠핑을 하면 호텔 비용과 식사 비용을 많이 줄일 수 있다. 충분한 사전 준비가 필요하다.

신데렐라 성,
이곳에서
밤 9시에
불꽃놀이가
펼쳐진다.

불꽃놀이를
보러 몰려 온
인파

36.

월트 디즈니 월드 리조트의 재미있는 통계

디즈니 월드 매직 킹덤에 가면 "작은 세계(A Small World)"라는 놀이 기구가 있다. 그러나 디즈니 월드 리조트는 결코 작지 않다. 총면적 25,000에이커로 샌프란시스코 크기와 비슷하고, 뉴욕 맨해튼의 두 배 크기이다. 그중에서 1/3은 개발이 전혀 되지 않은 자연 보호 구역이다.

디즈니 월드 직원은 70,000명으로 미국 전국에서 한 장소에서 (single-site employer) 가장 많은 직원을 고용한 회사이다. 아마존도 직원이 많지만 모든 직원들이 한 장소에서 일하지 않는다.

크리스마스나 할로윈데이 등과 같이 특별한 이벤트가 없는 날, 미키 마우스는 스쿠버 복장부터 턱시도까지 136가지 종류의 다양한 의상을 입는다. 미니 마우스는 치어리더 의상부터 이브닝 드레스까지 100가지 이상의 의상을 가지고 있다.

디즈니 월드는 매일 285,000파운드(129,274kg)의 직원들의 옷을 세탁하며, 30,000~32,000벌의 정장/예복을 매일 드라이 클리닝한다.

디즈니 월드 리조트는 가장 많은 사람들이 사진을 찍는 곳이다. 하루에 디즈니 사진사는 100,000~200,000장의 사진을 찍는다. 방문객들은 온라인에서 사진을 확인하고 다양한 디자인으로 주문할 수 있다.

누구나 화이트 크리스마스를 꿈꾼다. 그러나 눈이 내리지 않는 플로리다 디즈니 월드 리조트에서는 초록색 크리스마스를 즐긴다. 1,500개의 크리스마스 트리에 700,000개 이상의 LED 전구를 밝힌다. 전구의 총 길이는 96마일(약 154km)로 올랜도에서 잭슨빌 (Jacksonville)까지 밝힐 수 있다. 그러나 전기 소모량은 기존 전구의 1/10이다.

해마다 디즈니 월드 리조트에서는 75,000,000개 이상의 콜라, 13,000,000개의 물병이 소모된다.

디즈니 월드 리조트의 유명한 쥐의 귀 모양 모자(Mouse Ear Hat) 도 많이 팔린다. 팔린 모자의 귀에서 귀를 펼쳐 연결하면 총 길이가 175마일(약 282km)이 된다.

디즈니 월드 리조트의 분실물 센터에는 매일 210개의 선글라스가 들어온다. 그리고 해마다 6,000개의 핸드폰, 3,500개의 디지털카메라, 18,000개의 모자 등이 주인을 기다리고 있다. 또한 인공 보조

다리, 인조 눈(glass eye), 아기들의 화장실 훈련 변기(potty trainer) 등의 흔치 않은 물건도 분실물 센터에 들어온다.

디즈니 월드 리조트의 버스는 약 400대이다. 이는 캘리포니아 로스앤젤레스 교통국의 버스보다 많은 숫자이다.

디즈니 월드가 1971년에 개장한 이후, 디즈니 월드의 모노레일 열차가 기록한 총 운행 마일은 달나라까지 30번 왕복한 거리와 같다.

디즈니 월드 Epcot에서는 30톤 이상의 과일과 야채가 재배되어 디즈니 월드 레스토랑의 음식 재료로 씌여진다.

해마다 4개의 디즈니 월드 공원에서 1,800,00파운드(약 816,466kg) 이상의 칠면조 드럼스틱(drumstick, 다리) 요리(finger food)가 소모된다.

디즈니 월드 토지의 12%인 4,000에이커(1,618 헥타아르)는 정원으로 사용된다. 해마다 원예 담당 직원들은 3백만 그루의 초목과 일년초, 4 백만 그루의 관목, 13,000 그루의 장미, 200 그루 이상의 정원수를 심는다. 그리고 일년 동안 잔디 깎는 거리가 450,000마일(724,204km)이 된다.

매직 월드는 2층에 세워진 놀이 공원이다. 플로리다는 바다 수면과 높이가 같아서 땅을 팔 수 없다. 따라서 1층에 해당하는 지하는 직원들의 공간이다.

　디즈니 월드의 놀이 기구 중 하나인 덤보(Dumbo Ride, 코끼리 덤보)에는 화장한 유골이 뿌려지기도 한다. 일부 사람들은 자신들이 죽은 후 화장하여 자신들의 유해를 덤보 놀이 기구에서 뿌려 달라고 유언을 남기는 사람들이 있다. 이런 경우 디즈니 월드는 특별 진공청소기로 청소한다고 한다.

　(이상은 디즈니 월드 웹사이트와 인터넷에서 발췌한 내용임.)

37.
캠핑장의 꽃 배달

2017년 5월 20일 토요일

5월 15일 월요일 포트 윌더니스 캠핑장 체크인, 5월 23일 화요일 체크 아웃, 7일 동안 지낼 예정이다. 그러나 남친은 체크인하자마자 체크 아웃 날짜를 5월 26일 금요일까지 연장했다. 수술 때문이다. 연장을 더 하려고 했지만 5월 29일 월요일은 미국의 메모리얼 할러데이(현충일)로 캠핑장은 금요일부터 이미 예약이 다 찼다.

남친 손가락 때문에 며칠을 쉰 후, 매직 킹덤에 도착한 60을 바라보는 남친과 50이 넘은 여친은 더위 속을 어슬렁어슬렁 걸었다. 왔으니까 뭐라도 하나 타야지. 오래 줄 서지 않고 탈 만한 놀이 기구가 뭐가 있을까? 작년 캘리포니아 디즈니랜드와 어드벤쳐에서는 이틀 동안 이른 아침부터 한밤중까지 걸어 다녔는데도 전혀 지치거나 피곤하지 않았다. 가족 9명 모두가 팔팔했다. 왜냐? 더워도 습기가 없어서 항상 상쾌하기 때문이 아닌가 싶다. 반면에 플로리다는 밖으로 나온 순간 더워진다. 끈적거린다. 아니면 1년 사이에 나이 한 살을 더 먹어서 쉽게 지치나? 아니면 여행 동반자가 달라서? 타는 것은 고사하고 매직 킹덤에 오자마자 지쳐 버렸다.

어쨌든 오후 3시에 펼쳐지는 퍼레이드를 본 후, 포트 윌더니스 캠핑장으로 돌아왔다. 캠핑카에서 쉬고, 저녁 식사하고, 매직 킹덤 불꽃놀이 보러 가기 위하여, 힘을 다시 충전하자.

타박타박 더위에 지친 발걸음으로 캠핑카에 가까워졌을 때 문 앞에 뭔가가 있는 것 같았다. 아른거린다. 뭐지? 잘못 봤나? 더위에 지쳤나? 고개를 흔들고 다시 봤다. 꽃이다! 바다가 꽃을 보냈구나. 단번에 알 수 있었다. 보낼만한 사람이 바다밖에 없으니까.

지난주 일요일 5월 14일은 어머니 날.
해마다 어머니 날 아침에 바다는 나를 위하여 요리를 해 주거나 같이 식사를 하러 나가곤 했었다. 바다, 요리 잘한다. 지난해 추수감사절에는 칠면조 요리를 했다. 맛이 아주 좋았다. 그런데 이번 어머니 날은 내가 여행을 하면서 같이 식사를 할 수 없었다. 그래서 캠핑장으로 꽃을 보냈다. 더위에 지친 몸이 상쾌해졌다. 행복하다. 바다, 탱큐! 사랑해! 그러나 남친은 묵묵부답이다.

세상의 많은 부모들은 자기 자식을 최고라고 생각한다. (부

캠핑장의 꽃배달

모가 자기 자식을 최고라고 생각하는 거 당연한 거 아닌가?) 최고인 경우도 있다. 그러나 다른 아이들도 최고라는 생각을 해야 한다. 생각이 아니라 인정해야 한다. 또한 부모가 보기에 최고가 아니라 다른 사람이 봐도 최고인 사람, 자기 부모에게만 최고가 아니라 세상 누구에게나 최고가 되어야 하지 않을까 생각한다. 하지만 최고라는 것은 과연 뭘까? 좋은 대학? 좋은 직장? 돈 잘 버는 아내와 남편 만나는 것? 미국 주류 사회에 들어가는 것?

나는 '성공'이라는 말을 생각할 때마다 로스앤젤레스 한인 타운의 한 작은 구두 수선집 할아버지를 생각한다. 40여 년 전, 항공권을 할부로 구입하여 미국으로 오신 후 40년 동안 구두를 만들고 수선하신 분, 자녀 훌륭하게 키우고 끝까지 자기일을 하시는 분, 얼굴에는 미소가 사라지지 않는 분, 늙은 아내가 싸 오는 김치 반찬 도시락을 맛있게 드시는 분, 하버드 대학 졸업장 없어도 그분은 성공하신 분이다. '최고'와 '성공,' 사회 속에 있는 것이 아니라 내 속(안)에 있다.

2017년 5월 23일 화요일

디즈니 월드 캠핑장 사무실에서 우편물을 받았다. 역시 아들에게서 온것이다. 아들은 내가 길을 다시 떠나기 전에(길을 떠나면 주소가 없으므로) 캠핑장 주소로 어머니 날 카드를 속달 우편으로 보냈다. 우편 가격이 무려 $23.75. 예쁜 나비들이 날아다니는 카드 속에는 아름다운 글이 쓰여 있었다. "사랑하는 엄마에게, 즐겁고 안전한 여행, 새로운 모험으로 가득찬 여행 되세요. 엄마가 돌아오시면 모험으로 가득찬 여행 이야기 기대하겠습니다. 사랑하는 아들 바다."

38.
토마스, 데이케어 센터에 가다

2017년 5월 30일 화요일

디즈니 월드 리조트 포트 윌더니스 캠핑장은 숲속이어서 캠핑카는 늘 그늘에 있다. 전기에 연결되어 에어컨도 계속 틀어 놓을 수 있다. 그래서 토마스를 혼자 안전하게 두고 놀러 다녔다.

지난주 금요일, 우리는 포트 윌더니스 캠핑장을 체크아웃했다. 따라서 오늘은 디즈니 월드의 마지막 파크인 애니멀 킹덤에 캠핑카를 타고 가서 일반 주차장에 주차해야 한다. 당연히 캠핑카에 연결할 전기 시설이 없다. 오늘도 덥다고 한다. 토마스가 걱정되었다. 하루 종일 뜨거운 주차장, 특히 자동차 안은 더 뜨겁다. 창문을 다 열고 선풍기를 틀어 놓는다고 해도 별 도움이 되지 않을 것이다.

미국은 주와 도시마다 애완동물법이 다르다. 디즈니 월드가 있는 플로리다 레이크 부에나 비스타 시는 자동차 안에 반려동물을 혼자 방치하는 것은 불법이 아니다. 그러나 충분한 환기 시설이 되어 있어야 한다. 반려동물과 여행 할 때는 각 주나 도시의 애완동물법을 알아야 한다.

　토마스의 안전을 위하여 디즈니 월드가 운영하는 반려동물 데이케어 센터(Best Friends Pet Care Walt Disney World)에 예약했다. 디즈니 월드 리조트에 숙박하는 손님들뿐만이 아니라 일반인들도 디즈니 월드 파크에 관광하러 갈 때 반려동물을 맡길 수 있다. 27,000스퀘어피트(2,500㎡) 규모의 데이케어 센터에는 개들을 위한 캠프, 호텔, 그루밍, 놀이터 등 다양한 시설이 있으며, 고양이들은 개 짖는 소리가 들리지 않는 조용한 곳에 있다. 토마스는 하루에 $26, 2층짜리 고양이 콘도(1, 2층 다 사용)에 들어간다. 이곳에 반려동물을 맡기기 위해서는 반려동물 예방 접종 기록이 있어야 한다. 나는 광견병을 포함한 토마스의 모든 예방 접종 기록을 여행 전에 챙겼다. 그리고 마이크로칩도 달았다. 데이케어 센터 신청서 질문 중에 '고양이가 사람을 문 적이 있나요?'라는 질문이 있었다. 나는 토마스가 남친 손 문 것을 상기하며, "아~니요. 사고만 빼… 구요…." 토마스, 별일 없이 하루를 시원하게 보내기를 바란다.

39.

월트 디즈니 월드 애니멀 킹덤 아바타

2017년 5월 30일 화요일

월트 디즈니 월드 애니멀 킹덤은 2011년 1월에 공사를 시작하여 지난주 5월 27일 토요일, 판도라를 오픈하였다. 판도라는 2009년 제임스 카메론이 감독한 영화 아바타(Avatar)를 그대로 옮겨 놓았다. 아바타를 타는 곳(Avatar Flight of Passage)과 나비 강 탐험(Na'vi River Journey)으로 구성되었다.

애니멀킹덤 오픈 시간 오전 9시, 30분 일찍 도착했다. 그런데 8시에 이미 오픈했다. 늦었다. 애니멀 킹덤 지도를 들고 새로 개장한 판도라로 갔다. 하지만 지도를 보지 않아도 사람들이 가장 많이 가는 곳으로 따라가면 바로 그곳이 판도라 가는 길이다. 사람, 사람, 사람, 줄이 벌써, 돌고, 돌고, 돌았다. 연휴가 아닌 화요일이라고 해서 인파가 줄어든 것은 아니다. 연휴나 화요일이나 마찬가지이다.

판도라.

이리 봐도 저리 봐도 아바타와 똑같다. 사람들이 줄 서서 기다리는 모든 곳 역시 아바타이다. 멀리 숲이 우거진 곳에 대형 바위가 공

애니멀 킹덤의 판도라, 영화 아바타와 같은 장면 연출

중에 떠 있고, 신기한 소리와 장면들이 끊임없이 펼쳐졌다. 디즈니는 아트, 기술, 공사, 디자인, 스토리, 정원, 상상(디즈니월드의 모토는 Imagination, 상상이다), 전기, 시간 등등의 모든 것이 합쳐진 걸작을 만들었다.

1시간, 기다리는 사람들을 위하여 두 명의 남자가 땀을 뻘뻘 흘리면서 음악을 연주하고 노래를 불렀다. 나는 몸을 흔들흔들~ 그런대로 기다릴 만했다.

2시간, 배가 고팠다. 아이스크림으로 배를 채웠다. 뭐? 기다리는 시간이 두 시간이라고. 줄 정리하는 사람들 말을 믿지 말자.

3시간, 화장실 가야지.

4시간, 조금 더, 이렇게 기다렸는데.

4시간 30분, 남친이 투덜거렸다. 자기 인생에 이렇게 오래 기다린 것은 처음이라고. 그건 나도 마찬가지다.

드디어 아바타 안으로 들어갔다. 야~ 드디어! 그런데 아바타 안에서도 줄이 구불구불, 구불구불… 패스트패스(Fast Pass)를 가진 사람들이 우리보다 먼저 들어갔다.

5시간, 일반인 줄에 서 있던 사람들이 자기들의 순서가 되자 환호성을 지르며 아바타를 타러 들어갔다.

5시간 30분, 드디어 우리 순서가 되었다. 몇 명인가요? 두 명. 4번과 5번 방으로 가세요. 그 말이 너무나 반가웠다. 방으로 들어가자 안전 수칙과 타는 방법을 알려주었다. 그리고 컴퓨터가 우리들의 몸을 스캔하면서 아바타와 매칭되는지를 확인한다. matching 또는 no matching… 매칭되지 않으면 다른 아바타를 매칭시켜 준다. 나는 줄에 서서 기다릴 때 아바타와 방문자가 한 팀이 되어 비행하는 장면과 비행경로가 사진과 함께 모니터로 나오는 것을 봤다. 하지만 아바타가 어디 있겠는가? 재미로, 상상으로 하는 것이다. 사진과 비디오 촬영 금지이다.

이제 진짜 안으로 들어갔다. 혼자서 탄다. 전자오락실에서 오토바이를 탄다고 생각하면 된다. 타는 기구에 몸을 바싹 붙이고 안전벨트를 멘다. 그리고 아바타의 세계로 간다. 하늘을 오르고, 내리고, 다른 놀이 기구와 같다. 그러나 바람을 느끼고, 냄새를 맡고, 물방울이 튀고, 그리고 또 하나, 나를 태운 아바타의 숨결을 다리로 느꼈다. 아바타가 실제로 살아 있는 것처럼, 실제로 존재하는 것처럼. 아바타를 타고 본 아바타의 세계, 장관이었다. 여기저기서 탄성이 쏟아졌다. 강추한다! 5시간 30분 기다리고 실제 탄 시간 약 5분. 그래도 강추한다. 단, 어떻게 하면 4, 5시간 기다리지 않고 빨리 탈 수 있을까 방법을 생각해 보자. 아침 일찍 간다? 아예 오후 늦게 판도라에 간다? FastPass를 활용한다?

40.

키이스와 세븐 마일 브릿지

2017년 6월 8일 목요일

5월 15일부터 5월 25일 월트 디즈니 월드 리조트 포트 윌더니스 캠핑장, 5월 26일부터 5월 28일 노숙, 캠핑카 물이 떨어질 때까지. 5월 29일 물이 떨어짐, 디즈니 월드 옆에 있는 키시미 셔우드 RV파크에서 하룻밤, 물 채움, 5월 30일 다시 노숙, 5월 31일부터 6월 6일까지 키시미 그레이트 오크 RV파크 체크인, 샌디에고에서 보내준 우편물을 받았다. 6월 7일, 23일만에 올랜도를 떠났다. 하루 종일 폭우가 쏟아졌다.

플로리다는 5월부터 장마가 시작된다. 거의 매일 비가 내리고 천둥과 번개가 친다. 허리케인도 온다. 따라서 허리케인이 오기 전에 플로리다의 남쪽 섬에 먼저 가기로 했다. 그리고 플로리다를 떠나야 한다. 올랜도에서 마이애미까지는 약 3시간 반 걸렸다.

6월 7일, 마이애미 주택가에서 노숙. 다음날, 마이애미 한 공원에서 아침 식사, 그리고 다시 남쪽으로 향했다.

플로리다 키이스(Florida Keys).

마이애미에서 키이스로 가려면 오버씨 하이웨이(Overseas Highway) 1번을 타고 간다. Overseas Highway 1번은 플로리다 지방 도로(Florida State Road) A1A라고도 부른다.

키이스는 한국의 다도해처럼 크고 작은 섬으로 이루어졌고, 모두 다리로 연결되어 있다. 도로를 지날 때 양옆으로 바다가 보일 만큼 섬들의 폭이 좁다. 키이스를 다 지나고 맨 마지막 Key인 키 웨스트(Key West)에 도착했다. 이곳은 비수기임에도 불구하고 RV파크가 비싸다. 그중에서 가장 저렴한 레오 캠핑장(Leo's Campground)에 체크인했다. RV파크 크기가 작다. 1일 $58+세금. 전기, 수도, 배수 그러나 케이블 TV, 와이파이, 수영장, 월풀욕조가 없다. 한 가지 있다. 여기저기에 이구아나가 많이 있다. 길을 활보하고 다니는 닭도 많다.

2017년 6월 9일 금요일

어제 마이애미에서 키 웨스트(Key West)로 내려오면서 다리를 많이 건넜다. 그리고 많은 키(Key)를 지나 왔다. 롹랜드 키, 가이져 키, 키 라고, 슈가로프 키, 섬머랜드 키, 빅 파인 키, 롱 키, 팻 디어 키, (Rockland Key, Geiger Key, Key Largo, Sugarloaf Key, Summerland Key, Big Pine Key, Long Key, Fat Deer Key), key, key, key… 그리고 마지막인 키 웨스트(Key West).

Key가 뭘까? 키는 열쇠, 중요한 것 외에 무슨 뜻이 있지? 영어 사

전을 찾아봤다. 모래톱, 산호초, 작은 섬의 뜻이 있다. 따라서 Key
는 산호초로 이루어진 작은 섬의 뜻으로 스페인어 cayo(작은 섬)라
는 말에서 나왔다. 조금 더 정확히 말하면 열쇠처럼 폭이 좁고 길게
생긴 산호초 섬을 말한다. 또한 Keys가 복수이므로 한국의 다도해
처럼 군도(archipelago)를 이룬 것을 말한다. 멕시코만과 대서양 사
이에 길게 뻗은 플로리다, 플로리다에서 다시 남쪽, 쿠바 사이에 있
는 작은 섬들, 바로 키이스이다. 최남단 키 웨스트까지 가려면 모두
42개의 크고 작은 다리를 지난다. 다리 중에는 유명한 세븐 마일 브
릿지(Seven Mile Bridge)도 있다. 다리 길이가 7마일(11.27km). 세
븐 마일 브릿지는 리틀 덕 키(Little Duck Key)와 나이츠 키(Knights
Key)를 연결하는 다리이다. 1982년 2억 달러를 들여 하이웨이
(Overseas Highway 1번 또는 Florida State Road A1A)를 새로 만들
고, 37개의 좁은 다리를 확장했다. 세븐 마일 브릿지 역시 새로 건
설되었다. 새로운 세븐 마일 브릿지는 아치 모양으로 가장 높은 곳
은 65피트(약 19.8m)로 선박이 다리 아래를 통과할 수 있다. 그 옆
에는 다리 중간이 끊긴 오리지널 세븐 마일 브릿지가 있다. 그리고
다리 남쪽 끝에 베테랑 메모리얼 공원(Veterans Memorial Park)도
있다. 작지만 이쁘고 물이 맑다.

플로리다 키이스로 접어들면서 하나, 둘, 셋, 넷… 열, 열 하나, 열
둘… 다리 숫자를 세다가 잊어버렸다.

41.

미국의 최남단 키 웨스트

2017년 6월 9일 금요일

키 웨스트는 아주 작다. 그러나 이 작은 섬에도 버스가 다닌다. 섬마을 버스는 10분이면 어디든 갈 수 있는 동네를 구석구석 돌고, 돌고, 또 돌아서, 다 돌아서, 1시간 걸려 섬 입구 반대편에 있는 키 웨스트 다운타운에 도착한다. 그래서 많은 관광객들은 자전거나 스쿠터를 렌트해서 타고 다닌다. 중국 여자 관광객들을 봤다. 썸머 롱드레스 입고 스쿠터 타는 모습이 예뻤다. 오래전, 베트남에 여행 갔을 때 베트남 여자들이 그들의 전통 복장 아오자이를 입고 스쿠터 타는 모습을 보고 반했었다.

키 웨스트 사우스 스트릿과 화이트헤드 스트릿에 미국 최남단 지점을 알리는 이정표가 있다. 이 지점에서 90마일(144.84km) 떨어진 곳에 쿠바가 있다. 이정표 앞에는 사진 찍으려는 사람들로 붐빈다. 겨울에는 한 시간 이상, 여름에는 2, 30분 정도 기다린다. 남친은 줄 서고 나는 이정표 바로 앞에서 기다렸다. 사람들이 이정표 앞에서 사진을 찍고 떠날 때, 그리고 다음 사람들이 사진 찍으려고 이정표 앞으로 갈 때, 그 순간, 그 찰라, 그 막간을 이용하여 사진을 찍었다. 아무도 없는 이정표. 인터넷에서 퍼온 사진이 아닌 내가 직접 찍은 사진. 그리고 우리 순서가 되었을 때, 남친과 나는 기념사진을 찍었다.

미국 대륙 최남단 지점 이정표

미국 최남단 지점 이정표 외에 키 웨스트(Key West)에서 사람들이 많이 가는 곳 중의 하나인 맬로리 광장(Mallory Square)은 석양으로 유명하다. 이곳에서 배를 타고 수상 스포츠를 즐기거나 크루즈 구경도 할 수 있고, 다른 섬으로 갈 수 있다.

키 웨스트 플레밍과 화이트헤드 스트릿(Fleming and Whitehead Street)에는 U.S. 1번 하이웨이가 시작되는 이정표(Mile Marker 0)가 있다. 이곳에서 마이애미까지 156마일(251km)이다. 또 길 건너편에는 U.S. 1번이 끝나는 것을 알리는 이정표도 있다.

플로리다 마이애미에서 키웨스트까지 비행기로 45분 걸린다. 그러나 42개 다리로 연결된 총 길이 113마일(약 182km)의 크고 작은 산호초 섬 도로를 자동차로 달려 보자. 키 웨스트를 포함한 키이스는 파란 바다, 에메랄드빛 바다, 눈부신 일출과 일몰, 새, 사슴, 요트, 스노클링, 카약, 수상 스키, 윈드서핑, 스쿠버 다이빙, 낚시, 해

멕시코 만을 바라 보는 키웨스트 멀로리 광장(Mallory Square

산물, 그리고 다이빙의 중심지이다. 다이버(Diver)들은 미국에서 유일하게 살아 있는 산호초(living coral reef 산호초를 만지면 절대 안 됨)를 볼 수 있다. 산호초 섬이기 때문에 백사장 비치는 많지 않다.

42.

헤밍웨이와 발가락 6개 가진 고양이

2017년 6월 10일 토요일

키 웨스트 다운타운 올리비아와 화이트헤드 거리(Olivia and Whitehead Street) 코너에 어네스트 헤밍웨이(Ernest Hemingway)가 살았던 집이 있다. 지금은 박물관이다. 헤밍웨이(July 21, 1899 ~ July 2, 1961)는 일리노이주에서 태어났고, 아이다호에서 권총으로 자살했다. 소설가와 저널리스트로 활동한 그는 키 웨스트와 쿠바를 사랑했다. 쿠바 혁명으로 쿠바에서 집필한 많은 작품을 가지고 오지 못했다. 그는 또한 낚시를 좋아했다. 한국에서도 많이 알려진 그의 작품으로는 무기여 잘 있거라, 누구를 위하여 좋은 울리나, 태양은 또다시 떠오른다, 노인과 바다(이 작품으로 1954년 노벨 문학상 수상) 등이 있고 그의 작품은 영화로도 제작되었다.

헤밍웨이는 고양이를 좋아했다. 지금도 그의 집에는 고양이들이 많이 살고 있다. 이곳의 고양이들은 특이하게도 발가락이 6개이다. 관광객들이 와도 놀라지 않고 잘 어울린다. 토마스가 사람들과 잘 어울리는 방법을 배울 수 있도록 이곳으로 캠프를 보내고 싶다.

발가락 6개인 고양이

키웨스트에서 관광객이 가장 많이 몰리는 듀발 스트리트와 그린 스트리트(Duval and Green Street)에 슬라피 죠스(Sloppy Joe's)라는 술집이 있다. 이곳은 헤밍웨이 단골 술집이었다는 소문때문인지 대낮에도 술 마시는 헤밍웨이의 흔적을 찾으려는 듯 사람들로 북적거렸다. 그러나 슬라피 죠에서 조금 떨어진 곳에 캡튼 토니 살롱(Captain Tony's Salon)이 있다. 얼마 전 신문에 이 두 술집이 서로 헤밍웨이 단골 술집이었다고 주장하면서 소송했다는 기사가 나왔다. 헤밍웨이 박물관 가이드 역시 슬라피 죠가 헤밍웨이 단골 술집이 아니라고 말했다. 그럼에도 불구하고 슬라피 죠는 손님들로 가득 찼고, 캡튼 토니는 텅 비었다.

헤밍웨이는 미국 현대 문학에 많은 영향을 끼쳤다. 그러나 그의 알려지지 않은 생애가 바로 어제, 2017년 6월 9일, 아이다호 신문에 실렸다. 전직 FBI 요원이 헤밍웨이의 간첩 활동을 증언한 책이 발간되었다. "Writer, Sailor, Soldier, Spy: Ernest Hemingway's Secret Adventures, 1935-1961" by Nicholas Reynolds; William Morrow

키웨스트에 있는 헤밍웨이 집

43.

키 웨스트의 두 자매

2017년 6월 12일 월요일

일도 하지 않고 빈둥거리기만 하는데도 시간은 정말 빨리 간다.

텍사스 오스틴에서 난생처음 구입한 썸머 드레스가 무척 길다. 키가 작아서인지, 드레스 길이가 길어서인지, 아베크롬비 모델이 똑같은 드레스를 입고 찍은 사진을 보면 드레스 길이가 발목에 닿으면서 보기에 좋았다. 그런데 내가 입으면 땅바닥을 쓸고 다닌다. 드레스 길이가 긴 것도 맞고 키가 작은 것도 맞다. 약 2개월 전에 샀는데 씨스루(See through)라서 입을 기회가 없었다. 그래서 오늘 처음으로 입었다. 바로 오늘 스노클링 가면서 비키니를 입고 썸머 드레스를 입었다. 치마가 길어서 들고 다녔다.

'드레스를 제대로 입자'라는 생각에 스노클링을 마치고 캠핑카에 돌아와서 키 웨스트에 있는 옷 수선집을 구글링했다. "가까운 옷 수선집(Alterations near me)" RV파크에서 가까운 곳에 하나를 찾았다. "키이스의 두 자매(Two Sisters of the Keys)" 손님들이 인터넷에 올려놓은 후기(review)를 읽었다. 별이 다섯 개! 나는 이쁜 양산을 쓰고 8블럭을 걸어서 옷 수선집에 갔다. 문 앞에 Two Sisters라는 작은 간판이 달려 있었다.

"안녕하세요! 두 자매세요?"

"네!"

"누가 언니예요?"

"알아맞혀 보세요!"

"다른 자매 한 분이 저기 계셔서 말할 수 없네요."

그리고 우리는 깔깔깔 웃었다. 그러는 사이 그 두 자매를 가까이서 볼 수 있었다. 미국인들, 아니 백인은 아니었다. '중국인?' 그리고 실내를 쭈욱 살폈다. 어디 출신인지 단서를 찾기 위하여. 찾았다! 저 멀리 선반 위에 영어로 김치(Kimchi)라고 쓰여 있는 박스를 보았다. 김치 라면 박스였다. 내가 먼저 "한국분이세요?" "네!" 그다음부터는 한국어로 얘기를 나눴다. 서로 어디서 왔느냐? 언제 미국에 왔느냐? 키 웨스트는 언제 왔느냐? 등등등… 두 자매는 40여 년 전에 미국에 왔고, 키 웨스트로 곧바로 왔다고 한다. 두 자매의 아들들은 각각 샌디에고와 로스앤젤레스에서 살고 있다고 했다. 이번 주 금요일에 로스앤젤레스를 방문한다고도 했다.

40여 년 전이면 1976, 1977년이다. 그때 어떻게 이렇게 멀고 작은 섬, 키 웨스트에 오게 되었을까? 그때의 키 웨스트는 어땠을까? 또 그때의 한국은 어땠을까? 나는 캠핑카에 돌아온 후 궁금증이 더 많이 생겼다. 두 자매는 영어도 잘하고, 얼굴에는 미소가 가득하다. 미국인들이 좋아하는 인상이다.

언제 미국에 왔든, 어디에서 살든, 무슨 일을 하며 살든, 멋지게, 미소 가득한 삶을 사는 한국인들, 영어 발음이 조금은 울퉁불퉁해도 미국인들과 무리 없이 의사소통하고 사는 한인들, 자녀가 성장한 후에도 자기 일을 하면서 당당하게 사는 한국인들, 그중에서 키웨스트에서 만난 두 자매 항상 건강하시고 오래 사시기를 바란다.

〈업데이트〉

두 자매는 2017년 9월 초, 허리케인 어마(Irma)를 피하여 키를 떠났으며 9월 중순에 안전하게 집으로 돌아갔다. 나는 그때 플로리다의 반대쪽인 오레곤에 있었다. 허리케인 어마로 인하여 90명의 사상자가 나왔으며 50조 이상의 재산 피해를 입었다.

44.

키 웨스트에서 스노클링

2017년 6월 12일 월요일

인터넷으로도 스노클링 하는 곳을 찾을 수 있는데도 불구하고 RV 파크에서 일하는 직원에게 물었다. 스스로 찾기가 게을렀다. 분명히 여러 군데가 있을 거고, 하나하나 읽어 보면서 결정하려면 시간도 걸린다. 현지인에게 물어보는 것이 가장 빠르다.

"Fury Adventures" 온라인으로 예약하면 10% 할인하여 1인당 $38.65+세금, 3시간 투어, 두 시간은 바다로 나가고 육지로 들어오는 시간, 한 시간은 스노클링을 즐기는 시간이다.

아침 6시 51분, 섬마을 버스를 타고 선착장에 7시 45분에 도착했다. 그리고 아침 식사를 했다. 바다 한가운데는 먹을 것이 없으므로 많이 먹어줘야지.

나도 시간을 정확하게 맞추는 사람이지만 남친은 더 정확한 사람이다. 9시 10분 전에 스노클링 지점에 가서 체크인하고, 배가 떠나는 지점에서 기다렸다. 사람들이 생각보다 많았다. 약 4~50명 되는 것 같았다. 9시 30분, 배에서 일하는 크루 멤버(crew)를 따라서 배에 올랐다. 배에는 5명의 크루가 있었다. 배로 안내하는 사람, 스노클과 마스크를 나눠 주는 사람, 구명조끼를 주는 사람, 오리발(Fin)을 주는 사람, 그리고 사진 찍는 사람 등. 모두가 탑승하자 안전 사항과 스노클링 하는 법을 설명했다. 나 역시 어젯밤에 유튜브에서 스노클링 하는 법을 보면서 옛 기억을 더듬었다.

약 4~50분 후, 배는 바다 한가운데 섰다. 주변에는 이미 다른 배들도 있었다. 스노클링 한 지가 20년이 넘어서 혹시라도, 만에 하나, 가라앉으면 어쩌나 염려되어 구명조끼 외에 풀 누들(Pool Noodle)을 추가로 더 착용했다.

남친 먼저 바닷물 속으로 첨벙!!! 그다음 나, 잠시 머뭇거렸다. 6~7m 아래 바다로 첨벙 한 후에 바닷물 위로 둥둥 뜨겠지? 가라앉아서 죽는거 아니지? 내 뒤에 밀린 교통(다른 사람들)을 생각하여 하나 둘 셋! 첨벙 뛰어들었다. 오랫동안 잊었던 맛, 바닷물 맛! 예나 지금이나 짜다.

물고기를 보았다. 스노클링 하는 곳 밑에서 스쿠버다이빙 하는 사람도 보았다. 멋지다! 오래전, 강릉 앞바다에서 스쿠버 다이빙 배운다고 2월의 차가운 바다에 뛰어들었다. 그리고 추워서 기겁을 하고 물밖으로 나온 기억이 났다. 그때 배웠으면… 지금 나도 저렇게… 바닷물 속을 유연하게, 물고기 사이를 다닐 텐데….

스노클링 사진을 찍기 위하여 방수 케이스를 아마존에서 샀다. 방수는 잘 되는데 사진 찍기가 어려웠다. 수압 때문이다. 똑같은 케이스를 구입한 사람들의 '스노클링 하기 전에 스마트폰의 버튼을 미리 눌러라.'라는 조언을 미처 생각하지 못했다. 바닷물 속에서 아무리 버튼을 눌러도 사진을 찍을 수가 없었다. 비디오도 찍을 수 없었다. 그래서 남친은 바닷물 위로 나와 있는 내 머리만 찍었다. 아니 찍고 나니 바다 위로 둥둥 뜬 내 머리만 있었다.

이렇게 바닷물 속에서 사진 하나 찍으려고 발버둥 치다가 스노클링을 제대로 즐기지 못했다. 확성기에서는 벌써 사이렌이 울렸다. "스노클링 마칠 시간입니다. 배 위로 올라와 주세요!" 1시간이 벌써 지났어? 1시간 동안 실랑이를 벌였단 말이야? 아닌데… 그럴 리가 없는데… 쟤네들이 시간을 잘못 쟀어! 바가지!! 아쉬움 가득, 원망 가득 안고 배 위로 올라왔다.

앞으로 스노클링 할 때 참고할 내용:
방수가 되면서 사진 잘 찍는 카메라 필수, 아니면 가지고 있는 스마트폰을 방수 케이스에 넣어서 물속에서 사용하는 방법 연습, 아니면 타이머를 이용한다. 키 웨스트 Fury Adventures에서 스노클링 할 때 시간 확인! 오늘 스노클링은 한 시간도 안 된 것 같다. 9시 30분부터 12시 30분까지인데 11시 50분에 끝났다. 참가비, 배에서 찍은 사진값 $20, 또 팁까지 요구. 비싼 사진을 구입하는 대신 팁은 내지 않았다.

45.
무서운 플로리다

2017년 6월 14일 수요일

블로그에 날짜를 기입할 때마다 랩탑 화면 맨 꼭대기에 있는 날짜를 확인해야 한다. 오늘이 며칠이고 무슨 요일인지.

날짜… 누가 날짜를 정해 놓았을까? 언제부터 날짜를 사용했을까? 왜 날짜는 가는 걸까? 어릴때 시간과 날짜에 대하여 배웠다. 이렇게 이렇게 해서 시간이 가고 날짜가 간다. 이렇게 배운 '시간과 날짜'라는 것, 단지 우리에게 시간과 날짜를 알려주는 것으로만 생각했다. 그런데, 지금, 어른이 되고 난 지금, 어릴 때보다 더 자주 '시간과 날짜'를 생각한다. 보이지 않는 시간과 날짜 속에, 흘러가 버린 시간과 날짜 속에 '내'가 보였다. 시간과 날짜가 지금의 나를 만들었다. 얼굴에 주름진 나, 머리 염색하는 나, 운동하는 나, 돋보기 쓰는 나, 뱃살이 늘어 난 나, 피부에 윤기와 탄력을 잃어 가는 나, 맘대로 뛰지 못하는 나, 나의 '마지막 그날'은 언제인가 생각하는 나…. 빨리 어른이 되고 싶다고 해서 시간이 빨리 가는 것도 아니고, 늦게 늦게 어른이 되고 싶다고 해서 시간이 천천히 가는 것도 아니다. 시간 만큼, 날짜만큼, '내'가 원숙해지기를 바랄 뿐이다. 이렇게 새롭고 신기한 시간과 날짜 속에서 벌써 캠핑카 여행한 지 3개월이 되어 간다.

플로리다에 머문 지 한 달이 되었다. 하늘의 구름조차 신기하도록 아름다운 플로리다에서 지낼수록 무서움이 생겼다. 하루가 멀다 하고 우르르 쾅쾅!! 천둥과 번개가 밤하늘을 쪼개 놓는다. 그리고 도로가 무너지도록 비가 쏟아진다. 나는 한국의 지형, 세계의 지형을 배웠다. 기후도 배웠다. 지형에 따라서 기후가 달라진다. 왜 천둥과 번개가 치고 소나기가 내리고 폭풍이 오고 허리케인이 오는 지도 다 배웠다. 그래도 신기하다. 지식으로 배운 것과 실제로 그 현상을 보는 것과 차이가 크다. 신기하다, 그 말밖에 할 수가 없다.

어제 키 웨스트를 떠났다. 키이스를 거의 다 지날 무렵, 우리가 있는 지점은 맑은 날씨인데, 저 앞이 캄캄하다. 뭐지? 조금씩 가까워졌다. 비다. 폭우. 맑은 하늘을 지나 검은 폭우가 쏟아지는, 칠흙 같은 날씨 속으로 들어갔다. 한치 앞도 보이지 않는다. 캠핑카 와이퍼가 폭우를 따라가지 못한다. 1차선 좁은 도로, 양 옆에는 바다. 무섭다. 천천히 가자.

마이애미 근처의 한 아파트 단지 옆에서 하룻밤 노숙하기 위하여 주차했다. 두둥 둥둥… 두둥 둥둥… 우르릉 쾅쾅… 천둥이 쳤다. 번쩍번쩍, 쩍쩍 갈라지는 번개도 쳤다. 몇십 분간 계속되었다. 캄캄한 캠핑카 안에서 천둥과 번개를 바라보았다. 신기했다. 무서웠다. 캄캄한 밤하늘에서 펼쳐지는 장관, 자연의 힘, 저 하늘 멀리 어디에서 저런 현상이 생기는 걸까? 번개가 치면 나는 캠핑카 주변을 살핀다. 큰 나무나 빌딩이 있는지.

"Heavier, negatively charged particles sink to the bottom of the cloud. When the positive and negative charges grow large enough, a giant spark- lightning - occurs between the two charges within the cloud. This is like a static electricity sparks you see, but much bigger."

"구름에는 양극과 음극의 구름이 있다. 극이 다른 구름의 힘이 점점 커지면서 서로 만나게 되면 대형 스파크가 생긴다. 그 스파크의 빛은 번개이고 소리는 천둥이다. 일반 가정에서 사용하는 전기에서도 스파크 현상을 볼 수 있다. 그러나 번개는 이것보다 훨씬 크다."

플로리다주는 중부와 동부 시각, 두 개의 시차를 가지고 있다.[04] 기후는 열대성이다. 또한 산이 없고 평원 지대인 플로리다는 양쪽에 있는 멕시코만과 대서양의 영향으로 다양한 구름이 형성된다. 먹구름이 강하게 몰려와 한바탕 소나기를 퍼붓는다. 가뿐해진 구름은 파란 하늘에 하얀 뭉게구름을 수 놓는다. 어디 멀리 가지도 않는다. 두 개의 바다 사이를 오간다. 하얀 구름은 다시 태어난 먹구름에게 밀려난다. 먹구름은 또다시 비가 되어 두둑둑 두둑둑, 캠핑카 지붕을 힘차게 두드린다. 이렇게 플로리다의 하늘은 하루에도 여러 번 환해지고, 어두워지고, 환해지고, 다시 어두워지고….

---

04 대부분의 플로리다는 동부 시간(Eastern Time Zone)을 사용하지만 서쪽 팬핸들(Panhandle) 지역은 중부 시간(Central Time Zone) 사용, 그러나 2018년, 플로리다 전체를 동부시간으로 통일하고자 하는 움직임이 있다.

대서양의 한 작은 마을 바닷가에서 쉬고 있었다. 그때 어디에서 시작되었는지 모를 엄청난 규모의 먹구름이 소리도 없이 빠른 속도로 하늘을 덮었다. 마치 구름 전사들이 마을을 집어 삼켜버릴것만 같다. 바람이 뒤따라오나보다. 구름의 세력을 흐트려 놓고 바다로 밀어 부쳤다. 사악해 보였던 구름은 꼬리만 남기고 대서양에서 자취를 감추었다.

날씨가 신기하면서도 무서운 플로리다에서 한 달 하고도 더 많은 날을 보낼 것 같다. 북쪽으로 가기 위하여, 플로리다를 떠나기 위하여, 플로리다를 계속 지나가야 한다. 죠지아주 전까지는 플로리다이기 때문이다. 지금까지 플로리다에서 한달을 살면서 나의 몸에는 작아진 모기 물린 자국과 새로 생긴 모기 물린 자국으로 가득하다. 가렵다. 파스를 여기저기 덕지덕지 붙였다. 더위와 습도에도 지쳤다.

46.

래리 앤드 페니 RV 파크

2017년 6월 14일 수요일

남친은 일하고, 나는 틈틈이 다음 여행지의 RV파크를 서치하여 위치, 비용, 시설 등을 확인했다. RV파크 또는 리조트를 서치할 때 아직도 알지 못하는 것이 있다. 서치 결과에는 RV파크, 트레일러 파크, 모빌 홈 파크가 나온다. RV파크는 확실히 알겠는데 트레일러 파크나 모빌홈 파크는 모르겠다. 왜냐면 모빌홈 파크나 트레일러 파크에도 RV를 주차할 수 있는 곳이 있고 또 어떤 곳은 없기 때문이다.

마이애미.

모빌 홈 파크와 트레일러 파크가 많다. 그러나 많은 파크가 웹사이트가 없어서 자세한 내용을 확인하기 어렵다. (여행하기 전에 RV파크 전용 가이드 북을 구입했지만 한 번도 사용한 적 없다. 글씨가 깨알 같아서 보기가 어렵다.) 그러다가 한 군데 RV파크를 찾았다. 친절하게도 웹사이트가 있다. "래리 앤드 페니 톰슨 메모리얼 파크 및 캠핑장(Larry and Penny Thompson Memorial Park and Campground)" 그런데 카운티(행정구역) 정부 웹사이트였다. 뭐가 잘못됐나? 확인해 봐도 역시 마이애미 카운티 웹사이트로 안내되었다. 바로 카운티에서 운영하는 공원겸 캠핑장이다. 신문 칼럼니스트였던 래리 톰슨과 비행기 조종사였던 아내 페니 톰슨이 카운티에 돈을 기부하였고, 카운티는 그들을 기리기 위하여 공원을 만들었다. 위성 지도로 공원을 살펴보았다. 270에이커(약 109 헥타아르) 규모의 240개의 RV파크 캠핑장(campsite)과 텐트 캠핑장이 있다. 호수, 모래사장, 자전거 길, 조깅 등을 즐길 수 있고 피크닉 장소도 있다. 캠핑카는 하루에 $33.90, 싸다. 그러나, 남친은 내가 찾은 이곳을 믿지 않았다. 그렇게 싼 곳이라면 이미 다 찼을 것이다. 몇 달 전부터 예약해야 한다… 등등의 이유를 대며 나의 알찬 정보를 거절했다. 그래서 남친에게 말했다. 네가 직접 찾으시오.

캠핑카를 쇼핑몰 주차장에 주차하고 남친은 열심히 인터넷 서치를 했다. 그리고 어딘가로 전화했다. "오늘 또는 내일부터 일주일 숙박하고 싶은데… 오케이." 통화를 마친 남친은 아무 말이 없다. 남친에게 전화한 곳이 어디인지 물었다. "네가 찾은 곳." 작은 소리로 성의 없이 답변했다. 내가 싸고 좋은 캠핑장을 찾은 것을 인정하고 싶지 않은 답변이다. 나에게 반박한 것을 무마하기 싫은 답변이다. 자기도 결국은 내가 찾은 곳으로 연락한 것을 인정하고 싶지 않은 답변이다. "어디라고?" "네가 찾은 곳, 래리 앤드 페니 공원." "아~ 얼마래?" "$28" 웹사이트에 명시된 가격보다 더 저렴했다. 하지만 남친의 의심은 계속 남아 있다. "별 볼 일 없는 RV파크겠지." 남친은 마이애미 다운타운에서 가까운 RV파크를 찾았기 때문에 조심스럽게 "래리 앤드 페니 파크는 우리가 왔던 길로 다시 (남쪽으로) 내려

가야 하고, 다운타운까지는 20마일(32km)이 넘는데, 괜찮아?" "우버 타면 되지." 남친은 다운타운 근처의 RV파크중 가장 저렴한 곳도 래리 앤드 페니 파크보다 1일 $15씩 더 비싸다고 했다. 매일 $15씩 일주일 동안 내는 것보다 한두 번 정도 시내에 나갈 때 우버 타는 것이 더 저렴하다고 남친은 계산한 것이다. 남친은 북쪽으로 향하던 캠핑카를 다시 남쪽으로 돌렸다.

"Larry and Penny Thompson Memorial Park and Camping"
RV 캠핑장은 무척 넓고, 깨끗하고, 조용하고, 나무도 많고, 맘에 들었다. 이곳, 남친이 말한 별 볼 일 없는, 그러나 실제로는 아주 좋은 RV파크에서 일주일 지내기로 하고 체크인했다.

그동안 내가 찾은 RV파크에서 숙박한 곳이 몇 개나 되는데 남친은 내 말을 왜 믿지 않을까? "잘 찾았네, 좋다!"라고 남친은 한 마디도 하지 않는다. 축하의 말이 박하다. 칭찬도 박하다. 단점을 먼저 찾아낸다. "어때?"하고 열정을 가지고 물으면 밋밋하게 "It's ok" 또는 말없이 어깨만 들썩인다. 내가 쓸데없는 것을 기대하는 건가?

2017년 6월 16일 금요일
거의 하루 종일 빨래한 날. 건조기에서 꺼낸 따뜻한 빨래조차 근방 눅눅해졌다. 세탁장을 오가며 모기에 물려 얼굴, 팔, 다리가 엉망이다. 한 번 물리면 3~4cm 크기로 붓는다. 물파스가 없어서 긁다가 얼음 팩을 부은 곳에 대었다. 시원하고, 열기가 없어지고, 덜 가려웠다. 그런데… 그래도 가렵다.

47.

마이애미 비치

2017년 6월 14일 수요일

나는 아직도 순수? 아니면 나이 탓? 라틴 문화 천국인 마이애미에서 서울 홍대 앞의 마콘도만을 생각하고, 로스앤젤레스 단골 살사 클럽 스티븐스 스테이크 하우스만을 생각하고 살사 클럽을 찾고 있다. '마이애미에 왔으니까 살사 클럽에 가 봐야지'라는 생각으로 마이애미에 있는 살사 클럽을 인터넷에서 며칠 동안 뒤졌다. 그러나 어느 클럽이 댄스 클럽인지 확실하지 않았다. 그리고 관광지라서 하나 같이 다 비싸다. 살사 댄스 장면의 사진들을 인터넷에 많이 올려놓고 살세라(Salsera, 살사 춤 추는 사람들)들을 유혹하고 있지만 대부분이 쇼를 하고 있다. 그 쇼를 보기 위해서는 비싼 입장료(cover charge)를 내야 하거나 비싼 음식, 술을 주문해야 한다. 마이애미 비치에 있는 살사 클럽의 가격은 비싸다는 상징인 달러 표시가 4개나 있다. 한 마디로 자유롭게 출 수 있는 살사 댄스 클럽은 없다.

오래전, 서울 홍대 앞에서 한국 최초의 살사 클럽을 오픈했었다. 즐겁고 신나는 댄스 클럽이었지만 살사 댄서들은 춤만 추지 매상에는 도움이 되지 않는다. 그래서 도입한 것이 입장료였다. 하지만 입장료만을 받기 위하여 비지니스를 하는 사람들은 없다. 그런 경험이 있기 때문에 마이애미 클럽이 살사 댄스 없이 쇼만 진행하는 것을 이해한다. 관광지이므로 쇼 관람료, 입장료, 음식, 주류 등이 비싼 것도 이해한다. 그러나 이런 쇼 말고, 이렇게 비싼 곳 말고, 즐겁게 춤출 수 있는 곳은 없을까? 편안하고 좋은 살사 음악이 흐르는 클럽은 없을까? 살사 댄스를 즐기고 싶은 마음 때문에 쇼 비지니스만 하는 마이애미 살사 클럽들이 싫어졌다. 덩달아 마이애미도 싫어졌다. 돈을 벌어야 하는 비지니스로 인하여 즐거운 살사 댄스가 자취를 감췄다.

며칠 동안 살사 클럽을 서치하고 인터넷에 나온 기사나 리뷰를 읽고 또 읽었다. 여러 개 중에서 하나, 리틀 아바나에 있는 볼 앤드 체인(Ball and Chain)을 찾았다. 그러나 남친은 "No, Salsa Mia!" 컴퓨터로 일만 하는 줄 알았던 남친도 나름대로, 내게 아무 말 없이, 살사 클럽을 찾았나 보다. 나도 살사 미아를 찾았다. 그러나 살사 미아와 볼 앤드 체인을 비교 후, 볼 앤드 체인을 선택했다. 내 마음으로만. 에휴, 내가 얼마나 열심히 찾았는데… 비교하고… 또 찾고… 이것이 우리의 문제이다. 같이 찾으면서 같이 의논하면 같이 시간도 줄이고 '함께' 한다는 마음이 드는데 우리는 말도 하지 않고 따로따로 각자가 찾는다. 찾은 결과가 서로의 맘에 들지 않으면 양보를 하지 않을 수도 있고 다툴 수도 있다. 내가 양보해야지. 오케이! 살사 미아로 가지 뭐! 내가 찾은 정보에 의하면 살사 미아는 댄스 클래스 이름이고, 매일 밤 마이애미 비치에 있는 망고 트로피컬 카페

(Mango's Tropical Café)에서 댄스 레슨을 한다. 그걸 남친이 아는지 모르겠다. 똑같은 구글로 찾았으니까… 알겠지.

래리 앤드 페니 캠핑장은 마이애미 비치에서 남쪽으로 멀리 떨어져 있고 복잡한 관광지로 캠핑카를 타고 갈 수 없다. 주차도 당연히 없다. 우버를 탔다. 약 $35. 차가 많이 밀렸다. 엎친 데 덮친 격으로, 마크 펜스 부통령 행렬 차량으로 하이웨이가 차단되었다. 30분 동안 움직이지 않는 우버 안에 앉아 있었다.

마이애미 비치에는 레스토랑 직원들의 호객하는 소리, 레스토랑마다 다른 종류 음악으로 꽝꽝 울리는 소리, 빵빵거리는 차량 소리, 한 마디로 정신없는 거리이다. 그 중 한 웨이터의 꼬임에 빠져 레스토랑으로 들어갔다. 테이블에 앉아서 메뉴를 봤다. 해피아워하고는 상관없이 음식값을 20%~25% 할인해 준다고 했는데 메뉴 맨 밑에는 음식값에 서비스 차지(service charge, 팁)로 20%를 의무적으로 가산한다고 깨알 같은 글씨로 쓰여 있다. 할인 20%, 그러나 팁을 의무적으로 20%. 결국은 똑같다. 할인이 없다. 완전 바가지다. 난 살사춤을 추러 왔다. 이런 바가지를 보러 온 것이 아니다. 우리는 음식을 주문하지도 않고 레스토랑을 나왔다.

여기저기 기웃거리다가 결국에는 망고 트로피칼 카페에서 아주 비싼 타코를 먹고 다시 살사 미아 댄스 클래스로 갔다. 두 번째 클래스가 8시에 시작하는데 아무도 없다. 그리고 클래스 비용이 1인당 $20!! 엘에이는 $10인데. 살사 댄스 플로어를 언제 오픈하는지 물었다. 10시 40분에 오픈한다고 했다. 우리는 1층으로 내려와 기다리면서 쇼를 봤다. 바에 앉아 마가리타를 마시면서. 뭔가를 먹거나 마셔 주어야 한다. 그래야 눈치 보지 않고 앉아서 기다릴 수 있다. 쇼는 살사춤, 바차타, 멕시코 춤, 밸리 댄스, 힙합, 마리아치 등등 다양하게 펼쳐졌지만 대부분이 엉덩이 이쁜 여자들의 쇼였다. 그래도 마음속으로 생각했다. 어쩌면 저렇게도 이쁠까? 부럽다. 쇼를 보며 2시간 40분을 기다렸건만, 10시 40분 아니 11시가 넘었는데도 살사 댄스 플로어는 오픈되지 않았다. 음료를 또 주문하고 기다렸다. 결국 살사 댄스를 추지 못했다. 살사 미아와 망고 트로피칼 카페가 완전히 짜고 노는 것 같았다. 손님들을 불러들이기 위해서 살사 댄스가 있다고 말하고, 쇼만 한다. 쇼를 봐야 매상이 올라가니까. 이 카페 역시 술과 음식값에 18% 팁을 자동으로 추가했다. 쇼는 그런대로 즐겁게 봤지만 살사 춤을 추지 못하여 속상했다. RV파크로 돌아오기 위하여 다시 우버를 탔다. 우버 기사가 길을 찾지 못하여 서너 번 돌고 돌았다. 기사도 맘에 들지 않는다.

마이애미 비치(로스앤젤레스도 일부 레스토랑에서는 마찬가지다.)에서 식사를 하거나 술을 마신 후, 계산서를 꼭 확인하라. 음식값과 세금 외에 18%~20%가 Service fee[05]로 자동으로 붙는다. 거기에 additional tip(추가 팁)을 쓰는 란이 또 있다. Additional tip은 공백으로 남겨라. 서비스로 18% ~20%가 자동으로 붙었는데 왜 또 팁

---

05 캘리포니아의 최저 임금이 오르면서 일부 음식점에서는 세금 외에 surcharge라는 이름으로 3%를 자동 추가한다. 직원의 복지 혜택을 위한거라고 한다. 주인의 할 일을 손님에게 떠넘기는 것이다. 결국은 음식값+세금 9.5%+surcharge 3%+15~20% 팁까지 내면 "헐~" 그러나 팁은 의무가 아니므로 알아서 적당히.

을 주는가? 추가 팁은 주지 말라. Service charge(fee)와 additional tip의 차이를 모르는 외국인들은 두 가지를 다 줄 수도 있다. 어떤 곳은 gratitude라고 표기하는 곳도 있다. 이 세 가지 모두 팁이라는 말이다. 팁은 하나만 주는 것이다. 몰라서 팁을 두 번 내지 말라. 또한 음식이 좋지 않거나 서비스가 좋지 않으면 팁을 주지 않아도 된다. 그러나 계산서에 자동으로 붙은 팁은 어쩔 수 없이 내야 한다.

텍사스 오스틴에서 구입한 비키니 입고 마이애미 비치를 한 번도 걸어 보지도 못하고 아니 누워서 선탠 하지도 못하고 바가지 극성인 마이애미 비치를 떠났다.

48.

또 다른 의견 차이: 나는 토마토, 너는 토매이토

2017년 6월 19일 월요일

클래식 팝송 중에 엘라 피츠제럴드(Ella Fitzgerald)가 부른 Let's call the whole thing off(그만하자. 끝내자.)라는 노래가 있다.

너는 이더(either), 나는 아이더. 너는 니더(neither), 나는 나이더. 너는 포테이토(potato), 나는 포타토(potahto), 너는 토매이토(tomato), 나는 토마토라고 말하고…, 성격과 습관이 다른 두 사람을 노래하는 내용이다.

우리 모두는 여행은 고사하고 집에서 살면서도 의견 차이가 있다. 사소한 것, 큰일까지 의견 차이가 있는 것은 당연하다. 해결되는 경우도 있고 의견 충돌할 때도 있다.

나는 남친의 성격을 알고 있다. 강하고, 논리적이고, 고집이 세고, 또…. 그런 성격을 알고 남친과 캠핑카 여행한 지 3개월이 되었다. 즐거운 여행을 시작할 때는 상대방의 성격을 까마득하게 잊는다. 기억한다고 하더라도 여행할 때는 무디어진다. 성격은 뒷전이고 여행이 먼저다. 그리고 여행하면서 성격이 나온다.

남친과 나는 구글 맵 사용 방법이 서로 다르다. 나는 위성 지도 (satellite view), 나침반 북쪽 고정으로 북쪽 중심 네비게이션. 남친은 기본 설정 지도(default view), 나침반을 고정하지 않고 남친 중심 네비게이션.

나는 위성으로 지도 보는 것을 좋아한다. 나무도 보이고, 숲도 보이고, 강도 보이고, 호수도 보이고, 건물도 보이고, 도시도 시골도 자세하게 보이기 때문이다. 물론 길도 보이고, 길 이름도 나온다. 가고자 하는 식당이나 쇼핑몰의 주차장이 큰지 작은지도 금방 알 수 있다. 인터넷에서 마이애미의 래리 앤드 페니 RV 캠핑장(Larry and Penny RV Park)을 찾았을 때 캠핑장의 모습을 위성으로 파악했다. 캠핑장, 호수, 자전거 도로 등등이 다 보였다. 단점이 하나 있다. 스마트폰의 데이터를 많이 쓴다. 나는 또 지도를 북쪽 중심으로 본다. 이 말은 나침반이 항상 북쪽으로 고정되는 것을 말한다. 그래야 남쪽으로 가는지 북쪽으로 가는지 서쪽으로 가는지 동쪽으로 가는지 알 수 있다. 도로를 비롯한 도시 전체 모습이 그려진다. 좌회전, 우회전할 때는 구글 맵의 음성 안내를 듣기 때문에 문제 없다. 그러나 익숙하지 않으면 좌회전, 우회전이 약간 혼돈 될 수 있다.

남친은 기본 설정 지도를 본다. 도로 보기가 더 쉽다고 한다. 네비게이션도 남친 중심(지도를 보는 사람 중심)으로 나침반의 북쪽이 수시로 움직인다. 그래야 우회전, 좌회전이 쉽다고 한다. 그러나 남친의 방법은 도시의 어느 방향으로 가는지 알 수 없다. 도시 전체를 그릴 수가 없다(내 생각으로는). 또한 가고자 하는 식당이나 쇼핑몰의 주차장 상황도 알 수가 없다.

일반적으로 사람들은 해보지 않은 것에 대하여 어색하기 때문에, 적응되지 않았기 때문에 새로운 것, 낯선 것을 시도하지 않는다. 무조건 "노우"라고 말한다! 나이들수록 더 심해진다.

나는 남친의 방법으로 맞추어 주었다. 그러나 꼭 필요한 경우, 예를 들어 주차장 확인이 필요한 경우, 위성 지도로 확인한다. 그래서 내 손가락이 바쁘다. 캠핑카 보조석에 앉아서 목적지를 안내하고, 그지역의 상황을 파악한다. 그러나 길 안내를 도와주면 틀려서 다투고, 안해 주면 이기적이라고 다투고, 어쩌란 말인가.

나이 들어가면서 누군가를 만날 때, 이미 인생 경험이나 습관이 다져진 사람들을 만난다. 한 사람의 습관 또는 살아온 경험이 옳다고 할 수 없으며 틀리다 라고 말할 수 없다. 다만, 상대방의 습관이 편리할 수도 있고, 나의 습관이 편리할 수도 있다라고만 말 할 수 있다. 고집이 아닌 '편리'라고 생각했으면 좋겠다. 그 '편리' 또는 '합리적'인 것을 이해했으면 한다. 하지만 '편리'조차도 사람마다 다를 수 있다. 자신에게 익숙해진 '습관'때문이다.

여행하면서, 인생을 살면서, 토마토이든, 토매이토이든, 서로의 편리한 습관을 이해해 주는 좋은 동반자(Companion)가 되고 싶다. 서로가 그랬으면 좋겠다.

49.
캠핑카 여행하는 고양이의 하루

2017년 6월 19일 월요일

캠핑카 여행 3개월째, 첫 한 달 동안, 토마스는 생전 처음인 캠핑카에서 좌충우돌, 안절부절, 캠핑카 기피증 증세를 보였다. 캠핑카 어디에서 배를 깔고 자나, 식사를 맘 편히 할 수 있나, 이 좁은 공간에서 어떻게 노나, 발톱 스크레치는 어디서 하나, 여기는 안전한가… 등등의 생각을 하며 지냈다. 줄곧 벙커베드 코너에서 숨어 있고, 자고… 그래도 시간이 지나자 적응이 되었다. 집에서 했던 똑같은 일과가 시작되었다.

아침 5시 30분에서 6시 사이, 토마스는 아주 조용하고 미안한 야옹 소리를 내며 나를 깨운다. 식사 시간이다. 나는 눈을 반 감은 채로 토마스에게 식사를 주고 다시 침대 속으로 들어간다. 식사를 마친 토마스는 스스로 아침 그루밍을 하고 캠핑카 창밖을 바라본다. 오후에는 잠을 잔다. 캣타워에서 내려와 기지개를 편다. 발톱 스크레치와 스트레칭을 하며 온몸을 쭈욱 편다. 야옹~ 저녁 식사, 스스로 저녁 그루밍. 내가 그루밍 해 줄 때도 있다. 양치질, 귓속 닦기,

발톱 자르기, 털 손질. 얼마 전에 토마스는 목욕도 했다. 아직도 털이 보드랍고 베이비 파우더 향이 난다. 그리고 밤에는 창밖을 본다. 보초 서는 건 아니다. 그저 창밖을 바라보는 것뿐이다. 뭘 보는걸까, 무슨 생각을 하는걸까, '생각'이라는걸 할까? 창밖을 보면서 토마스는 바짝 엎드리기도 하고, 눈이 휘둥그레질 때도 있고, 귀를 쫑긋 세울 때도 있고, 입가 수염(whisker)이 바짝 긴장할 때도 있고, 탁탁탁 소리를 내기도 하고, 창문 방충망 가까이 가서 앞발을 올리고 꼬리를 신나게 흔들기도 하고, 뒷걸음질 치기도 하고, 창문 밖 뭔가를 보고 못 본 척 고개를 돌릴 때도 있고, 식탁 위에 무료하게 누워 있을 때도 있다.

토마스는 무서울 때나 기분이 꿀꿀할 때 혼자서 화장실에 가지 않는다. 야옹~ 화장실 가고 싶다는 소리다. 토마스 화장실이 시골집의 헛간처럼 먼 것도 아니다. 캠핑카 운전석과 조수석 사이에 있다. 하지만 그 야옹 소리를 무시하면 토마스는 혼자 알아서 화장실 간다. 나는 그걸 알고 있음에도 불구하고 토마스를 화장실에 데려다 준다.

간혹 쥐를 잡아 나에게 선물도 한다. 그럴 때는 당당하고, 짧고, 조용하게, 반복하여, 야옹, 야옹, 야옹, 야옹… 내가 선물을 받을 때까지.

또 다른 야옹 소리, 나 오늘 기분이 그래, 침대에서 자고 싶어, 야옹~ 그러면 토마스를 안아서 침대 위로 모시고 간다. 그리고 다음

날 동도 트기 전, 토마스는 아직도 곤히 자고 있는 나를 자근자근 밟고 다닌다.

월트 디즈니 월드 캠핑장에 있을 때부터였다. 디즈니 월드를 구경하고 캠핑카로 돌아왔을 때 토마스는 반가운 야옹 소리를 내며 캣타워에서 서둘러 내려왔다. 반갑다옹~ 나, 배고픈 거 알지옹~ 그 이후, 토마스는 우리가 돌아올 때마다 식사를 기대하며 우리를 반겼다. 야옹~ 야옹~ 토마스의 새로운 대화이다.

어제는 토마스에게 목줄(leash)을 달고 캠핑카 밖으로 나갔다. 내 품에 안긴 토마스는 벌벌 떨다가, 긴 한숨을 내 쉬고, 차분해지고, 다시 벌벌 떨다가, 긴 한숨, 차분… 이렇게 몇 번을 반복하더니 안정되어 보였다. 마치 내가 자전거를 탈 때 긴장감을 풀기 위하여 긴 숨을 토해 내는 것과 같았다. 토마스, 나도 자전거 탈 때 무섭단다. 그럴 때마다 나도 긴 숨을 토해 내며 마음을 안정시키려고 한단다. 너도 그러니? 토마스는 비교적 안정된 자세로 몇 발자국 걷기도 하고, 옆집 캠핑카 밑으로 들어가려고도 하고… 아참, 벼룩 약을 바르지 않았다!!

이런 말이 있다. 개는 9번을 잘 해 주지 않고 한 번만 잘 해 주어도 좋아한다. 고양이는 9번을 잘 해 주고도 한 번 잘 해 주지 못하면 집사를 두고두고 원망한다. 싫든 좋든 토마스는 캠핑카 여행중이다. 그리고 나는 토마스를 만지며 위로를 받는다.

50.

리틀 아바나

2017년 6월 18일 일요일

캘리포니아 로스앤젤레스에 코리아타운, 차이나타운, 리틀 아르메니아, 리틀 도쿄, 리틀 타이, 리틀 에디오피아 등등의 동네가 있듯이 미국의 다른 대도시에도 각 나라의 구역(동네)이 있다.

마이애미의 리틀 아바나.

리틀 아바나는 쿠바 사람들이 밀집해서 사는 동네로서 다양한 종류의 쿠바 상점들이 운집해 있다. 특히 리틀 아바나에 8가라는 거리가 있다. 스패니쉬로 말하면 카예 오초(Calle Ocho)이다. 카예 오초에서 다양한 쿠바인들의 행사를 한다. 또한 로스앤젤레스 헐리웃의 워크 오브 페임(Walk of Fame, 유명 배우들의 손바닥이 새겨진 곳)처럼 카예 오초만의 Walk of Fame이 있다. 가수 셀리아 크루즈, 부에나 비스타 소셜 클럽, 글로리아 에스테판 등등 쿠바와 라틴 출신 유명 인사들의 이름이 새겨져 있다.

지난주 목요일, 마이애미 비치 살사 미아 클래스에 갔다가 살사 춤은 추지도 못하고 비싼 망고 트로피칼 카페에서 식사하고 쇼를 봤었다. 남친이 살사 미아를 찾았다면 내가 가고 싶었던 곳은 리틀 아바나에 있는 볼 앤드 체인(Ball and Chain)레스토랑이다.

　특별한 것 없이 평범한 삶의 리틀 아바나를 걸은 후, 나는 남친을 자연스럽게 유도하여 볼 앤드 체인으로 들어섰다. "여기서 쉬었다 가자." 입구 라운지에서 라틴 재즈가 연주되었다. 우리는 중앙에 있는 바에 앉았다. "이곳이 얼마 전에 내가 찾은 곳인데 어때?" 하고 묻자, 나의 의도를 눈치챈 남친은 표정이 별로 좋지 않다. "음식을 먹어봐야 알지." "(밴드에) 트럼펫도 없네." "It's ok." 이게 남친의 반응이다. 이게 전부다. 나중에 생각해 보니 대부분 라운지 밴드에는 트럼펫이 없다. 또 트럼펫이 없으면 어때?

　나는 맘에 들었다. 지난주 내가 우겨서 이곳에 왔어야 했는데 라는 후회가 들었다. 하지만 남친이 찾은 살사 미아가 별 볼 일 없는 곳이라는 걸 알게 해 준 것도 다행이라고 생각한다. (우리는 기 싸움을 하나 보다.) 그 날 밤 바가지도 썼으니까. 우버 왕복, 저녁 식사, 마가리타에 $200! 볼 앤드 체인 라운지에서 연주하는 라틴 재즈에 맞추어 쇼가 아닌 평범한 살사춤을 추는 한 커플이 보기에 좋았다. 벽에는 오래된 사진들로 가득했고, 천장은 시골 창고 같다. 나는 이런 것들이 좋다. 물론 이곳도 관광지라서 음식 값에 15%의 팁이 계산서에 추가된다.

51.
마이애미를 떠나다

2017년 6월 24일 토요일

어제 마이애미를 떠났다. 떠나는 순간에도 살사 춤을 추지 못한 아쉬움은 마음속에 두고두고 남았다. 떠나는 길, 캠핑카를 끌고 초대형 유람선들이 정박해 있는 마이애미 항구를 기념 삼아 휙 지나갔다. 이게 다였다. 마이애미에서 그 흔한 박물관, 갤러리는 하나도 보지 않았다. 비키니 입고 마이애미 비치도 걸어 보지도 못했다. 마이애미 비치에 대하여 상한 마음만 오래 남을 것 같다.

마이애미 비치 대신 래리 앤드 페니 RV파크에서 대부분의 시간을 보냈다. 우편물 받고, 아마존에서 주문한 물건 받고, 캠핑카 환풍기 새로 달고, 빨래하고, 모기에 물리고, 파크에서 사는 길냥이 밥 주고, 그중 한 마리는 나만 보면 온갖 재롱을 떨었다. 벌러덩쇼, 롤 오버쇼, 이리 뒹굴 저리 뒹굴쇼, 내 다리에 적극적인 스킨쉽, 우리 캠핑카 문 앞에 앉아서 나를 기다리고, 나만 따라 다녔다. 안돼, 따라오지마, 토마스 질투해.

마이애미 비치 대신 RV파크 안에서 자전거를 탔다. 자전거를 타고 시내까지 나간 적도 있다. 10마일(약 16.1km). 나의 최장 거리이다. 10마일씩이나 자전거를 탈 수 있었던 것은 넓은 자전거 길(bike path)이 있었기 때문이다. 자동차가 달리는 바로 옆의 좁은 자전거 도로(bike lane)가 아니라 자동차도 없고 사람도 없는 강변의 자전거 길, 오직 새, 오리 가족, 이구아나만 있는 곳. 우리가 지날 갈 때마다 풀 숲에 숨어 있던, 움직임이 없으면 보이지도 않는 이구아나, 자기들이 보인다고 생각하는 걸까? 후다닥 달아났다. 자전거 타고, 샤워하고, 쉬고, 식사하고… 하루가 갔다.

나는 마이애미 비치 대신 하늘에 펼쳐진 구름을 품고 지냈다. 공원 밖의 세상일은 보이거나 들리지 않고 오로지 하늘의 구름만 나에게 다가왔다. 비가 오는구나, 비가 가는구나, 어디에서 왔는지 어디로 가는지 모를 구름, 구름을 바라보며 빨래를 널고, 걷고… 일주일을 살았다.

이제는 길냥이들을 뒤로 하고, 내가 떠난 후 누가 올지 모를, 아무도 없는 공원의 자전거 길을 뒤로하고, 세상의 이야기만큼이나 많은 구름을 뒤로하고, 마이애미를 떠났다.

52.

A1A 지방 도로

마이애미를 떠나 북쪽으로 갈때 큰 고속도로 I-95번으로 가라는 구글 안내를 무시하고 대서양 바로 옆 작은 길로 갔다. A1A 지방도로. 이 도로는 플로리다 키 웨스트와 죠지아 페르난디나 비치(Fernandina Beach, Georgia)를 연결하는 도로로서 총 길이가 339마일(545km)이다. A1A 지방 도로 일부 구간은 유에스 1번 하이웨이(미국에서 남북으로 달리는 하이웨이 중 가장 긴 도로)이기도 하다. 또 일부 구간은 A1A Scenic and Historic Coastal Byway, a National Scenic Byway(풍경이 좋고 역사 유적지 해안 도로)로 명명되었다. 도로 오른쪽에는 대서양이 끝없이 펼쳐져 있고, 햇살 하나 비치지 않는 울창한 가로수 길을 지나고, 바닷가에 세워진 고급 저택들을 지났다. 높은 건물 하나 없는 이 도로에는 석양까지 더해져 A1A 지방 도로는 반짝반짝 빛났다. 석양으로 반짝반짝~ 바다 물결로 반짝반짝~ 또한 수시로 변하는 하늘 아래 비도 만났고, 무시무시한 구름도 보았다. 그리고 청명한 하늘, 하얀 뭉게구름, 한가한 바닷가에서 노니는 사람들도 보았다. 우리는 바닷가에 캠핑카를 주차하고, 식사 하고, 아무 일 없이, 아무 생각 없이 대서양을 바라보았다. 구름이 또 몰려온다. 캠핑카 지붕 위에서 두두둑 두두둑 소리가 난다.

53.

우주의 꿈을 꾸다 – 케네디 우주 센터

2017년 6월 24일 토요일

We choose to go to the moon. (우리는 달에 가는 것을 선택하였다.)

-존 에프 케네디 John F. Kennedy-

The sky calls to us. (하늘이 우리를 부른다.)

-칼 세이건 Carl Sagan-

케네디 우주 센터(Kennedy Space Center)

SR405, Titusville, FL 32899

케네디 우주 센터

오전 9시, 미국 국가가 연주되었다. 차에서 내리면서, 주차장을 걸으면서, 입구에서 기다리면서, 모든 사람들은 국가에 대한 예를 갖추기 위하여 제 자리에 섰다. 그리고 문이 열렸다.

어른 1일 입장료 $50에 $25를 추가하면 가이드 설명이 포함된 2시간 짜리 버스 투어를 할 수 있다. 이 투어는 금지 제한 구역인 우주선 발사 장소 전망대, 우주선 조립 빌딩, 아폴로 센터 가까이 갈 수 있다.

우주선 조립 빌딩 Vehicle Assembly Building(VAB). 1963년 공사 시작, 1966년 완공. 3,664,883 입방미터(m3)로 부피(용량)면에서 세계 최고로 엠파이어 스테이트 빌딩 세 개 반을 합친 것과 같음. 건물에 그려진 미국 성조기는 높이 63.7미터, 폭 33.5 미터로 세계에서 가장 큰 깃발. VAB에 있는 325톤 기중기는 아프리카 코끼리 47마리를 들 수 있다. VAB를 짓기 위하여 91,000톤의 콘크리트, 백 만 개의 나사, 5,000톤의 강철 빔, 98,590톤의 강철이 사용됨.

케네디 우주 센터(John F. Kennedy Space Center)는 미국 국립 우주 공학부(나사-NASA, National Aeronautics and Space Administration Field Centers)에 소속된 10개 산하 기관 중의 하나이며, 플로리다 동부 해안 지역 케이프 카나버럴(Cape Canaveral)에 위치하고 있다. 이미 이곳에는 1949년부터 공군 기지가 있었으며 케네디 우주 센터는 1962년 설립되기 전까지 이 공군 기지 시설을 사용했다.

케네디 우주 센터는 민간인 통제 구역으로 플로리다 올랜도에서 동쪽으로 약 1시간 거리에 있다. 우주 센터 규모는 길이 55km, 폭 10km, 총 570㎢, 그러나 오직 9%만 개발하여 사용하고 있으며 나머지 땅은 자연환경이 그대로 살아 있다. 따라서 흰 머리 독수리, 악어, 야생 돼지, 다이아몬드 무늬 방울뱀, 표범 등의 많은 동물들이 살고 있다. 가이드 투어 중, 물가에 가지 말라고 여러 번 경고했다.

인류의 우주 탐험 역사는 1961년 구소련의 보스톡(Vostok) 1호에서부터 시작한다. 보스톡 1호가 인류 최초로 지구 궤도를 회전하자, 미국은 충격에 빠지고, 그때서야 우주 탐사를 시작했다.

1967년 11월 9일: 우주 비행사가 탑승하지 않은(Unmanned) 아폴로 4호 발사

1968년 12월 21일: 우주 비행사 탑승한(Manned) 아폴로 8호 발사, 달 궤도 비행

1969년 3월 3일: 아폴로 9호-세 명의 우주 비행사 탑승, 지구 궤도 비행

1969년 5월 18일: 아폴로 10호-세 명의 우주 비행사 탑승, 달 궤도 비행, 만화 캐릭터 촬리 브라운과 스누피가 마스코트로 동반, 아폴로 10호의 성공으로 2개월 후 아폴로 11호 발사 가능

1969년 7월 16일: 아폴로 11호 발사

1969년 7월 20일: 아폴로 11호, 인류 처음으로 달 착륙

아폴로 11호는 1972년까지 열심히 우주를 날았다.

우주왕복선(Space Shuttle)

1969년 4월 1일: 맥스 파겟(Max Faget) 박사는 우주 비행사들의 우주 왕복 교통수단과 우주에 있는 국제 우주 센터로의 화물 운반 목적으로, 로켓처럼 발사되고 비행기처럼 착륙하여 재사용될 수 있는 비행 물체 모형을 만들어 직원들에게 보여 주었다. "이것을 만들자." 바로 우주왕복선(space shuttle)의 탄생이다.

1981년 4월 12일: 첫 우주왕복선 콜럼비아호 발사

1986년: 우주왕복선 챌린져호 발사, 그러나 1분 13초만에 공중 폭발

2003년: 콜럼비아호 폭발

그 외에도 디스커버리호와 아틀란티스호도 있다.

인데버(Endeavour) 우주왕복선.

가장 최근인 2012년에 은퇴한 우주왕복선으로 1986년에 폭발한 챌린져호를 대신할 목적으로 만들어졌다. 인데버의 첫 번째 발사 및 비행은 1992년 5월 7일 발사되어 약 10일 정도 우주 비행, 마지막 발사 및 비행은 2011년 5월 16일 발사되어 약 보름 동안 우주를 비행했으며 19년 동안 총 25번 발사되어 우주를 날았다. 인데버를 타고 비행을 한 우주 비행사는 총 173명이다. 인데버는 영국의 탐험가 제임스 쿡(James Cook,1768~1771)이 탔던 배 이름이며 그 배 이름을 그대로 사용하였다. 따라서 인데버 철자가 영국식이다. Endeavour. 미국식 철자는 Endeavor. 나사(NASA) 직원들도 철자를 혼동한다.

대부분 우주선이나 우주왕복선은 플로리다 케네디 우주 센터에 전시되었다. 그러나 인데버는 많은 단체들이 케네디 우주 센터에 안착시켜야 한다고 제안했음에도 불구하고 미국 우주 항공법 계약에 따라 캘리포니아 로스앤젤레스에 있는 캘리포니아 과학 센터에 안착하였다.

2012년 9월 19일, 인데버는 아기처럼 초대형 비행기 등에 업혀 플로리다 나사(NASA)를 출발, 저공비행으로 NASA 연구 센터가 있는 미시시피, 뉴 올리언즈, 휴스턴, 엘 파소, 샌프란시스코, 새크라멘토 등의 하늘을 마지막으로 순회하며, 2012년 9월 21일 로스앤젤레스 국제공항에 도착. 시민들을 위하여 하늘을 저공 비행하였다. 나도 내가 사는 동네에서 초대형 비행기 위에 실려 하늘을 순회하는 인데버를 봤다.

로스앤젤레스 공항에서 인데버를 대형 트레일러 수레에 싣고 가는 중, 도로가 좁아서 문제가 발생하였다. 길가 400년 된 나무를 잘랐다. 일부 지역은 전기를 끊었고, 전봇대를 이동시켰다. 다리를 건널 때는 다리 통과 무게 제한에 걸려서 인데버를 실은 트럭의 무게를 줄이기 위하여 일본 소형 픽업 트럭인 툰드라가 인데버를 끌고 다리를 건넜다. 엘에이 공항에서 캘리포니아 과학 센터까지는 12마일(약 29km), 3일 걸렸다. 드디어 2012년 10월 14일, 인데버는 캘리포니아 과학 센터에 도착, 시민들에게 먼 우주 이야기를 들려주고 있다.

지난 5월 텍사스 달라스를 여행할 때 휴스턴 우주 센터에 가고 싶었다. 그러자 남친이 휴스톤 보다는 플로리다 케네디 우주 센터에 가야 한다고 했다. 우주 영화를 볼 때마다 이런 대사가 많이 나온다. "여기는 휴스톤, 우주선 나와라 오버~" "여기는 우주선, 휴스톤 나와라 오버~" 그래서 휴스톤이 가장 크고 중요한 곳으로 알고 있었다. 휴스톤은 규모 면에서 케네디 우주 센터보다 작지만 우주와 통신을 주로 한다고 한다. 우주에는 국제 우주 정거장(International Space Station)이 있다. 전 세계 8개국이 함께 사용하며 일한다. 한국은 없다.

케네디 우주 센터에는 우주 과학에 관한 많은 정보, 우주 탐험 역사 그리고 상상력이 있다. 또한 케네디 우주 센터 관람 중간중간에 우주선과 우주왕복선 관련 영화도 있다. 나는 그 모든 것을 이해할 만한 실력도 되지 못한다. 그러나 상상력을 키우고 그 상상을 실현시키려고 노력하는 과정을 보았다. 우주를 나는 꿈을 가진 어린이들의 이야기, 우주를 통하여 꿈을 꾸는 어린이들을 보여 준다. 이런 것을 볼 때마다 나의 조국 대한민국을 생각한다. 우주 과학을 비롯한 모든 분야를 이끌어 가는 한국, 한국도 이랬으면 좋겠다는 생각. 지금 세계는 이렇게 움직이는데, 1960년대 우주를 날았는데, 아직도 부정부패로 국가가 흔들리고 있는 한국, 대통령 임기가 끝나면 매번 터져 나오는 부정부패, 새로운 꿈을 가지고 새로운 대통령을 선출하여도 역시 마찬가지이다. 이제는 부정부패 없는 깨끗한 사회가 되었으면 한다. 그래서 국가나 개인이 원하는 꿈을 꾸고 이루는 데 집중했으면 한다. 수많은 시민들이 참여한 촛불집회를 통하여 거듭나기를 바란다.

54.

총 판매점

2017년 6월 27일 화요일

데이토나 비치에 있는 레져 용품 전문점 아웃 포스트(Outpost) 1층에는 옷을 비롯한 일반 용품들이 진열되어 있었고, 2층으로 올라가자 눈에 확 띈 것은 총이었다. 난생처음으로 수많은 종류의 권총과 소총을 봤다. 진열된 총기를 보며, 저것이 사람들을 무자비하게 죽이는 총이구나, 무서운 총이라는 생각을 했다. 나를 보호하고 사냥을 하여 먹고 사는 것이 아니라 미국에서 발생되는 수많은 총기 난사 사건 탓으로 총에 대한 생각이 이렇게 굳어져 버렸다.

영국 가디언에 따르면, 미국 민간인 100명 중 88명이 총을 가지고 있다. 전 세계에서 가장 높은 보유율이다. 1994년에서 2015년 사이 미국인들의 총 보유율은 38% 증가했으며 그중에서 71%가 권총이다. 내 미국인 친구는 옷장 선반에 권총 한 정이 박스 속에 보관되어 있고, 또 다른 친구는 베개 밑에 권총 한 정이 놓여 있다. 미국인들이 총기를 보유할 수 있는 권리는 미국 헌법 제 2조가 보장한다. "A well regulated miliitia, being necessary to the security of a free State, the right of the people to keep and bear Arms, shall not be infringed. 자유 국가의 안전에 필요한 잘 통제된 민병대, 국민이 무기를 보유할 권리가 침해되어서는 안 된다." 이렇게 헌법에서 보장된 국민의 권리에 의하여 총을 소유한 사람들은 총을 올바르게 사용하는 사람들도 있다. 주로 사격, 사냥, 그리고 신변 보호로 보관하고 있다. 총 사용 빈도도 한 번도 사용하지 않는 사람들이 있는가 하면 사냥하기 위하여 총을 한 번 이상 사용하는 사람들도 있다. 미국에서는 총기 난사이든 자살이든 매해 30,000명 이상의 사람들이 총으로 죽는다. 그중 2/3는 자살이다. 이는 다른 선진국보다 총으로 죽을 확률이 25%나 높다.

총기 난사 사고 소식을 들었을 때는 총은 나쁜 것, 무서운 것, 사람을 죽이는 것으로만 생각했다. 그래서 총을 없애야 한다고 생각했다. 그러나 미국인들의 헌법 2조를 배웠다. 그리고 캠핑카 여행하면서 미국인들의 총 소유도 이해하게 되었다. 유럽인들이 신대륙으로 와서 법이 먼 곳에서 자신과 가족, 재산을 지키기 위하여 총을 소유하였고, 그것이 미국의 헌법이 되었다. 하지만 지금은 많은 것이 달라졌다. 또한 총에 대한 인식도 지역에 따라 다르다. 캘리포니아주 대도시에서 누군가 진짜도 아닌 장난감 권총 들고 나오면 경찰이 총동원되지만 아이다호주 작은 시골에서 권총 들고 나오면 아무런 반응이 없다. 사고는 실수이든 고의이든 항상 발생 된다. 끊임없이 일어나는 총기 난사 사건으로 인하여 희생자들의 가족과 총 규제를 외치는 옹호자들은 정신 결함이 있는 사람들의 총기 구입을 통제하기를 바라지만 이미 보유하고 있는 총기 규제는 어떻게 할 것인가? 라는 딜레마에 빠진다.

55.
낯선 사람

2017년 6월 28일 수요일

　미국에 오기 전, 서울시 강북구 수유동의 한 아파트에서 살았다. 나는 이곳을 무척 좋아했다. 뒤 베란다에는 북한산이 거침없이 다 보이고, 앞 베란다에는 시내가 다 보였다. 어느 날 저녁 무렵, 엘리베이터를 타고 내가 사는 11층 버튼을 눌렀다. 한 여자아이도 탔다. 10층을 눌렀다. 나는 그 여자아이를 본 적이 없어서, "너, 10층에 사니? 난 11층에서 살아."라고 말을 걸었다. 나는 말을 잘 거는 사람이다. 한국이든 미국이든 ESL 클래스에서 항상 먼저 말을 하는 (어른)학생이었다. 하지만 그 여자아이는 대답을 회피했다. 10층에서 엘리베이터 문이 열렸다. 오른쪽은 1001호, 왼쪽은 1002호. 그 여자아이가 사는 곳은 둘 중의 하나이다. 뻔하다. 그러나 그 여자아이는 엘리베이터에서 내려서 자기 집에 들어가지 않고 중간에 서 있었다. 엘리베이터 문이 닫힐 때까지. 낯선 사람인 나에게 자기가 몇 호에 사는지를 보여 주고 싶지 않아서였다. 엘리베이터 문이 거의 닫히는 순간, 그 여자아이는 1002호 집으로 들어갔다. 나는 놀람과 함께 생각했다. 교육을 잘 받았군. 그러나… 뭔가 쓸쓸하다. 낯선 사람에게도 말을 할 수 있으면 얼마나 좋을까 라는 생각을 했다. 무조건 낯선 사람에게 말하지 마가 아니라 좋은 사람, 나쁜 사람 가리지 말고 누구에게나 말을 하면 얼마나 좋을까? 사람이 좋고 나쁨을 떠나 사람을 경계하는 것은 마음 아픈 일이다.

나는 아들에게도 "낯선 사람에게 말하지 마"라고 했는지 기억나지 않는다. 그러나 아들은 낯선 사람과도 말을 잘한다. 태국 방콕의 한 수영장에 어린 아들을 혼자 두고 쇼핑하고 돌아와 보니, 아들은 수영장에 있는 일본, 미국 사람들과 수다를 떨고 있었다. 어린 아들 혼자 택시를 타고(택시 타는 것은 이웃 사람이 도와줌) 수유동에서 비원까지 나를 만나러 오면서 택시 기사와 조잘 조잘 수다를 떨었다. 로스앤젤레스의 한 횡단보도에서 신호등을 기다리면서도 옆에 서 있는 흑인과도 조잘조잘, 나중에는 굿바이까지 하면서. 그래, 내 아이는 남자아이고, 운이 좋았다고 말 할 수 있다.

플로리다 올랜도 바로 밑에 키시미(Kissimee)가 있다. 나는 혼자 빗속을 걸어 2마일(3.22km) 떨어진 곳의 월마트에 갔다. 내 뒤에서 걷고 있는 한 노인과 플로리다 날씨 이야기를 주고받으며 나란히 걷게 되었다. 벌써 다 왔네. 먼 거리가 가깝게 느껴졌다.

달라스의 한 애플비 음식점에서 우연히 이야기를 나눈 남자가 알려 준 나체스, 우리는 그곳에 갔다. 남북 전쟁 이야기가 있는 나체스, 좋았다. 데이토나 비치 인터내셔널 RV파크에서 일하는 남자와 이야기를 나누었다. 그 남자가 추천한 곳은 세인트 어거스틴(St.

Augustine), 역시 그곳에 갔다. 미국에서 가장 오래된 도시, 역사 유적지가 많이 있는 곳, 좋았다.

　이러한 정보, 모르고 지나칠 수 있는 것들, 어쩌면 뉴욕보다 더 멋질 수 있는 곳들, 낯선 사람에게서 얻는다.

56.

데이토나 자동차 경주장

2017년 6월 30일 금요일

데이토나 자동차 경주장

　데이토나 인터내셔널 스피드웨이는 플로리다 데이토나 비치에 있는 스피드 경주장이다. 그 유명한 나스카(NASCAR) 데이토나 500(Daytona 500)도 이곳에서 펼쳐진다. 여기서 숫자 500은 참가 자동차들이 트랙 한 바퀴에 2.5마일(약 1.56km)인 트랙을 500마일

(약 805km), 즉 200바퀴를 도는 것을 말한다.

나스카(NASCAR-The National Association for Stock Car Auto Racing)는 미국의 한 가족이 1948년에 창립했다.

자동차 경주에는 포뮬러 원(Formula One), 인디 카 시리즈 (IndyCar Series), 랠리잉(Rallying), 스포츠카 레이싱(Sports car racing), 스탁 카 레이싱(Stock car racing) 등의 여러 가지 종류가 있다. 스탁 카 레이싱(Stock car racing)은 나스카 주최 북미에서 가장 인기 있는 자동차 경주로서, 스탁 카(stock car)란 자동차 딜러에서 가지고 온 자동차를 더 강하게 새로 조립한 자동차이다. 나스카는 데이토나 500(Daytona 500), 몬스터 에너지 컵 대회(Monster Energy Cup Series), 코카콜라 600(Coca-Cola 600)등 많은 경주를 주최하며 주로 데이토나 자동차 경주장에서 펼쳐진다. 또한 자동차 경주외에도 오토바이, 트럭 등의 다양한 경주도 있다.

데이토나 인터내셔널 스피드웨이는 1957년 공사를 시작하여 1959년 개장했다. 공사비는 1957년 당시 돈으로 3백만달러. 좌석수는 101,000명 수용. 그러나 필드 트랙에서 일하는 스태프와 참가자들까지 합치면 이보다 더 많은 사람들이 이 경기장에 들어간다.

데이토나 자동차 경주장에는 일반 승용차 주차장 외에도 RV 캠핑장도 있다. RV 캠핑장은 또 두 가지로 나눈다. 자동차 경주장 트랙 가운데에 있는 인필드(Infield) RV 캠핑장 (4일 캠핑 기준 $600 이상), 경주장 트랙 밖에 있는 RV 캠핑장(4일 기준 $220 이상), 두 곳 모두 전기, 수도, 하수도 훅업이 없다. RV캠핑장에 훅업 없이 주차만 하고 캠핑하는 것을 드라이 캠핑(Dry camping)이라고 한다. 물론 전기, 수도, 하수도를 훅업할 수 있는 곳이 있지만 $1,000이 넘는다. 인필드 캠핑장에 주차하면 비싼 관중석 티켓을 따로 구입할 필요 없이 RV 캠핑장 자기 자리에서 자동차 경주를 관람한다. 경주를 더 잘 보기 위하여 캠핑카 지붕 위에 올라가기도 하고, 크레인을 설치하는 사람도 있다. 이곳에서 경주를 보면 자동차의 굉음을 바로 옆에서 듣는다. 인필드 RV파크의 단점은 캠핑카가 맘대로 나가고 들어 오고 할 수 없다. 자동차 경주가 완전히 끝나는 날까지 있어야 된다. 그래서 인필드 RV파크에 들어가기 전에 음식과 물을 비롯하여 필요한 물건을 충분히 구입해야 한다. 그리고 가장 중요한 것은 캠핑카의 오물통을 완전히 비워야 한다.

우리는 인필드 아닌 경주장 밖 RV 캠핑장에 캠핑했다. 4일 밤 $220, 경주장 입장권은 일 인당 $175. 더 비싸고, 더 저렴한 좌석도 있다. 우리는 데이토나 인터내셔널 RV파크에서 물을 꽉꽉 눌러서 가득 채웠지만 그래도 물을 아껴 써야 한다. 그리고 고장난 동력기도 수리했다. 그래야 에어컨을 사용할 수 있으니까. RV 여행자들은 자동차 경주 일정보다 2~4일 일찍 체크인하여 가족들과 바베큐 파티를 한다. 또 자동차 경주장의 다양한 투어도 즐긴다. 그중 하나가 경주장 트랙에서 직접 운전하는 것이다.

캠핑 기간내에 물이 떨어진 사람들은 경기장 RV파크 수도를 사용할 수 있고, 오물통이 가득 차면 오물 청소차를 부를 수 있다. (비용

별도). 수백 대의 캠핑카와 수천 대의 일반 자동차, 들어 올 때나 떠날 때 질서를 잘 지킨다.

캠핑카 창문을 통하여 데이토나 경주장의 일출을 보았다. 날씨가 좋다. 그러다가 순식간에 하늘은 캄캄하게 변한다. 비가 내린다. 비가 조금이라도 내리면 자동차 경주는 연기된다. 위험하기 때문이다.

경주장 안에서 자동차 굉음이 들려 온다. 내일 경주 순서를 정할 예비 대회이다.

데이토나 자동차 경주장
캠핑장

캠핑카 오물 청소 차량

57.

코우크 제로 400

2017년 7월 1일 토요일

오늘밤 미국의 독립 기념일(7월 4일)을 맞이하여 "코우크 제로 400, Coke Zero 400" (400마일-644km, 트랙 160바퀴) 경기가 치러진다.

자동차 경주 시작 전 행사

"Coke Zero 400."

경주 시작 전, 음악 콘서트를 비롯하여 다양한 기념행사를 했다. 관람객 모두 기도도 했다. 대형 성조기를 펼치고 미국 국가가 흘렀다. 국가 마지막 부분에 두 대의 전투기가 경주장 하늘을 가로질렀다.

자동차 경주 참가자(racer)가 하나씩 소개되면 트랙 가운데에 마련된 무대 위로 등장하고 팬들에게 인사를 한다. 그리고 오픈카를 타고 트랙을 천천히 돈다. 경주 하루 전날 폴 포지션(pole position)

을 결정하기 위한 예비경기를 한다. Pole position: (in auto racing) a starting position on the inside of the front row(폴포지션:경주 시작할 때 앞자리를 결정하는 것.) 그 순서에 따라 핏 스탑(pit stop) 자리도 정해진다. 예비경기에서 1등이 되면 폴포지션이 1번이 되고, pit stop도 1번으로 가장 유리한 앞 자리를 차지하게 된다. Pit Stop은 자동차 경주 도중, 레이서가 트랙에서 빠져 나와 연료 넣고, 타이어 바꾸고, 자동차 긴급 수리 등 레이서가 경주를 할 수 있도록 도와주는 곳이다. 여러 명의 자동차 기술자들이 이러한 일들을 신속하게 한다.

어제 pole position 1번을 받은 사람은 대일 언하트 쥬니어(Dale Earnhardt Jr.). 그는 데이토나 자동차 경주에서 무려 17번 우승하고 어제 경주가 그의 은퇴 경기였다. 그의 마지막 경주를 보기 위하여 많은 팬들이 몰려왔다. 데이토나 자동차 경주장의 관람석은 여느 스포츠 경기장과는 달리 무대가 보이는 한 곳에만 있다. 트랙이 2.5 마일이기 때문에 다른 3면에는 관람석이 없다. 관람석이 한 면에만 있는데도 불구하고 101,000명의 사람들이 앉는다. 어제 거의 다 찬 것 같다. 너무너무 커서 양 끝에 있는 사람들이 보이지 않는다.

트랙 출발선에 녹색 깃발이 오르고 녹색 불이 켜졌다. 드디어 출발. 50여 대의 경주용 자동차들이 시속 200마일(322km) 이상의 속력과 굉음을 내며 트랙을 달렸다. 어마어마한 소리였다. 경주용 자동차 한 대 소리도 요란한데 50여 대의 자동차가 한꺼번에 부릉 부릉~ 잠시 후 차 한대가 연기를 뿜으며 트랙을 빠져 나왔다. 그리고

경주 시작

자신의 핏 스탑에 가서 긴급 수리 후 다시 부릉부릉~ 이 때 가장 중요한 것이 있다. 자동차 타이어든 뭐든 고장나거나 다른 차와 충돌하면 부스러기들이 트랙 위에 남게 된다. 200마일 이상의 속도를 내는 자동차가 그 부스러기를 밟으면 그 자동차는 하늘로 솟구친다. 치명적인 사고가 발생한다. 따라서 트랙에서 작은 사고라도 생기면 안전을 위하여 출발선에 있는 깃발은 노란색을 올리고 노란 불을 켠다. 그러면 리더 자동차가 트랙으로 나와서 레이서들의 속도를 통제하고 레이서들은 리더 자동차 뒤를 따르며 서행한다. 그사이 청소 트럭들이 나와서 트랙을 청소하며 안전 점검을 한다. 청소 시간에 따라서 보통 두 바퀴 세 바퀴 정도 리더 차량을 따라 레이서들은 서행한다. 서행하는 시간을 이용하여 레이서들은 자신들의 피트 스탑에 가서 간단 점검, 타이어 교체, 연료를 충전한다. 그때가 아니더라도 문제가 생길 때마다 레이서들은 피트 스탑에 간다. 타이어 교체하는 뚜르륵~ 뚜르륵~ 하는 소리가 날카롭게 밤하늘을 찌른다. 트랙 청소가 끝나면 녹색불이 켜지고 녹색 깃발이 다시 올라간다. 리더 차량은 트랙 밖으로 나간다. 부릉부릉~ 모든 레이서들은 다시 200마일 속도로 달린다. 경주 중, 자동차가 파손되어 덜렁거리는 부분은 강력 테이프로 붙여서 다시 부릉부릉~ 어떤 자동차는 자동차 후드를 버린 상태로 끝까지 달렸다. 또 어떤 자동차는 중심을 잃고 다른 자동차와 부딪히면서 공중으로 솟아올

랐고, 떨어지면서 또 다른 자동차와 부딪혔다. 불꽃이 튄다. 소화기로 불을 끈다. 까맣게 탄 자동차 속에서 레이서가 안전하게 나오자 사람들은 박수갈채를 보냈다. 자동차들이 안전거리 없이 아주 근접한 거리에서 운전하기 때문에 자동차 한 대가 중심을 잃고 미끄러지면 다른 차들과 충돌한다. 위험하다. 사고 난 자동차의 긴급 수리가 피트 스탑에서 해결이 안 되면 레이서는 경주를 중단한다. 어제 은퇴 경주를 한 데일도 자동차가 많이 파손되어 경주를 중단했다.

총 160바퀴 중 3바퀴 남은 상태에서 대형 사고가 났다. 빨간색 깃발이 올라가고 빨간 불이 켜졌다. 리더 차량이 트랙 청소가 완전히 끝날 때까지 모든 경주 차량을 서행도 아닌 완전히 스탑시켰다. 레이서들은 자신이 달리고 있는 그 자리에서 멈추었다. 사고 차량에서 기름이 흘렀다. 모래 차량이 와서 모래를 뿌린다. 진공 청소 트럭이 와서 모래를 청소한다. 물차가 와서 물을 뿌리며 청소한다. 바람 트럭이 지나가며 젖은 트랙을 말린다. 모두가 민첩하게 움직인다. 다시 녹색 불이 켜지고 녹색 깃발이 올라갔다. 관중석의 사람들이 환호를 지르며 모두 일어났다. 부릉부릉~ 마지막 세 바퀴를 부릉부릉~ 3바퀴가 남은 마지막 순간에는 피트 스탑에 가서 차량을 점검하지도 않는다. 그래서 레이서들은 마지막 순간이 오기 전에 미리미리 연료 넣고 타이어를 바꾸어야 한다.

새로운 우승자가 나왔다. 새로운 스타의 탄생이다. 그동안 캘리포니아에서 바비큐 파티를 하며 즐겼던 미국 독립 기념일, 어제는 플로리다 데이토나 스피드 경주장에서 또다른 미국 독립 기념일을 봤다.

가장 오래된 도시 세인트 어거스틴

2017년 7월 5일 수요일

지난주 토요일 데이토나 자동차 경주장에서 코우크 제로 400을 본 후, 다음 날 일요일 오전 11시, 데이토나 비치를 떠나 다시 북쪽으로 향했다. A1A Scenic and Historic Coastal Byway 그리고 대서양을 따라서.

망망대해, 파란 하늘, 하얀 구름, 먹구름, 바닷가에서 한가로이 노니는 사람들에게 마음을 빼앗겨 세인트 어거스틴까지 두시간 반 거리를 반나절이나 걸렸다.

세인트 어거스틴(St. Augustine, Florida).

세인트 어거스틴은 스페인의 탐험가이면서 정복자인 폰세 데 레온(Ponce de Leon)이 1513년 세인트 어거스틴에 도착, 주변 북미 지역을 라 플로리다(La Florida)로 명하면서 생긴 미국에서 가장 오래된 도시이다. 스페인 왕 필립 2세는 프랑스의 침략을 막기 위하여 세인트 어거스틴에 군대를 보내어 카스티요 요새(Castillo Fort)를 구축했다. 그러나 신대륙 미국에서 영국과 7년간의 전쟁을 겪으며 플로리다를 영국에 빼앗기자, 이 지역에 거주한 스페인 사람들은 쿠바로 피신했다. 미국이 독립 선언을 한 후에도 플로리다는 죠지 영국 국왕에게 충성을 바쳤다.

까스티요 유적지

스페인은 나중에 미국의 독립 전쟁을 도와준 조건으로 플로리다를 다시 탈환하지만 스페인 영토 플로리다와 신대륙 미국 국경에서 신대륙 미국인, 원주민, 스페인 사람들 사이에 영토 분쟁이 끊이지 않고 일어나자, 미국과 스페인은 아담스 오니스 조약(Adams-Onis Treaty)를 통하여 미국이 $5,000,000를 스페인에게 주고 플로리다를 구입하여 지금에 이르렀다.

폰세 데 레온 호텔(Ponce De Leon Hotel).

미국의 백만 장자 헨리 플래글러(Henry M. Flagler)가 1888년 세인트 어거스틴에 세운 호텔이다. 그의 친구인 전기 발명가 토마스 에디슨에 의하여 호텔에 전기가 설치되었다. 그러나 호텔 투숙객들은 전기 스위치를 켜고 끄는 것을 두려워하여 헨리 플래글러는 전기 스위치 담당 직원을 채용했다고 한다. 마크 트웨인, 루즈벨트 대통령, 서머셋 모옴, 베이비 루쓰 등 유명 인사들이 숙박한 이 호텔은 미국의 경제 대공황에서도 살아남았다. 1964년, 폰세 데 레온 호텔

플래글러 대학

은 플래글러 대학(Flagler College)으로 바뀌었고, 건물은 미국 국가 유적지가 되었다. 학생들은 관광객들에게 학교 투어 가이드를 한다.

　일요일 밤에 세인트 어거스틴의 한 작은 레스토랑 옆에서 노숙 하고 레스토랑 주인이 오기 전에 아침 일찍 떠났다. 작은 관광 도시의 다운타운, 커다란 캠핑카가 다닐만한 거리가 없다. 주차장도 없다. 그러다 우연히 구글 맵으로 한 RV 주차장을 찾았다. 다운타운도 가까웠다. 지도를 확대해보니 훅업하는 RV 전용 파크는 아닌데 분명 RV파크라고 나왔다. 그래서 남친에게 한번 가보자고 했다. 밑져 봐야 본전이니까.

세인트 어거스틴 RV파킹장(RV Parking St. Augustine).

세인트 어거스틴 방문자 센터 서쪽에 위치한 이 RV파킹장은 시에서 운영하는 대형 관광버스와 캠핑카 전용 무료 주차장이다. 밤샘(overnight) 주차는 허용되지 않지만 전화로 $35(크레딧 카드)을 내고 허가를 받으면 드라이 캠핑을 할 수 있다. 혹업도 없는데 하룻밤에 $35? 비싸다. 우리는 이곳에 마음 편히 캠핑카를 주차하고 시내로 나갔다. 마음속으로는 오늘밤 돈 내지 않고 노숙할 생각을 했다. 남친도 그랬을 것이다. 토마스를 위해 온도 조절 환풍기를 켜고, 창문을 열어 두고 시내로 나갔다.

시내 관광 후, 다운타운의 한 이탈리안 레스토랑에서 저녁 식사를 했다. 실내는 화려했는데 메뉴는 너무 간단했다. 실내 장식과 공간이 아깝다. 해피 아워 와인을 마셨다. 그러나 계산서에는 해피 아워 가격이 적용되지 않았다. 정확한 남친, 팁을 $0이라고 쓰고, 옆에 "Happy hour?"라고 썼다. 그리고 레스토랑을 나왔다. 팁을 받지 못한 웨이터를 피하여. 비가 억수로 내린다. 로스앤젤레스에서 맞아 보지 못한 비를 맞으며 천천히 걸었다.

독립 기념일 전후에는 관광지의 RV파크 숙박비가 비싸고, 예약하지 않는 한, 자리 구하기가 쉽지 않다. 이미 데이토나 자동차 경주장 RV파크에서 3일 밤을 드라이 캠핑하고 레스토랑 옆에서 노숙(Boondock)을 했기 때문에 혹업 할 수 있는 RV파크를 찾아야 했지만, 하룻밤을 더 견디어 보기로 했다. 우리는 시의 허가도 받지 않고($35 내지 않고) 노숙했다. 물이 1/4도 채 남지 않았다.

세인트 어거스틴 바실리카 성당

죠지아

Georgia

59.

사반나에서 만 보 걷기

2017년 7월 10일 월요일

1733년, 영국인들이 세운 사반나는 죠지아 주에서 가장 오래된 도시이다. 사반나 교외로 흐르는 사반나 강은 대서양으로 곧바로 흘러 들어간다. 그 옛날 사반나는 목화솜 시장으로 성황을 누렸다. 또한 위인들의 기념 광장이 여기저기 많이 있다. 옛 번영을 엿볼 수 있다.

RV파크 사무실에서 받은 여행 책자를 보던 중, 만 보 걷기 여행 일정을 우연히 봤다. Savannah in 10,000 steps. 우선 버스를 타고 사반나 시내에 갔다. 그리고 지도를 보면서 그대로 따라갔다. 팩터스 워크(Factor's Walk), 죤슨 스퀘어(Johnson Square), 라이트 스퀘어(Wright Square), 콜로니얼 파크 묘지(Colonial Park Cemetery), 트룹 스퀘어(Troup Square), 세인트 죤 침례 교회(Cathedral of St. John the Baptist), 라파옛 스퀘어(LaFayette Square), 포시스 파크(Forsyth Park), 몽고메리 스퀘어(Montgomery Square), 메디슨 스퀘어(Madison Square)…

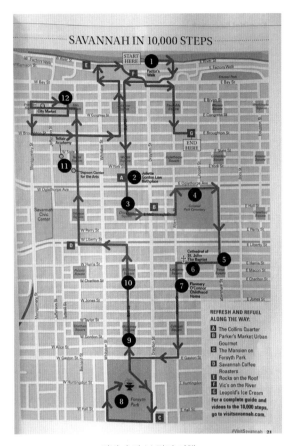

사반나 만 보 걷기 여행

만 보 걷기 여행 일정에는 유적지 안내도 있고, 가는 길도 안내해 주고, 그러다 지치면 쉴 수 있는 레스토랑이나 카페까지 친절하게 나왔다. 점심 겸 푹푹 찌는 더위를 식히기 위하여 레스토랑에 들어 갔다. 더위가 싹 가셨다. 살 것 같다. 몸이 신선해질 때까지 푹 쉬었 다. 다시 걷자. 오늘 12,000보를 걸었다.

포시스 공원(Forsyth Park)

노스 캐롤라이나

North carolina

60.
미국에서 가장 큰 집 빌트모어 하우스

2017년 7월 13일 목요일

노스 캐롤라이나 애쉬빌(Asheville, North Carolina).

블루리지 마운틴(Blueridge Mountains)이 있고, 프렌치 브로드 강과 스와노아 강(French Broad River 와 Swannanoa River)이 흐른다. 초기에는 체로키 인디언이 살았다. 1540년 스페인의 탐험가 헤르난도 데 소토(Hernando De Soto)가 유럽인들을 데리고 왔다. 그들이 올 때 질병도 가지고 왔다. 새로운 질병에 대하여 면역항체가 없는 체로키 인디언들의 인구가 현저히 감소하였다.

2013년 기준, 애쉬빌 인구 87,300여 명 중 78% 백인, 아시안은 0.92%, 미국에서 살기 좋은 도시, 행복한 도시, 예술과 맥주의 도시, 가장 아름다운 도시로 뽑혔다. 애쉬빌에 오면 꼭 가봐야 할 곳이 있다. 바로 빌트모어 빌리지이다. 이곳은 빌트모어 하우스와 가든(Biltmore House and Gardens)으로 구성되어 있다.

이 집의 역사는 네덜란드 이민자 후손이며 뉴욕에서 태어난 뉴욕

애쉬빌 빌트모어 하우스

의 갑부 코넬리우스 밴더빌트부터 시작된다.

코넬리우스 밴더빌트 Cornelius Vanderbilt(1794~1877).

뉴욕 스테이튼 아일랜드(Staten Island) 출생으로 철도 산업과 운송업으로 부를 축적하였다. 자선 사업가로서 그가 남긴 재산은 2016년 가치로 $215 billions(이천백오십억달러)였다. 그가 남긴 말 중에 "You have undertaken to cheat me. I won't sue you, for the law is too slow. I'll ruin you." "너는 나를 사기 치려고 한다. 나는 너를 소송하지 않겠다. 왜냐면 법은 너무 느리기 때문이다. 나는 너를 파괴할 것이다." 사촌과 결혼한 그에게는 14명의 자녀가 있었다. 그중 윌리엄 헨리 밴더빌트(1821~1885), 그는 뉴저지에서 출생하였고 뉴욕 철도와 다른 지역 철도를 소유하였다.

윌리엄 헨리 밴더빌트의 막내아들, 죠지 워싱턴 밴더빌트 2세 (1862~1914), 뉴욕의 스테이튼 아일랜드 출생, 할아버지 코넬리우스와 아버지 윌리엄로부터 많은 재산을 물려받은 그 역시 자신의 증기선, 철도 산업, 그 외 다양한 사업으로 부를 축적하였고, 미술품 수집가이기도 했다. 죠지는 가족 소유의 여러 집을 오가며 살다가 1888년 자신의 컨츄리 집을 짓기로 결심하고, 노스 캘롤라이나 애쉬빌을 방문, 산림 130,000에이커를 구입했다. 1889년 공사 시작 후 6년 후인 1895년에 프랑스 르네상스 스타일의 대저택을 완공하였고, 정원, 농장, 말 농장, 도로도 건설했다.

그는 로드 아일랜드 출생 에디트(Edith Stuyesant Dresser)와 프랑스 파리에서 결혼, 이탈리아에서 4개월의 허니문 여행 후, 애쉬빌 빌트모어 하우스로 돌아왔다. 이 부부에게 딸 코넬리아(Cornellia Stuyesant Vanderbilt)가 태어났다. 죠지 워싱턴 밴더빌트 2세 사망 후, 에디트는 미국 정부를 위하여 산림국에 1에이커당 $5도 안되는 금액으로 85,000에이커를 팔았다. 그 이후에는 경제적 어려움으로 인하여 땅을 팔았고 현재 8,000에이커만 남았다.

코넬리아에게는 아들 둘이 있었다. 죠지 헨리 밴더빌트 세실과 윌리엄 앰허스트 밴더빌트 세실. 1930년, 애쉬빌 시는 대공황을 이겨내기 위하여 빌트모어 하우스를 일반인에게 공개하기를 원했고 코넬리아는 집을 일반인에게 공개하였다. 1942년, 2차 세계 대전 기간에 워싱턴 디씨 국립 아트 갤러리의 미술품을 빌트모어 하우스에서 무료로 보관하였다.

빌트모어 하우스에 가치가 없다고 생각한 큰아들 죠지는 빌트모어 농장을 상속받았고, 둘째 아들 윌리엄은 빌트모어 하우스를 상속받았다. 그러나 둘째 아들 윌리엄은 그 이후 와이너리와 호텔 두 개를 오픈한다. 윌리엄의 아내 메리 리 라이언(Mary Lee Ryan)은 케네디 대통령 부인 재클린 리 부비에르(Jacqueline Lee Bouvier)와 사촌지간이다. 메리의 엄마와 재클린의 엄마가 자매였다. Lee의 가족 전통으로 메리와 재클린은 결혼할 때 Lee의 할머니가 입었던 똑같은 면사포를 입었다.

현재 빌트모어 하우스는 빌트모어 하우스를 지은 죠지 워싱턴 밴더빌트 2세의 3대 후손(윌리엄과 메리의 딸과 아들)이 소유, 운영하고 있다.

캘리포니아에 허스트 케슬(Hearst Castle)이 있다.
허스트 케슬은 대지 127에이커(57헥타아르), 총 165개의 방, 세 개 건물 총 규모 90,000스퀘어피트 이상(8,361㎡ 이상)이다.

노스 캐롤라이나 애쉬빌의 빌트모어 하우스는 8,000에이커(3,237헥타아르), 총 250개의 방, 건물 면적 4에이커(174,240스퀘어피트, 16,187㎡)이고, 그 당시 아무도 사용하지 않았던 전기 시설을 갖추었고, 전기 엘리베이터, 난방 시스템, 워크인(walk in) 전기냉장고, 화재 경보, 10,000권 이상의 책이 소장된 도서실, 1톤 되는 수제품 당구대, 진품 미술품, 70피트 높이의 연회장, 겨울에도 즐기는 실내 정원, 음악실, 전망대, 볼링장, 온수 수영장(전기로 물을 데움), 운

동실, 씨가 룸(cigar room), 세탁장, 빨래 건조방이 있고, 정원으로
는 이탈리안 가든, 250개 이상 종류의 로즈 가든, 철쭉 정원, 월드
가든(Walled garden), 스프링 가든 등이 있다. 입구에서 집까지 3
마일(약 4.8km)이다. 방문객들은 가이드 없이 오디오 가이드를 이
용하여 관람할 수 있다. 주의할 점은 셀카봉과 비디오 카메라 금지
이다.

다시 차를 타고 와이너리와 호텔로 갔다. 이곳에서는 다양한 야외
활동 및 운동을 할 수 있다. 스웨그웨이(Swegway), 자전거, 카약
등을 렌트할 수 있다. 남친과 나는 자전거를 타고 해바라기 꽃길, 말
이 한가로이 풀을 뜯고 있는 목장길, 강변길, 숲길을 달렸다.

이번 캠핑카 여행하면서 나의 꿈 중의 두 개를 이루었다. 그중 하
나는 자전거 타고 전원을 달리는 것이었다. 매일 이랬으면 좋겠다.
아니 일주일에 한 번이라도. 그리고 또 하나는 여행하면서 도심 속
박물관만 쫓아다니는 것이 아닌 여행 속에, 자연 속에 나를 넣는 것
이다. 자전거 타면서, 산책하면서, 호수에서 수영 하면서 자연이 되
고 싶었다.

빌트모어 농장 주차장에서 한 미국 노인이 우리의 캠핑카 번호판
을 보고 캘리포니아에서 왔는지 물었다. 그렇다고 하자 어느 도시
에서 왔는지 또 물었다. 로스앤젤레스, 좀 더 정확히 말하면 파사디
나 바로 옆. 그러자 그는 작년에 사우스 파사디나(South Pasadena)
에서 애쉬빌로 이사왔다고 했다. 우리 동네 바로 옆이다. 사우스 파

사디나에서 태어난 (청년)아들과 함께 빌트모어 농장으로 자전거를 타러 왔다.

스토리를 남기는 것, 역사를 남기는 것, 유산이 크든 작든, 상속받은 재산을 까먹지 않고 더 키우면서 동시에 사회와 함께 나누는 것, 어렵지만 해내는 사람이 있다. 빌트모어 하우스에서 이 모든 것을 볼 수 있다.

빌트모어 해바라기 농장

미시시피 강 동쪽에서 가장 높은 미첼 산

2017년 7월 15일 토요일

애쉬빌 북쪽에는 거대한 블루 릿지 산맥(Blue Ridge Mountains)이 있다. 블루 릿지 산맥은 아팔라치안 산맥(Appalachian Mountains)의 한 부분이다. 4억 8천만 년 전에 생성된 아팔라치안 산맥은 미국 동부에 위치하고 있으며 약간 비스듬히 남북으로 길게 뻗어 있다. 대부분의 산맥이 미국(13개 주)에 속하여 있지만 북쪽으로는 캐나다, 그리고 프랑스 영토(세인트 피에르와 미켈론)까지 올라간다. 아팔라치안 산맥은 하이킹 코스로도 유명하다. 트레일은 2,189마일 (3,523km)로서 완주하기 위해서는 5개월에서 7개월 반 정도가 소요된다. 그러나 산세가 험하고 야생 동물도 많고 물이 귀해서 철저한 준비가 필요하다. 트레일 시작한 사람들 중 20%만이 완주한다고 한다. 아팔라치안은 자연 침식이 일어나기 전에는 록키산맥, 알프스 높이와 비슷하였다.

블루 릿지 산맥에는 125개의 산봉우리가 있다. 모두 5,000피트 (1,500m)가 넘는다. 그중에 가장 높은 봉우리가 미첼 산(Mt. Mitchell

6,684피트, 2,037m)이다. 이는 아팔라치안 산맥의 최고봉이기도 하다. Mt.는 mountain이 아니라 Mount로 산 정상 이름 앞에 쓴다. 에베레스트산 "Mount Everest." Mountains은 산맥 이름 뒤에 쓴다. "Blue Ridge Mountains" 블루 릿지 산맥. "Appalachian Mountains" 아팔라치안 산맥.

어릴 때 학교에서 해발(sea level)이라는 말을 배웠다. 해발 1,000m, 해발 1,500m… 그런데 미국에서는 elevation을 쓴다. 그러면 해발(seal level)과 고도(elevation)는 무엇일까? 같은 걸까? 틀린 걸까?

ELEVATION is the height of a point above (or below) sea level. SEA LEVEL or, as it is more usually called, mean sea level, is the average height of the surface of the sea. As the tide rises and falls, hourly observations of the height of the sea on an open coast are conducted over a 19-year period. 고도(elevation)는 바다 수면 위(또는 아래)의 높이를 말한다. 해발(sea level)은 19년 주기로 밀물과 썰물 때에 매시간 관찰한 바다 수면 위의 평균 높이다.

AGL Above Ground Level
ASL Above Sea Level
위 두 가지 용어는 항공기 조종사들이 사용한다.

미첼산을 알아보는 중 흥미로운 것을 봤다.

Elevation	6,684ft (2,037m)
Prominence	6,089ft (1,856m)
Isolation	1,189miles (1,914km)

Elevation는 알겠고, Prominence? Isolation? 무슨 뜻인지 모르겠다. 이 세 가지를 이해하려고 노력하다가 캠핑카 여행은 커녕 지질학자가 되겠다. 이 정도로만 하자.

엘리샤 미첼(Elisha Mitchell).

1793년에 태어나서 1857년에 사망한 그는 목사이면서 교육자, 화학자, 지질학자로서 미시시피 강 동쪽 지역에서 미첼 산이 가장 높다는 걸 증명한 사람이다. 그의 이름을 따서 미첼 산이 되었다. 그의 무덤이 미첼 산 정상에 있다. 정상까지는 거의 대부분의 사람들이 쉽게 오를 수 있다. 자동차로 애쉬빌에서 블루 릿지 파크웨이를 따라 정상인 미첼까지 간다. 주차하고 10분 정도 천천히 걸어가면 미첼 정상에 이른다. 고도가 높은 관계로 가끔 침을 한 번씩 삼키면 된다.

'길이 과연 존재할까'라고 의심이 생기는 숲속 도로 블루 릿지 파크웨이(Blue Ridge Parkway, 총 길이 469마일 755km)에는 원시림처럼 나무가 빼곡히 들어차 있다. 구불구불~ 구불구불~ 사람들조차도 드문드문, 차량도 간간이, 길 전체가, 산 전체가 촉촉이 젖어 있다. 안개로 덮여 있다. 전망대에 서서 산과 산 아래의 풍경을 바라본다. 계곡으로 차분히 내려앉은 구름, 바람에 실려 고개를 넘어가는 구름, 바로 내 앞에서, 손을 뻗으면 닿을 것 같은 거리에서 스쳐 가는 구름, 가볍고 청량한 물기가 얼굴에 와 닿는다. 1초도 멈추지 않고 얼굴을 바꾸는 구름은 산의 모습도 수시로 바꾸어 놓는다. 비가 쏟아지기도 하고, 어두워지고, 청명해지고, 구름으로 얼룩지고, 또다시 어두워지고, 청명해지고, 산은 그대로이지만 구름에 따라서 하루가 다르고, 반나절도 다르고, 1분의 운명이 달라진다. 사람들은 그 운명을 보러 산에 오른다. 미국은 땅덩어리가 크고 구경할 곳이 많아서 그런지 주립 공원 임에도 붐비지 않는다. 그래서 좋다. 붐비지 않아서.

미국 미시시피 강 동쪽으로 가장 높은 미첼산(2,037미터). 팻말 뒤에는 미첼 박사의 묘

미첼산에 있는 레스토랑에서 숭어구이로 이른 저녁 식사를 하고 올라왔던 길 반대 방향으로 블루 릿지 마운튼 파크웨이를 달렸다. 구글 맵이 되지 않았다. 와이파이 시그널이 끊어졌다. 얼마만큼을 더 가야 다음 도시가 나오는지 알 수가 없었다. 다른 자동차 운전자에게 가서 북쪽으로 가면 어떤 도시가 나오고, 얼마를 더 가야 되는지 물었다. 그들도 작은 지도 한 장 들고 자신감 없는 답변을 해주었다. 결국 캠핑카 여행 후 한 번도 사용하지 않은 지도책을 펼쳤다. 그리고 애쉬빌로 되돌아가는 것이 가장 짧은 루트라는 것을 알았다. 어차피 테네시주 내쉬빌에 가기 위해서는 애쉬빌로 가야 하니까. 다시 비와 구름에 젖은 숲길을 구불구불 내려갔다. 아름다운 도시 애쉬빌, 안녕~

테네시

Tennessee

컨추리 음악의 도시 내쉬빌

2017년 7월 15일 토요일

노스 캐롤라이나 I-40번 고속도로 서쪽 방면을 따라 거대한 아팔라치안 산맥을 넘었다. 그리고 노스 캐롤라이나와 테네시 주 경계를 지났다. 테네시의 내쉬빌 도착 전, 고속도로 휴게소에서 분덕했다(boondock).

2017년 7월 16일 일요일

내쉬빌, 컨츄리 음악의 도시이다. 방문할 곳이 많지만 그중에 하나 컨츄리 음악을 녹음한 RCA Studio B가 있다. 투어 할 수 있다. 이 스튜디오에서 엘비스 프레슬리(Elvis Presley), 짐 리브스(Jim Reeves), 돌리 파튼(Dolly Parton), 윌리 넬슨(Willie Nelson) 등의 많은 가수들이 녹음했다. 또 하나, 그랜드 올 오프리(Grand Ole Opry)이다. 1925년에 설립된 오프리는 거의 매일 같이 컨츄리 음악 공연이 열린다.

남친은 컨츄리 음악 팬이 아니라서 내쉬빌에 별 관심이 없다. 내쉬빌이 미국 서쪽으로 가는 길목뿐이라나. 뭐라고? 그럼 나는? 나는 떵떵 거리는 컨츄리 음악도 좋아하는데…. 아무 말도 하지 않았다. 얼마 전 우리는 이메일로 열심히 다투었다. 그래, 니가 운전하고, 캠핑카도 니꺼니까, 니 맘대로 하시오.

밋밋하고 무관심한 상황에서 남친이 영화를 보러 가자고 했다. "오늘, 일요일인데, 영화관도 주차장도 붐비지 않을 거야." 그러나 그렇게 여유를 부리다 영화관에 도착하자 주차장에는 한 치의 여유도 없이 다 차 버렸다. 남친의 예견이 자주 빗나간다. 그러자 남친은, "그러면 RV파크에 체크인하고, 저녁 식사하고 다시 오자." 라고 말했다. 내쉬빌 북쪽 굿릿츠빌(Goodletsville)에 있는 그랜드 올레 RV 리조트에 체크인했다. 영화 보러 가기로 하여 훅업을 하지 않았다. 그리고는 그대로 잠들어 버렸다.

그랜드 올레 RV파크(Grand Ole RV Resort).

넓은 캠핑장(campsite)도 있지만 대부분 캠핑장 크기가 작고 좁았다. 캠핑카들이 다닥다닥 붙어 있었다. 너무 가깝게 붙어 있어서 캠핑카 처마도 내리지 못했다. 피크닉 테이블도 없다. 마치 사용하지 않는 캠핑카들을 보관하고 있는 것 같았다. 좁은 땅에 100개가 넘는 캠핑장을 만들다 보니 그렇게 되었다. 일부 여행객들은 인터넷에 불평하는 글을 올렸다. 너무 좁고 패티오(마당, patio)도 없다고. 그럼에도 RV리조트는 거의 꽉 찼다. 다행히 우리 캠핑자리는 처마를 펼칠 수 있는 공간도 있었고 패티오도 있었다.

2017년 7월 17일 월요일

어제 보지 못한 영화를 봤다. 플래닛 오브 에입스(Planet of Apes), 3D로 봤다. 다툰 후에 영화를 봐서 그런지 별 흥이 없다.

RV파크 밤하늘 속에 모닥불 냄새가 났다. 도란도란 이야기가 들렸다. 웃음이 흐르고… 바베큐 냄새가 밤하늘에 피어오르고… 기차가 빠앙~ 기적을 울리며 칙칙폭폭~ 지나갔다.

2017년 7월 18일 화요일

테네시 그랜드 올레 RV 리조트에서 체크 아웃 후에 공원에서 자전거를 탔다. 투 리버스 파크(Two Rivers Park)에서 시작하여 제이퍼시 프리스트 댐(J. Percy Priest Dam)까지 가는 자전거 길. 약 9마일(14.48km)이다.

오르락내리락, 오르락내리락, 열심히, 힘차게 페달을 밟았다. 사슴이 숲속에서 나왔나 보다. 남친이 "사슴이다!"라고 조용히 외쳤다. 그러나 나는 사슴 볼 겨를이 없다. 열심히 페달을 밟고 언덕을 오른 후 사라지는 사슴 뒷모습만 봤다. 자전거의 기어를 아직 사용하지 못하는 나는 언덕을 오를 때 페달을 밟고 또 밟았다. 자전거 의자에 앉은 채로. 영~차 영~차, 누가 안 밀어주나? 모른 척하던 남친이 기어 사용법을 가르쳐 주었다. 그리고 언덕을 올라갈 때 서서 페달을 밟으면 더 쉽다고 했다. 자전거를 서서 탄다? 아직은… 쉽지 않다. 대신 굳세게 앉아서 페달을 밟고 언덕을 올라갔다. 댐까지 거의 다 왔을 때 자전거 도로가 공사 때문에 차단되었다. 댐까지 갈 수 있는 방법이 없었다. 다시 공원으로 되돌아왔다. 되돌아오는 길에도 언덕을 오를 때나 평평한 길을 갈 때나 앉은채로 페달을 밟으면서, 부지런히, 열심히, 끈기 있게, 힘겨우면 자전거 끌고 언덕을 올라가기도 하고, 1시간 50분 동안 자전거를 탔다. 캠핑카에 돌아와 샤워하고, 내쉬빌에 있는 Korea House(한국집)에서 돼지 불고기를 먹고, 그리고 다시 캠핑카에 올랐다.

일리노이, 미주리,
켄터키, 네브라스카

Illinois, Missouri,
Kentucky, Nebraska

63.

미국 횡단 Driving by zone 1

7월 19일 수요일. I-64번 서쪽 방면 고속도로의 한 휴게소에서 눈을 떴다. 점점 더 추워진다.

미주리 주의 세인트 루이스(St. Louis). 일리노이주와 미주리 주 경계인 미시시피 강을 건너면서 강변에 있는 세인트 루이스상징인 게이트웨이 아치(Gateway Arch)를 보았다. 다리를 건너자 세인트 루이스 야구팀 카디널스(Cardinals)의 부쉬 스태디엄(Busch Stadium)과 다운타운이 나왔다. 여행하면서 한적한 시골만을 보다가 로스앤젤레스보다는 훨씬 덜 붐비는 세인트 루이스 다운타운 교통 체증을 보자마자 이곳에서 어떻게 사나 걱정되었다. 좀 쉬었다 가자. 스타벅스에 들어가 숨을 돌렸다.

다시 I-64번 고속도로 서쪽, I-70 서쪽 방면, 미주리 주 캔사스 시티(Kansas City), I-29 북쪽 방면, 아이오와를 살짝 지났다.

지금까지 미국에서 가장 긴 미주리 강을 네 번이나 건넜다. 로키 산맥에서 시작한 미주리 강은 2,341마일(3,767.47km) 여행 후, 미주리주 세인트 루이스에서 미네소타주 북쪽에서 흘러 내려오는 미시시피 강으로 합류된다. 그리고 미시시피 강은 멕시코만으로 들어간다. 미주리 강은 미시시피 강보다 21마일(33.80km) 더 길다.

I-29번 북쪽 방면, 네브라스카 오마하(Omaha)에서 I-80번 서쪽 방면으로 들어섰다. 대부분의 미국인들은 미국의 가운데는 볼 게 없다고 한다. 인구도 많지 않고. 대부분의 비행기는 중부를 건너뛰고 동부에서 서부, 또는 서부에서 동부로 간다. 그래서 미국 중부 지역을 플라이 오버 존 또는 플라이 오버 스테이잇(flying over zone 또는 fly over states)이라고 한다. 그러나 우리에게는 비행기 대신 캠핑카로 지나가는 지역, driving by zone이 되었다. 통과 통과 통과. 하지만 통과만 하는 땅임에도 불구하고 특별했다. 볼 것 없어도 넓은 땅, 텅 빈 땅이라도 자연은 자연이다. 3, 4일 동안 두세 개 주를 횡단하면서 가도 가도 끝이 없는 옥수수밭. 그 넓은 평야가 있어도 농부들을 딱 한 번 봤다.

네브라스카 그랜드 아일랜드(Grand Island) 근처의 한 고속도로 휴게소에서 또다시 노숙(boondock)했다. 휴게소 입구에 이런 안내판이 있었다. "No Camping. Max 10 hour Parking. 캠핑 금지. 최대 10시간 주차" 10시간 쉬면서 아예 잠까지 자 버렸다.

2017년 7월 20일 목요일
또다시 고속도로 휴게소에서 아침을 맞이했다. 우리 캠핑카 앞에도 다른 캠핑카가 있었다. 휴게소에는 그랜드 아일랜드 역사를 보여 주고 있었다. 특히 몰몬교에 대한 역사가 진열되어 있다.

베일리 야드(Bailey Yard).

네브라스카의 노스 플레이트(North Platte)에 있으며 유니온 퍼시픽 철도 회사(Union Pacific Railroad Company)가 운영하는 세계에서 가장 큰 기차 조립, 수리 회사이다. 창립자의 이름을 딴 베일리 야드(Bailey Yard)는 총 규모 2,850에이커(1,153헥타아르), 험프(Hump) 2개, 철로 400개, 철로 총 길이 8마일(12.9km), 2,600명 직원이 24시간 작업, 하루에 10,000대의 량(car-기차의 한 칸, 한 량)을 수리, 조립, 분류한다. 베일리 야드는 기차의 특성상 회사의 부지가 길다. hump라는 곳이 있다. 언덕처럼 살짝 높은 곳이다. 하루에 수천 대의 량이 험프를 넘어 아래로 내려갈 때 하나하나 분류된다. '너는 이쪽으로 가거라, 나는 저쪽으로 갈께.' 그리고 미 전국으로 보내어진다. 여객 철도는 없다. 모든 시설이 한 눈에 다 보이는 전망대가 있다. 골든 스파이크 타워(Golden Spike Tower). 입장료 일인당 $8, AAA 보험 디스카운트해서 $6. 전망대에서 베일리 야드 전체와 그 안에 전시된 역사 자료를 볼 수 있다.

베일리 야드

64.

미국 횡단 Driving by zone 2

2017년 7월 20일 목요일

아직도 I-80번 고속도로 서쪽 방면으로 가고 있다. 네브라스카를 지나 와이오밍주에 들어섰다. 그리고 와이오밍 주도인 샤엔(Cheyenne).

캠핑카 냉장고에 이상이 생겼다. 음식이 상하기 전에 전기를 꽂아야 한다. 그리고 무슨 문제인지 알아야 한다. 만약 이상이 있으면 RV수리 센터에 가야 한다. 냉장고의 파워는 운전할 때는 프로판 가스, 전기에 훅업할 때는 전기로 자동으로 전환된다. 급하게 와이오밍 라라미(Laramie)에 있는 코아 RV파크(KOA RV Park)에 체크인했다. 바지런한 남친이 냉장고 점검한 결과, 냉장고의 프로판 가스 점화가 약했다고 했다. 그렇다면 프로판 가스 문제?

2017년 7월 21일 금요일

라라미를 떠났다. I-80번 고속도로 서쪽 방면. 이 고속도로를 타고 서쪽으로 계속 가면 캘리포니아 새크라멘토에 도착한다. 그러나 우리는 와이오밍 잭슨과 티튼 국립 공원, 옐로스톤 국립공원에 가기 위하여 191번 지방도로 북쪽으로 방향을 바꾸었다.

와이오밍 파인대일(Pinedale)이라는 작은 시골 마을 에이스 철물점(ACE Hardware) 주차장에 주차하고 캠핑카에서 저녁 식사를 했다. 연어구이와 샐러드, 연어를 신선한 딜(Dill)을 뿌려서 구웠더니 정말 맛있었다. 그전에는 말린 딜을 이용했었는데 역시 신선한 재료가 최고다. 여행의 피로가 풀린다. 철물점 주차장에 쉐리프(sheriff)와 트루퍼(trooper: 도로 순찰 경찰)가 순찰하고 있다. 주차장 경비를 서나? 서둘러 설거지하고 다시 191번(189번과도 같은 도로) 북쪽으로 달렸다.

데니엘 물고기 부화장 앤드 퍼블릭 액세스(Daniel Fish hatchery and public access), 혹시나 이곳에서 오늘 밤 분덕할 수 있지 않을까 장소를 보러 들어갔다. 간간이 집이 한두 채 있고, 집이 있어도 빈집 같은, 벌판, 구릉, 보랏빛 야생화, 사슴 가족만이 있었다. 하늘에는 독수리인지 커다란 새가 제자리에서 날개짓을 했다. 초저녁 햇살이 스마트폰 렌즈 속에서 날카롭게 선을 그었다. 얼마큼을 더 가야 하나? 기름이 충분히 있는지 남친에게 물었다. 데니엘 물고기 부화장에 도착하니 출입할 수는 있지만(Public access) 밤샘 주차는 금지라고 써있다. 다시 191번 도로로 나왔다. 어찌 보면 다행이다. 가도가도 보이지 않는 길에서, 와이파이도 되지 않는 곳에서 기름이 떨어지면 안 되니까.

잭슨까지는 아직도 갈 길이 멀어 오늘 밤도 어딘가에서 자야된다.

큰 고속도로에는 그나마 휴게소가 있지만 지방 도로에는 아무것도 없다. 마을도 작아서 분덕 할 만한 곳이 없다. RV파크도 없다. 아니 있어도 와이파이가 되지 않아 찾을 수가 없다. 점점 어두워졌다.

"어, 저게 뭐지?" 지나쳤다. 캠핑장(Campground)이라고 쓰여 있는 사인을 분명히 봤다. 멀리서 다른 캠핑카들이 주차해 있는 것도 보였다. 헛것 본 것이 아니기를 바라며 남친은 좁은 지방 도로에서 캠핑카를 돌렸다.

워렌 다리 캠핑장(Warren Bridge Campground). 작은 다리를 지나자, 캠핑장 사무실이 없다. 공짜? $10이라도 좋아, 빈자리가 있다면. 화장실, 안내판(안내판이 사무실이다), 이게 다였다. 어떻게 하는 거지? 관리인이 다가왔다. 하룻밤에 $10. 정말 $10이다. 자리는 빈자리 아무 데나. 우리는 $10을 관리인이 준 봉투에 넣어 돈 박스에 넣었다. 와이오밍주 정부가 운영한다. 그러나 훅업 없다. 드라이 캠핑이다. 빈자리가 많았다. 나는 관리인에게 "여기 정말 맘에 들어요!"라고 말하는 순간 물렸다. 플로리다를 떠난 후 한동안 모기에 물리지 않은 나는 어김없이 모기에게 횡재가 되었다. 서둘러 캠핑카 안으로 들어왔다. 한 마리가 따라 들어왔다. 분명히 내 귓가에서 잉~잉하는 소리를 들었는데 찾지 못했다.

넓은 허허벌판에 열 대 남짓 크고 작은 캠핑카가 있다. 키 작은 나무들이 듬성듬성, 그린 강(Green River)의 졸졸졸 강물 소리와 일몰, 일출만 존재하는 곳이다.

워렌 브릿지 캠핑장

오늘 밤 기온이 화씨39도(섭씨 3.9도)라는데 남친이 걱정한다. 프로판 가스가 얼마 없단다. (프로판 가스가 난방 연료이다.) 우리는 어제 마시다 남은 레드와인을 마셨다. 남친의 고급 와인 글라스를 내가 깨뜨린 이후 작은 물컵에 와인을 마신다. 작은 물컵의 와인, 맛이 나지 않았었다. 그런데 오늘은 달랐다. 도시가 아닌 벌판에서, 인적이 없는 곳에서, 캠핑카만 몇 대 쉬는 곳에서 물컵으로 마신 와인, 취기가 올랐다.

남친은 좁은 캠핑카 안을 왔다 갔다 하며 뭔가를 했다. 밖에서 찬 기운이 들어 오지도 못하고, 실내의 온기가 밖으로 나가지 못하도록 모든 창문에 은박으로 된 해 가리개(sun shade)로 가렸다. 천장에 있는 3개의 환기 창문은 두꺼운 커버로 막고, 침대는 여러 겹의 시트로 덮었다. 남친은 침대 속으로 들어가는 방법을 나에게 설명했다. 침대 가장자리에 꾹꾹 집어 넣은 시트를 다 열어젖히고 침대 속으로 들어가지 말고, 침낭에 들어가는 것처럼 침대 속으로 쏙 들어가라고. 식탁에 앉은 토마스도 추운지 야옹~ 했다. 토마스를 데리고 침대 위에 놓자 아늑함을 느꼈나 보다. 금세 자리를 차지하고 잠 잘 자세를 잡았다. 나는 이불 위에 누었다. 새벽에 추어지면 이불 덮어야지. 왼쪽에는 남친, 오른쪽에는 토마스. 남친과 토마스에게 방해가 되지 않도록 가능하면 중간에서 움직이지 않으려고 한다. 자면서도 초점을 잃지 말아야지.

나는 요란하게 잔다. 똑바로 누워서 자다가도 온몸이 근질근질해지면 몸을 사방팔방으로 움직여 줘야 시원하다. 그러나 자면서 생각한다. 배는 절대 깔고 자지 말자, 옆으로 눕지 말자, 탄력 잃은 얼굴에 생기는 깊은 주름살을 한 줄이라도 막기 위하여. 그리고 나는 늘 춥다. 추어서 긴 소매, 긴 바지 잠옷, 수면 양말을 신고 잔다. 이불을 다 차 던지고. 이해 못 할 일이다.

날이 밝기도 전에 이곳에 더 머물고 싶어졌다. 이런 곳이라면 글이 저절로 써지고 마음이 술술 풀릴 것 같다. 이런 곳이라면 숨소리와 잠자는 소리가 그린 리버처럼 맑아질 것 같다. 이런 곳이라면 아무것도 하지 않고 허허벌판에 서 있는 것만으로도 인생의 맛을 다 느낄 것 같다. 혹독한 자연의 쓴맛, 그 속에서 피어 나는 자연의 단맛.

2017년 7월 22일 토요일

이곳, 허허벌판에서 아침 일찍 눈을 떴다. 해가 뜬다. 차가운 공기를 들이 쉬고, 기지개를 피고, 싸늘해진 팔을 문지르고, 텅 빈 하늘과 벌판을 보았다. 모기들은 자취를 감추었다.

텅 빈… 하늘.

텅 빈… 벌판.

텅 빈… 마음.

내가?

마음을 비우기 힘든 나… 그래도 비우자….

겨울의 얼음장 밑에서 흐르는 것 같은 청아한 그린 리버를 기억하자.

누가 중부 지역을 플라이 오버 존(fly over zone)이라고 했던가? 비록 로스앤젤레스처럼 헐리웃이 없어도, 비록 플로리다처럼 디즈니 월드가 없어도, 비록 옐로스톤 국립공원처럼 많은 관광객들이 없어도, 고텐버그의 포니 익스프레스 우체국, 노스 플레이트(North Platte)의 베일리 야드, 워렌 브릿지 캠핑장과 그린 리버, 오직 드라이빙을 하면서 볼 수 있는 곳이다.

65.
6,000마일…, 7,000마일…, 8,000마일…
(9,656km…, 11,265km…, 12,874.75km….)

2017년 7월 12일 수요일

노스 캐롤라이나 애쉬빌 가는 길, 6,000마일(9,656km) 돌파. 캠핑카 여행한 지 3개월 22일 만이다.

2017년 7월 19일 수요일

미주리 세인트 루이스를 지나서 7,000마일(11,265km) 돌파, 캠핑카 여행 4개월째.

2017년 7월 21일 금요일

20일부터 와이오밍을 달렸다. 와이오밍 주 동쪽에서 서쪽으로. 멀다. 금요일 오후 3시쯤, 8,000마일(12,875km), 4개월하고 3일. 7월 19일부터 7월 21일, 3일 동안 1,000마일(1,609km) 운전했다. 그래도 성이 차지 않았다. 계속 달렸다.

나는 엘에이에 살면서 기껏해야 하루에 20마일(32km)정도 운전하고, 멀리 가봐야 50마일(80km)정도였다. 드물게 네바다주 라스

베가스까지 가 본 적이 있지만 4개월 동안 7,000마일 달린 것은 나에게는 기록이다. 그렇다면 미국 모든 주를 다 달리면 거리가 얼마나 나올까? 알라스카는 빼고라도. 다시 한 번 넓은 대륙을 실감한다.

와이오밍

Wyoming

66.
잭슨과 한국 전쟁

2017년 7월 22일 토요일

다시 191번 고속도로 북쪽 방면. 와이오밍 잭슨까지는 약 60마일(약 97km) 남았다. 제한 속도대로 가면 1시간 정도 걸린다.

잭슨. 와이오밍 주의 잭슨 홀(Jackson Hole) 계곡에 있는 마을이다. 그래서 잭슨 홀이라고도 부른다. 주민들은 약 11,000여 명으로 작은 마을이고, 고도 1,901m(설악산 1,708m, 한라산 1,950m, 지리산 1,915m)에 자리 잡고 있다. 잭슨에는 3개의 스키 리조트가 있고, 시내 번화가에는 타운 광장(The Town Square)이 있다. 관광객들이 많이 붐비는 곳이며 주변에 관광용품 상점들이 즐비하다. 광장 입구 네 곳에는 사슴뿔로 만든 아치(Elk Antler Arch)가 있다.

타운 광장(The Town Square)에는 군인 동상이 있으며, 잭슨 출신 참전 용사들의 이름이 새겨져 있다. 작은 글씨를 위에서 아래로, 왼쪽에서 오른쪽으로 살펴 내려갔다. 당연히 있을 거야 라고 확신하고. 맞다. 한국전에 참전한 용사 이름도 있다. 무려 7명. 그 옛날,

1950년대, 이 산간벽지에서 온 미스터 잭슨들이 대한민국을 지켰다.

잭슨의 야생 동물 국립 미술 박물관에는 앤디 워홀(Andy Warhol)
과 죠지아 키피(Georgia O'Keefee) 작품도 있다.

잭슨에서 북쪽으로 가면 그랜드 티톤 국립 공원(Grand Teton
National Park)이 나오고, 옐로스톤 국립 공원(Yellowstone National
Park)이 있다.

조금 더 달리자, 옐로스톤을 향하여.

67.
똑 똑 똑 공원 순찰대입니다

2017년 7월 22일 토요일

　멀리서 희미하게 보였던 산들이 점점 커지면서 산 중턱과 정상에 드문드문 눈이 쌓인 것도 보였다. 7월인데, 산은 얼마나 높고, 산 위는 얼마나 춥길래, 아직도 눈이 쌓여 있나, 산 아래는 이렇게 더운데….

　그랜드 티톤 국립 공원 입구(Grand Teton National Park).

　옐로스톤 국립 공원에서 남쪽으로 10마일(16km) 떨어진 곳에 있다. 와이오밍 잭슨에서 옐로스톤으로 가려면 지나가는 곳이다. 프랑스어로 여자의 가슴을 뜻하는 티톤은 옐로스톤 못지않은 아름다운 자연을 가지고 있다. 191번 고속도로 옆에 국립 공원 이름이 커다랗게 쓰여 있는 간판과 턴아웃(turnout) 겸 작은 주차장이 있다. 사전에서 turnout이란 참가자 수, 투표율을 뜻한다고 나와 있다. 그러나 고속도로에서는 또 다른 뜻이 있다. 1차선 도로에서 서행하는 차량이 turnout(임시 갓길)으로 빠져나가서 뒤에 따라 오는 다른 차량들에게 먼저 가시오 라고 양보하는 곳을 말한다. (Turnout:

short side track, space, spur, etc, that enables trains, automobiles, etc, to pass one another or park.) 일부 지역에는 풀아웃(pullout)이라고도 한다. 시골의 좁은 도로, 특히 오르막길에서 볼 수

그랜드 티톤 국립공원

있다. 따라서 자신이 천천히 운전한다고 생각하면 도로를 점령하지 말고 풀아웃으로 나가거나 가장 오른쪽 차선으로 가서 다른 운전자들에게 양보해야한다.

우리는 이곳에 캠핑카를 주차하고 자전거를 내렸다. 고속도로 옆 자전거 도로에서 자전거 타는 사람들이 너무나 부러워서 우리도 자전거를 탔다. 뜨거운 햇살을 무시하고, 아무 건물도 없는, 나무도 없는 자전거 도로, 그로스 벤터 강(Gros Ventre River)를 지나… 잭슨 홀 공항 입구까지 왕복 약 8마일(약 13km)을 탔다.

다시 191번 고속도로 북쪽.

자전거 타고 지나가면서 본 캠핑장에 갔다. 혹시나 오늘 밤을 기대하면서. 그로스 벤터 캠핑장(Gros Ventre Campground). 이곳은 나무가 빼곡하다. 나무 사이 사이로 멀리 눈 쌓인 산이 보인다. 혹시나 빈 자리가 있을까? "만원(Full)." 입구에 팻말이 붙어 있다. 다시 191번으로 나왔다.

　밤이 너무 자주 온다. 또 자야 할 시간. 중간중간에 캠핑장(camp grounds)을 확인했지만 이미 다 찼다.

　그랜드 티톤 국립 공원의 산간벽지. 주유소는 있을까? 구글 맵에서 확인할 수 없다. No service, try again… 헤드워터 랏징 앤드 캐빈(Headwaters Lodging & Cabins at Flagg Ranch) 안내판을 보고 따라 갔다. 그곳 역시 캠핑장은 다 찼다. 시간이 시간인지라 다들 잠을 자기 위하여 캠핑장에 몰려 들었다. 캐빈과 랏지(호텔)는 빈방이 있는지 확인하지도 않았다. 대부분의 국립 공원 랏지는 거의 1년 전에 예약을 해야 한다. 빈방이 있어도 비싸서 남친은 꿈도 안 꾼다. 그리고 캠핑카가 집이며 방이므로 캠핑카를 주차할 공간만 있으면 된다. 텐트와 캠핑카를 위한 국공립캠핑장은 예약할 수 있는 곳도 있지만 대부분 먼저 오는 사람이 임자(first come first service)이다. 따라서 예약 없이 맘 내키는 대로 다니는 우리에게는 하늘에서 별 따기이다.

남친은 헤드워터 랏징 앤드 캐빈에 있는 주유소에서 비싼 기름을 주유하고, 나는 주변을 살폈다. 주유소가 보일 때마다 미리미리 주유한다. 저녁 8시인데도 아직 빛이 있다. 하지만 밤은 어김없이 찾아올 것이다. 잠 잘 장소를 찾아야 한다. 아무리 캠핑카가 있어도 산속에서 노숙할 수 없다. 마을까지 내려갈 수도 없다. 마음이 다급해졌다.

남친이 주유하고 있을 때 버스와 캠핑카 주차장(Bus & RV Parking) 싸인을 봤다. 캠핑장이 아닌 주차장이다. 캠핑카나 버스를 타고 온 사람들이 이곳에 주차하고 호텔에서 숙박하는 것 같다. 넓은 주차장 한쪽에 대형 캠핑카가 주차해 있었다. 주차하고 호텔에서 자나? 그런데… 가만 보자, 캠핑카의 슬라이드가 아웃되었다. 주차장에 주차한 사람이 슬라이드 아웃? 그러면 캠핑?

그곳으로 향했다. 플래그 랜취 정보 센터(Flagg Ranch Information Station) 바로 앞이다. 캠핑밴(캠핑카의 한 종류)도 있었다. 캠핑밴 여행자는 천막까지 치고 식사 준비를 하고 있었다. 우리도 여기서 식사하자. 그리고 쫓겨 날 때까지 자자. 우리도 슬라이드 아웃 했다. 쫓겨 나더라도 이왕이면 넓게 지내야지.

잠시 후, 또 다른 캠핑카가 들어왔다. 승용차도 들어왔다. 모두 우리처럼 잠잘 곳을 찾지 못한 사람들이 우리와 같은 마음(주차장에서 무단 노숙)으로 슬금 슬금 들어 온 것 같다. 또 다른 캠핑카, 또 다른 캠핑카… 주차장이 캠핑장이 되어 버렸다. 어떤 캠핑카는 대범하게 발전기까지 켰다. 웅웅웅~

캄캄해졌다. 멀리서 가로등 불빛이 창문 틈으로 들어왔다. 산 속의 동물, 사람 모두 조용하다. 잠이 오지 않았다. 그래도 자야지.

어설프게 잠이 든 상태에서 남친의 목소리를 들었다. "우리 가야 돼." "왜?" 밖이 훤했다. 눈이 부시도록. 자정인데. 멀리서 목소리가 들렸다. "Park ranger!" 그리고 두런두런… "Park ranger!" 또다시 두런두런… 파크 레인져는 공원을 지키는 사람, 공원 지킴이로 공원을 순찰한다. 우리는 문을 열지 않고 본능으로 밖의 상황을 살폈다. 그리고 옷을 입었다. 만약을 대비하여. 무단 캠핑으로 체포 또는 벌금? 아니면 한밤중에 보따리를 싸야 되는지 가슴이 두근두근.

잠시후, 강한 헤드라잇 불빛이 우리 캠핑카로 다가와 우리를 집중적으로 비추었다. 결국, 드디어, 마침내, 똑 똑, 파크 레인져입니다. (Knock, knock, "Park ranger!") 남친이 대답했다. "Ye~s~" "You are not allowed to camp in the park. You'd better camp at a campground. Have a good night sleep and leave early in the morning. Don't do it again."(공원에서의 캠핑은 허용되지 않는다. 캠핑장에서 캠핑해야 된다. 잠 잘 자고 내일 아침 일찍 떠나라. 다시 하지 마라.)

"Yes, sir!" 남친이 힘차게 말했다. 파크 레이져는 우리 옆 캠핑카로 갔다. 그리고 똑같은 말을 했다. 그러자 캠핑카 주인은 "캠핑장이 다 찼어요."라고 말했다.

그 날 밤, 무단 캠핑하는 캠핑카와 승용차가 열 대도 넘었는데 그중 한 대가 한밤중에 보따리 싸고 주차장을 떠났다. 우리와 다른 사람들은 너그러운 파크 레인져 덕분에 계속 머무르고. 왜 떠나지? 이 한밤중에? 남친의 추측은 상습 무단 캠핑하는 사람이었을 거라고 한다. 파크 레인져가 그걸 알고 "잘 주무세요"라고 하지 않고 "즉시 떠나시오"라고 한 것 같다.

방문자는 많고, 캠핑장 수는 한정되어 있고, 한밤중에 마을로 내려가자니 너무 멀고(시속 15~20마일 속도로 어느 세월에 숙박 장소를 찾나), 밤에 굽이굽이 좁은 산길을 운전해야 하고, 야생 동물 때문에 위험하고. 아무튼, 초범인 우리는 마음 좋은 파크 레인져 덕분에 밤 12시에 보따리 싸지 않고 그 자리에서 잠을 잘 수 있었다.

68.

1870년 9월 18일

2017년 7월 23일 토요일

우리는 공원 순찰대와의 약속을 지키기 위하여 아침 일찍 무단 노숙한 주차장을 떠났다. 조금이라도 착한 시민이 되어야지 하는 마음에 세수도 하지 하고, 양치질도 하지 않고, 옷만 주어 입고 서둘러 떠났다. 다른 차량들도 모두 떠났다.

얼마후, 옐로스톤 국립 공원 남쪽 입구가 나왔다. 캠핑카 입장료 $50, 7일 동안 입장할 수 있다. 디즈니 월드의 7일 입장권이 얼마인지 모르지만 아마 $400 이상? 그것도 한사람당. 물론 비교할 수는 없지만 그래도 국립 공원은 얼마나 저렴한가. 국립 공원에도 놀이 공원의 롤러코스터처럼 깎아지른 절벽에 오르락내리락 험한 길이 있고, 하지만 국립 공원은 더 좋다. 뙤약볕에서 긴 줄에 설 필요도 없고, 진짜 숲을 보고, 진짜 동물들을 보고, 자연에서 캠핑하며 더 신나는 시간을 보낼 수 있다. 그리고 입장료가 인원수가 아닌 차량 한대 당 단돈 $50! $50에 그랜드 티톤 국립 공원(Grand Teton National Park) 입장료도 포함되어 있다. 우리는 옐로스톤 그랜트 빌리지(Grant Village)에서 아침 식사를 했다.

드디어 그동안 사진으로만 보았던 오울드 페이스풀(Old Faithful)
에 갔다. 오울드 페이스풀 방문자 센터에 들어가자 11시 8분에 오울
드 페이스풀의 분출(Eruption)이 있을 거라고 쓰여 있었다. 보통 4,
50분 기다린다고 하는데 운이 좋았다. 8분 기다렸다.

관광객들은 벌써 Old Faithful 앞에서 쇼(eruption, 분출)를 기다
리고 있었다. 쇼 타임을 기다리는 Old Faithful에서 하얀 수증기가
가물가물 올랐다. 쇼 준비 중인가 보다. 강한 황산(sulfur) 냄새가
코를 찔렀다.

잠시후, Eruption!!
온천이 하늘로 솟구쳤다.
하얀 수증기도 덩달아 하늘
로 오르며 바람과 함께, 바람
이 가는 길로 꼬리를 물며 따
라가다가 허공에서 잦아들
었다.
또다시 솟구쳤다.
하늘로!
또다시!
하늘로!
2분 정도?

오울드 페이스풀 간헐천

Eruption이 약해졌다.

쇼가 끝났다.

땅 위로만 수증기가 가물가물 흘러나왔다. 무대의 조명이 희미해졌다. 몇몇 사람들이 리허설도 없이 펼쳐진 자연의 신기한 연출에 박수를 쳤다. 그리고 모두 자리를 떠났다. 사방팔방으로 흩어져 갔다. 또다른 쇼를 찾아서.

오울드 페이스풀(Old Faithful)

옐로스톤 국립 공원의 간헐 온천(geyser) 이름이다. 1870년 탐험대들이 이 지역을 탐험하면서 수많은 간헐 온천 중에서 가장 처음으로 본 것이 오울드 페이스풀이다. 그들은 오울드 페이스풀을 봤을 때 "Geysers! Geysers!"라고 외쳤다. 그리고 Old Faithful이라고 이름을 지었다. 대부분의 간헐 온천은 분출 활동이 없거나 분출 시기를 예측하기 어려운 데 반하여 Old Faithful은 분출 예측률이 높다. 그래서 많은 방문객들이 그 앞에서 자연이 연출하는 쇼를 보려고 기다린다. 2000년 이후 44분에서 125분 주기로 분출하며 분출 높이가 100~130피트(30~50m)이다.

옐로스톤 국립 공원에는 Old Faithful 외에도 수많은 간헐천이 있다. 이름이 있는 것도 있고 없는 것도 많다. Old Faithful 주변을 둘러보면 사방에서 뽀얀 수증기가 오르는 것을 볼 수 있다. 모두 간헐 온천이다. 옐로스톤 국립공원에서 가장 뜨거운 간헐천은 노리스(Norris)에 있다.

Geyser(간헐온천)과 Hot spring(온천)의 차이가 뭘까? 두 가지 다 땅 속에서 나오는 뜨거운 물인데. 간헐천에서도 온천욕을 즐길 수 있나?

Geyser와 Hot spring은 땅속에 화산 용암이 있는 지역에 있다. 땅 속의 용암은 땅 위에서 흘러들어 온 물(빗물이나 눈이 녹은 물)을 뜨겁게 달군다. 온도가 화씨 572도(섭씨 300도)까지 오를 때도 있다. 뜨거워진 물은 높은 압력에 의하여 다시 땅 위로 분출 또는 스며 나온다. 너무 뜨거운 나머지 주변에 있는 돌과 바위 속의 미네랄을 녹인다. 미네랄이 녹은 주변은 노오랗게 변한다. 그래서 옐로스톤 국립 공원이 되었다.

가이져는 지표면에서 분출되는 뜨거운 물로 달걀 썪는 냄새와 비슷한 황산 냄새가 난다. 너무 뜨겁고 산이 강하여 온천욕을 즐길 수 없다.

핫스프링은 뜨거운 물이 땅 위로 순환되고 자유롭게 흐르며 증기와 열을 방출한다. 핫 스프링에서만 온천욕을 즐길 수 있다.

1870년부터 지금까지 공원 규칙을 지키지 않아 간헐천에 빠져 사망한 사람이 22명이다. 그냥 사망하는 것이 아니라 녹아 없어지는 것이다. 가장 최근 사고는 2016년 11월에 있었다. 오레곤에서 온 한 남자가 금지 구역 간헐천에서 미끄러지면서 사라졌다. 녹아 없어졌다. 플립 플랍(쪼리샌들) 신발만 남겨져 있었다.

어디를 가도 규칙을 지키자. 그래야 장수할 수 있다.

69.
옐로스톤 국립 공원

2017년 7월 23일 일요일

수백만 년 전 화산 폭발로 이루어진 옐로스톤 국립 공원은 3개 주, 와이오밍, 아이다호, 몬타나에 걸쳐 있다. 그러나 대부분의 공원은 와이오밍주에 속한다. 이곳에 인류가 최초로 살기 시작한 것은 최소 11,000년 전으로 인디언들이었다. 1872년 율리시스 그랜트 대통령이 옐로스톤을 국립 공원으로 지명하면서 미국 최초, 세계 최초의 국립 공원이 되었다. 1978년에는 유네스코 세계 문화유산으로 지정되었으며, 세계에서 많은 사람들이 여행하는 곳 중의 하나이다. 2016년에는 4,257,177명이 옐로스톤을 방문하였다. 영어 외에 다양한 언어를 쉽게 들을 수 있는 곳이다. 옐로스톤 국립 공원은 동서남북 그리고 북동쪽으로 입구가 5개 있다. 동쪽은 와이오밍주의 코디(Cody, Wyoming), 서쪽 입구는 몬타나주의 웨스트 옐로스톤(이곳에서 서쪽으로 조금만 가면 아이다호주), 남쪽은 와이오밍주의 잭슨과 그랜드 티톤 국립 공원(Jackson and Grand Teton national Park, Idaho), 북쪽 입구는 몬타나주의 가디너(Gardiner, Montana), 북동쪽은 몬타나주의 빌링스(Billings, Montana).

1987년 번개로 인하여 산불이 발생하였지만 그대로 타게 했다. 그래야 새로운 생명이 씨를 뿌릴 수 있다. 지금도 불에 타 죽은 나무들과 어린나무들이 빼곡하다. 죽음과 삶이 같이 공존한다.

하루 종일 옐로스톤의 오울드 페이스풀(Old Faithful)과 다른 수십 개의 가이져(geyser), 폭포, 계곡, 호수, 강, 동물, 주변 환경을 보았다. 엄청난 자연경관이다. 하나의 국립 공원에 이렇게 다양한 자연을 가지고 있다는 것에 놀랍기만 하다. 규모 역시 대단하다. 하루가 부족하다. 우리는 공원 입장료가 7일 입장권이므로 내일 다시 오기로 했다. 그리고 밤이 깊어지기 전에 잠잘 곳을 찾아야 한다. 공원에서 또 무단으로 자면 안 된다. 초범으로 족하다. 그러나 공원 내의 캠핑장(campground: 캠핑카와 텐트)은 말할 필요 없이 다 찼다. 또한 국가에서 운영하는 국립 공원 내에는 캠핑카 전용 RV파크가 없다. 공원 안에서의 캠핑이나 숙박이 불가능한 경우에는 공원 밖 마을로 가야 한다. 우리는 옐로스톤 국립 공원 북쪽 입구로 나갔다. 북쪽의 첫 번째 도시는 몬타나주의 가디너(Gardiner)이다.

벌써 어둠이 내려앉았다. 가디너 시내의 RV파크를 찾아갔다. 다 찼다. 어둠 속을 가로질러 가디너 시내에서 조금 떨어진 곳의 한 캠핑장에 갔다. 캐년 캠핑장(Canyon Campground). 캠핑카에 탄 상태에서 빈 캠프사이트(자리)를 찾아 기웃거렸다. 혹시나. 빈 곳을 찾았다. 그러나 비어 있기는 했지만 누군가 찜해 놓았다. 빈자리 앞에 있는 작은 기둥 박스에 누군가 체크인했다는 영수증이 들어 있었다. 오늘 밤은 어디서 자나? 걱정하고 있는 가운데 트레일러로 여행하는 한 가족을 만났다. 우리는 관리인 오기 전에 아침 일찍 떠나기로 하고 그 가족과 함께 캠핑장이 아닌 캠핑장 주차장에서 나란히 분덕했다. 밤 10시였다.

2017년 7월 24일 월요일

트레일러 여행 가족은 아침 6시에 길을 떠났다. 나는 캠핑카 조수석에 앉아서 밖을 내다봤다. 적막하다. 바람이 분다. 간간이 자동차 소음이 들린다. 다시 적막. 멀리 트레일러와 텐트가 나무 사이로, 바위 사이로 보인다. 어젯밤 캠핑장 자리를 차지한 운 좋은 사람들.

아침 식사는 가디너에 있는 로지의 비스트로(Rosie's Bistro)에서 하고, 마지막 남은 물로 샤워했다.

다시 옐로스톤 국립공원으로 올라갔다. 서쪽 입구를 지나 맘모스 핫 스프링(Mammoth Hot Springs)을 지났다. 그런데 노리스(Norris)로 가는 길이 공사 중이어서 어제 내려왔던 길로 다시 올라갔다. 테라스(Terrace), 타워 폭포(Tower Falls), 캐년 빌리지(Canyon village), 가장 높은 정상 워쉬번산(Mount Washburn, 높이 10,243피트, 3,122m). 정상까지 가는 하이킹 트레일이 있다. 그리고 옐로스톤 중간을 가로질러 메이디슨(Madison).

옐로스톤 국립공원 서쪽 입구 웨스트 옐로스톤(West Yellowstone)을 지나 3일 만에 마을로 내려왔다. 마을 역시 고도가 높다. 6,667 피트(약 2,032m). 휴대폰 서비스가 들어왔다. 그러나 다시 no service.

어퍼 앤드 로어 폭포
(Upper and Lower Falls)

　토마스는 우리가 잠시 주차할 때마다 슬라이드인 꼭대기에서 테이블로 내려와 다리를 쭈욱 피고 쉬려고 한다. 피곤한가 보다. 우리는 계속 가야 되는데.

　나도 토마스처럼 쉬고 싶다. 지난 3일 동안 옐로스톤에서 엄청난 자연, 신기한 자연, 위대한 자연을 보면서 "와~ 멋있다~ 멋있다~"를 연발했다. 너무 많은 감탄과 탄성으로 지쳤다. 이제는 감탄에서 벗어나서 쉬자. 감탄이 없는 곳에서 쉬고 싶다.

나는 옐로스톤 국립 공원에서 계속 두통으로 시달렸다. 옐로스톤에서 가장 높은 정상인 워쉬본을 빼고도 대부분의 도로가 8,300피트(약 2,530m)가 넘는다. 가슴도 답답하고 아프다. 고지대에서 흔히 일어날 수 있는 산소 결핍증 때문이다. 하지만 산에서 내려오자 두통은 말끔히 사라졌다. 가슴도 뻥 뚫렸다.

2017년 7월 24일 월요일 밤

서쪽 출구를 지나 옐로스톤을 떠났다. 그리고 100마일(160km) 떨어진 아이다호 주 아이다 폴스(Idaho Falls) 스네이크 리버 RV파크(Snake River RV Park)에 체크인했다. 이제 토마스도 나도 자리를 잡고 쉰다.

7월 22일부터 7월 24일, 3일 동안 옐로스톤 국립공원을 숨 가쁘게 보았다. 여기저기 둘러 보면 잠 잘 시간, 마을로 내려가서 자야 되고, 다시 옐로스톤으로 올라가고… 다음에 옐로스톤에 갈 때는 캠핑장 예약을 철저히 하여 7일 동안 마을에 내려 오지 않고 숲속도 거닐고, 자전거도 타고… 여유 있게 감상하고 싶다.

옐로스톤 국립공원에 가기 위해서는 승용차, 캠핑카 등의 자동차로 여행하는 사람들이 있고, 비행기를 타고 와이오밍주 아래 유타 주 솔트 레이크 시티까지 와서 관광버스 또는 자동차를 빌려서 옐로스톤 국립공원으로 가는 사람들도 있다.

70.

자동차 번호판

2017년 7월 23일 일요일

한국과 마찬가지로 미국의 자동차 번호판을 보면 차량 운전자의 거주 지역 또는 차량의 등록지를 알 수 있다. 미국의 자동차 번호판은 그 외에도 50개 각 주의 특색을 볼 수 있다. 50개 각 주를 부르는 별명이 있고, 상징, 또 그 주의 모토(motto)도 있다. 사람들에게는 모토보다는 별명이 더 많이 알려져 있고, 자동차 번호판에서 쉽게 찾을 수 있다.

캘리포니아의 별명은 골든 스테이트(The Golden State), 모토는 유레카!(Eureka: I have found it!!), 뉴욕의 별명은 엠파이어 스테이트(The Empire State), 모토는 엑셀시어(Excelsior: Ever Upward), 공식 슬로건은 I Love New York이다. 뉴욕의 경우 사람들은 흔히 The Big Apple이라고 부른다. 애플은 1930년대 재즈 가수가 뉴욕을 애플로 비유하여 노래를 부른 것이 계기가 되었다. 텍사스의 별명은 론 스타 스테이트(The Lone Star State, 텍사스주 깃발에 커다란 별 하나가 있다.), 모토는 우정(Friendship), 플로리다의 별명은 선샤인 스테이트(The Sunshine State), 모토는 인 갓 위 트러스트(In God We Trust)로, 1868년 플로리다의 공식 모토가 되었고, 1956년에는 미국의 공식 모토가 되었다. 미국 화폐에 씌어 있다. 오레곤의 별명은 비버 스테이트(The Beaver State), 최근에는 바이크 스테이트(The Bike State)라고 부르는 사람들도 있다. 모토는 Alis Volat Propriis(She flies with her own wings), 노스 캐롤라이나의 별명은 First in Flight(라이트 형제가 첫 비행을 한 곳이 노스 캐롤라이나 주이다), 그 외에도 몇 개가 더 있고, 모토는 Esse quam vederi(To be, rather than to seem), 감자로 유명한 아이다호는 Famous potatoes이며, 모토는 Esto Perpetua(Let it be perpetual), 일리노이주의 별명은 State Sovereignty, National Union, 모토는 링컨의 땅(Land of Lincoln), 아리조나의 별명은 그랜드 캐년 스테이트(Grand Canyon State), 모토는 Ditat Deus(God enriches), 치즈로 유명한 위스콘신 주의 별명은 어메리카스 데어리랜드(America's Dairyland), 모토는 Forward… 대부분의 모토는 라틴어가 많다.

오울드 페이스풀과 다른 간헐온천을 거의 다 둘러 보고 점심 식사를 하기 위하여 캠핑카로 돌아오자, 오울드 페이스풀 주차장에는 상상할 수도 없는 수많은 차량들이 주차장을 가득 메웠다. 차량 사이 사이를 지나며 캐나다를 비롯한 미국 각지에서 온 차량들을 보았고, 재미있는 번호판을 보았다. 번호판만 보아도 미국을 알 수 있고, 또한 얼마나 많은 사람들이 옐로스톤 국립 공원을 방문하는지도 알 수 있다.

71.
지붕 꼭대기와 대륙 분수령

2017년 7월 23일 일요일

캠핑카 여행하면서 많은 안내판을 봤다. 주 경계 안내판을 비롯하여, 교통 안전, 속도 제한(주마다 다름, 텍사스는 시속 85마일, 136.79km), 유적지, 상업 광고판 등등. 높은 산 위에서, 특히 옐로스톤 국립공원에서는 이런 표지판을 봤다. "Continental Divide" 대륙 분수령. 그리고 그 지점의 고도가 쓰여 있다.

컨티넨탈 디바이드(Continental Divide 또는 Great Divide)는 강물 또는 호수의 흐름이 나누어지는 곳이다. 산의 높이나 지형에 따라서 대륙 분수령이 생기고, 그 분수령에 따라 강물이 동쪽으로 가는지, 서쪽으로 가는지, 아니면 남쪽, 북쪽으로 가는지 결정된다. 알라스카를 제외한 미국의 강들은 태평양, 대서양, 그리고 멕시코만으로 흘러 간다.

대륙분수령은 사람들이 사는 집의 지붕이라고 생각하면 쉽다. 비가 내릴 때 지붕 꼭대기에서 빗물이 흘러가는 방향이 결정된다. 앞

마당 또는 뒷마당으로. 지붕 꼭대기가 대륙 분수령이다. 옐로스톤 국립 공원에서 세 개의 대륙분수령을 봤다.

옐로스톤 국립공원에 아이사(ISA LAKE)라는 작은 호수가 있다. 이 호수 중간에 대륙분수령이 있다. 따라서 이 호수에서 물의 운명이 갈라진다. 비가 많이 내려 흘러 넘치는 물이 북쪽으로 흐르면 대서양, 남쪽으로 흐르면 태평양으로 흐른다.

2017년 7월 21일 금요일부터 7월 24일 월요일 오후 1시까지, 휴대폰 신호를 전혀 잡지 못했다. 문자는커녕 구글 맵을 이용할 수 없었다. 계속 No service, try again….

엘로스톤 국립 공원과 인근 마을에 있었다. 4일 동안. 엘로스톤 국립공원의 고도는 8,300피트(약 2,500m) 이상이다. 구글 맵 대신 공원에서 준 지도를 보고 운전했다. 나는 다행히 지도 보는 법을 기억하고 있었다. 하지만 남친은 내가 지도를 제대로 보고 안내를 할 수 있는지 의심하는 눈초리다.

7월 24일 월요일, 엘로스톤 국립공원을 떠났다. 서쪽 출구에서 첫 번째로 나온 마을 웨스트 엘로스톤(West Yellowstone). 마을로 내려와서 가장 먼저 확인한 것은 스마트폰이다. 신호가 잡혔다.

고양이의 옐로스톤 국립 공원 여행 후기

2017년 7월 27일 목요일

7월 21일부터 7월 24일까지 4일 동안 옐로스톤 국립공원에서 굽이굽이, 오르락내리락, 덜컹거리는 캠핑카에서 제대로 몸을 피고 쉬지 못한 토마스, 아니 7월 18일부터 7월 24일까지 계속 달리는 캠핑카에서 시달린 토마스, 캠핑카 창문 밖에서는 사슴이 뛰어다니고, 들소(bison)가 흙으로 샤워 하고, 다람쥐가 뛰어놀고… 사람들, 동물들 할 것 없이… 모두가 토마스를 정신없이 했다. 토마스 눈이 휘둥그레, 귀가 쫑긋, 콧수염이 바싹 치켜 올라가고, 꼬리를 탁탁 치고, 창가에 앉아 먼발치를 바라보기도 하고, 너무 많이 봐서 눈이 피곤한지 모든 것을 포기하고 눈을 감고 테이블에 벌러덩 눕기도 하고… 기온이 올라가고 떨어지고… 그런 가운데에서도 토마스는 굳건했다. 간헐온천에서 풍기는 진한 황산 냄새 속에서도 토마스는 코만 씰룩거릴 뿐… 거뜬했다. 더우기 호흡 결함 증세(Heart murmur)로 고지대에서 잇몸이 파래지거나 숨을 가뻐 몰아쉬면서 힘들어 할 것이라는 수의사의 염려와는 달리 토마스는 나보다 거뜬했다. 협심증, 산소 결핍 증세 없이 그 높은 옐로스톤 국립 공원을 무사히 다녀왔다. 토마스, 만세!!

　그러던 토마스가 아이다호 폴스 스네이크 리버 RV파크(Idaho Falls Snake River RV Park)에서 이틀 동안 쉬지 않고 잠을 잤다. 밥 먹으면 곧바로 잠, 잠, 잠…. 흔들리는 캠핑카에서 넘어지지 않기 위하여 몸의 중심을 잡아야 하는 긴장감 없이, 늘어지게 잠을 잤다. 톡톡 건드려도 입을 헤 벌리고, 누가 업어가도 모를 정도로, 쿨 쿨 쿨 ~ 이틀 꼬박 잤다. 이틀 후, 여독을 풀고 토마스는 창가에 앉아 다시 경치를 즐겼다. 얼굴이 핼쑥해 보였다.

아이다호

Idaho

74.

달나라의 분화구

2017년 7월 28일 금요일

아이다 폴스(Idaho Falls)의 스네이크 리버 RV파크(Snake River RV)에서 체크 아웃 한 후, 수영하고 도서실에 갔다. 다음 목적지는 아이다호의 주도인 보이지(Boise, [z]발음). 그러나 보이지 RV파크 체크인 날짜는 7월 30일 일요일이다. 금요일 밤과 토요일 밤은 어딘가에서 분덕해야 한다.

도서관에서 컴퓨터로 Boise 가는 길을 확인했다. 가는 길이 두 코스. 하나는 I-86번 또는 I-84번 고속도로, 다른 하나는 20번 지방 도로. 지방 도로 주변에 볼 것이 더 많다. 그래서 위성 지도로 20번 지방 도로 주변을 확인했다. 어, 이게 뭐지? 확대, 확대, 줌 인, 줌 인… 크고 작은 분화구 산(butte)이 보였다. 크레이터 오브 더 문 국립 유적지(The Craters of the Moon National Monument and Preserve). 웹사이트에서 정보를 얻었다. 가장 먼저 눈에 들어온 것은 GPS를 이용하지 말고, 웹사이트에서 알려 주는 약도대로 찾아올 것. 여기 가고 싶다. 가자.

아이다호 폴스에서 20번(또는 26번-같은 도로에 번호가 두 개) 서쪽 방면으로 가다 보면 작은 마을을 서너 개 지난다.

아토믹 시티(Atomic City).

2010년 기준 인구 29명, 그나마 하나 있었던 주유소, 이제는 기름을 팔지 않는다. 땅속에 천연 가스 탱크가 지나가기 때문이다. 아토믹 시티는 전 세계에서 최초로 핵발전 전기를 사용했다. 지질학 연구소도 몇 개 지난다.

붓트 시티(Butte City), 인구 74명.

아르코(Arco), 인구 995명.

저녁 9시가 되어 가고 있다. 태양의 마지막 여운이 분화구를 비추고 있다. 방문자 센터는 이미 문이 닫혔다. 슬금슬금 The Craters of the Moon에 있는 라바 플로우 캠핑장(Lava Flow Campground)에 들어갔다. 입구에 "만원(Full)"이라는 안내판을 미처 보지 못하고.

아직도 희미하게 남은 저녁노을 속에서 나는 놀라움에 빠졌다. 이건 또 무슨 세상이지? 놀라움이 끊이지 않는 미국의 자연이다. 화산 폭발로 생성된 용암 사이 사이로 캠핑카, 트럭, 트레일러, 캠핑밴, 캠퍼, 승용차 텐트족들이 캠핑을 하고 있었다. 남은 자리가 없다. 우리는 마지막 하나 남은, (정말 죄송!!) 신체장애인 표지판이 붙어 있는 캠프사이트(campsite)에 캠핑카를 주차했다. 그리고 갈등의 시간을 보냈다. 머무를 것인가 나갈 것인가. 이 시간에 과연 장애인이 올 것인가. 우리는 양심, 도덕, 규칙을 땅에 버렸다.

용암 사이 사이에서 캠핑

캠핑장 입구에 가서 캠핑 자동 티켓 판매기에 크레딧 카드로 $15 (캠핑과 공원 입장료) 지불하고, 주차한 캠핑카 앞 기둥에 영수증을 꽂았다. 그 사이, 우리 보다 먼저 온 한 가족은 캠핑 자리를 찾지 못하고 빙빙 돌았다. 미안한 마음과 함께 죄책감을 느꼈다. 장애인 자리를 우리랑 같이 사용하면 어떨까 생각하는 사이 그 가족들은 떠났다. 캠핑장 안에 캠핑 관리자(camp host)도 있다. 들키지 않기를 바라며 잠을 잤다. 내일 아침 일찍 일어나서 비는 캠핑 자리로 옮기자.

2017년 7월 29일 토요일

아침 일찍 일어났다. 용암 사이 사이로 번지는 아침 햇살과 적막감을 보았다. 그리고 캠핑장을 둘러 보았다. 아침 7시인데 벌써 빈자리가 몇 개 있다. 우리 캠핑카가 주차할 만한 크기의 자리를 찾은 후에 다시 자동판매기에 가서 $15을 페이하고, 티켓 중간을 찢어서 사이트 박스에 티켓을 넣고 남은 부분은 영수증으로 보관했다. 그리고 캠핑카를 옮겼다. 다음 날 오후 12시가 체크아웃 타임이다.

아침 식사 후, 방문자 센터에 갔다. 휴대폰이 안 되므로 당연히 지도가 필요했다. 그리고 센터 직원의 설명을 들으면 더 편리하다. 센터에서 공원 관련 기록 영화도 볼 수 있다. 또한 방문자들이 어느 주, 어느 나라에서 왔는지, 센터 사무실에서 제공하는 핀을 가지고 지도 위에 꽂는다. 나는 두 개를 꽂았다. 로스앤젤레스와 한국. 북한에 핀을 꽂은 사람도 있다.

크레이터 오브 더 문(The Craters of the Moon) 전체를 걸어서 다닐 수 없다. 무척 크다. 자동차가 근접할 수 있는 곳까지 가서 주차하고 하이킹을 한다.

The Craters of the Moon National Monument and Preserve.
아이다호 중부에 있다. 평균 고도 5,800피트(약 1,800m), 총 규모 1,117 스퀘어마일(2,893㎢), 화산 지대이다. 사람들에게 늦게까지 알려지지 않았으며 1924년이 되어서야 유적지(Monument)로 지정되었다. 용암 바위가 끝없이 펼쳐져 있다. 용암 바위는 세월이 흘러 부스러진 곳도 있고, 아직도 용암이 흐른 흔적이 그대로 남은 곳도 있고, 용암동굴(lava tubes)이 무너져 내린 곳도 있다. 현무암(basalt)이 가장 잘 보존된 지역이기도 하다. 일반인에게 개방된 부분은 극히 일부이다. 이곳은 달과 자연환경이 비슷하여 달 탐사 우주인들이 이곳에서 훈련을 받았다. 또한 많은 과학자들이 화산, 지질, 생태계 그리고 지구를 연구한다.

데빌스 오키드(Devil's Orchard), 인페르노 콘(Inferno Cone), 스노우 콘(Snow Cone), 스패터 콘(Spatter Cone)까지 하이킹 할수 있으며, 트리 몰드 트레일(Tree Molds Trail, 3km) 하이킹은 노약자에게 추천하지 않는다. 그리고 버팔로 케이브(Buffalo Caves, 하이킹 중 중간에 돌아 옴. 힘들었다.)와 듀드랍 케이브(Dewdrop Cave), 인디언 터널(Indian Tunnel). 그 외에도 여러 개의 동굴이 있다. 지쳐서 다 볼 수가 없다.

나무 뿌리처럼 굳어버린 용암

인디언 터널. 무너져 내린 용암 터널
(Lava Tubes)

그늘도 없는 트레일, 뜨거운 태양 아래에서 20,000보 이상을 걸었다. 물을 가지고 다니는 것은 필수, 발 편한 운동화도 필수, 모자 필수이다. 트레일에서 하이킹할 때는 지정된 곳으로만 다녀야 한다. 지정되지 않은 곳을 밟으면 생태계가 파괴된다고 한다. 생태계란 동식물뿐 만이 아니라 용암, 흙도 해당된다. 또한 물 한 방울 찾을 수 없는 곳에서 길을 잃기 쉽다. 이 길이 저 길 같고, 저 길이 이 길 같고, 하이킹 하면서 길을 잃어버리지 않도록 헨젤과 그레텔 앱을 만들면 좋겠다는 생각을 했다.

트레일을 돌면서 생각난 것이 있다. 어제 저녁에 캠프사이트 티켓 구입하면서 공원 입장료를 냈다. 오늘 아침 캠프사이트 티켓 다시 구입하면서 공원 입장료를 냈다. 입장료를 두 번 냈다. $22만 내면 되는데 $30! 머리 회전이 느리면 돈을 많이 쓰게 된다. 좋게 생각하자. 국립 공원 발전에 이바지했다고.

하이킹 후 오후 4시쯤, 우리 캠핑 자리로 돌아오자, 아침에 텅 비어 있었던 캠핑장이 거의 다 차고 얼마 남지 않았다. 그러나 이것마저 곧 다 찰 것이다. 캠핑카 한 대 주차하고 잠을 편히 잘 수 있는 자리, 기껏해봐야 두세 평부터 대여섯 평 되는 땅, 그것을 하룻밤이라도 차지할 수 있다는 것, 얼마나 기분 좋은지 모른다. 어둠 속에서 잠잘 자리를 찾아 여기저기 기웃거리지 않고 마음 편히 다리 뻗고 잘 수 있다.

해가 넘어갔다. 마지막 빈 자리가 채워졌다. 그리고 빈 자리없는 캠핑장을 빙빙 돌고 있는 캠핑카를 봤다. 그들을 보며 내심 안심이 되면서 걱정도 되었다. 그들은 오늘 밤 어디서 잘 것인가.

　내 블로그를 읽은 다른 블로거가 물었다. "미국에서도 캠핑할 때 노래 부르고 술 마셔요?" "아닙니다." 미국의 캠핑은 주로 가족 또는 부부, 커플 위주이다. 캠핑장에서 식사하고, 자고, 주변 풍경 구경하며 조용히 캠핑한다. 그리고 밤 9시부터 아침 7시까지는 Quiet Time 으로 조용히 해야 한다. 캠핑장 뿐만이 아니라 RV파크에서도 마찬가지다. 다른 사람들에게 피해를 주지 않기 위해서이다. 여행자들은 지는 석양을 보고, 와인을 마시며, 도란도란 이야기를 나눈다.

인페르노콘(높이 1,883미터, 그러나 이 지역 전체가 고지대이다. 따라서 자동차를 주차하고 실제로 걸어 올라가는 거리는 804미터이다.)

75.
캠핑도 가지 가지

2017년 7월 29일 토요일

나는 저녁 식사 후 시원한 시간에 RV파크나 캠핑장을 둘러보는 것을 좋아한다. 주변 풍경도 보고, 다른 사람들은 어떤 삶으로 살며 여행하는지, 어떻게 자연 속에서 즐기는지 보고 싶다.

RV파크와 캠핑장에는 고급 캠핑카부터 텐트까지 다양한 스타일의 캠핑족들을 볼 수 있다. 캠핑에 관한 다양한 제품들이 있는 것인지 아니면 사람들이 다양한 아이디어로 창조하는 것인지, 보기만해도 즐겁다. 그중 크레이터 오브 더 문(Craters of the Moon)에 있는 라바 플로우 캠핑장(Lava Flow Campground)에서 아주 귀여운 커플을 만났다. 그들은 픽업트럭 위에 텐트를 치고 캠핑하고 있었다. 폭우가 쏟아지고 강풍이 불어도 끄떡없다고 했다. 떠날 때는 텐트가 트럭 위에서 그대로 접힌다. 또한, 기다란 서랍장을 직접 만들어 넣어 그 속에 음식과 옷을 보관하고, 그 서랍장 위에 매트리스를 얹어 잠을 자고, 또 창문에 커튼도 달았다. 또 어떤 사람은 승용차 뒤에 삼각형 모양의 미니 트레일러에서 캠핑하고, SUV 위에 삼각형 모양의 텐트를 치고, 수많은 사람들의 아이디어와 살아가는 방법, 그것은 여행에서도 예외는 아니었다.

여유가 없으면 없는 대로, 여유가 있으면 있는 대로, 사람마다 다른 생각, 다른 방법으로 쿨(cool)하게 살아갈 수 있다.

76.

캠핑카 여행 135일 그리고 9,000마일(14,484km)

2017년 7월 31일 월요일

2017년 3월 18일 캘리포니아 로스앤젤레스에서 시작된 캠핑카 여행은 4개월 반 만에 9,000마일(약 14,484km)을 달렸다. 아이다호 보이지(Boise, Idaho)에서 7월 31일 월요일 오후 6시였다.

다음 목적지는 오레곤 포틀랜드. 앞으로 430마일(692km) 더 가야 한다.

캠핑카에서의 물난리

2017년 7월 30일 일요일

크레이터 오브 더 문(The Craters of the Moon)을 떠나 보이지 리버사이드 RV파크(Boise Riverside RV Park, 실제 주소는 아이다호 가든 시티)에 체크인했다. 많이 달렸다. 쉬자.

2017년 8월 1일 화요일

빨래하고… 또 뭐 했는지 생각나지 않는다. 캠핑카 끌고 어딘가 갔었다. 이날 사진 찍은 것을 추적했지만 토마스 사진 한 장 찍은 거 외에는 아무 사진이 없어서 어디에 갔었는지, 무엇을 했었는지 추적이 안 된다. 기억이 멀어진다. 그래서 이렇게 꼼꼼하게 기록을 하는 이유이다. 지루하더라도 나중에 도움이 많이 되겠지.

2017년 8월 2일 수요일

남친은 혼자서 자전거 타러 갔다. 나랑 같이 자전거 타러 가면 운동하는 맛이 나지 않는 모양이다. 그렇겠지. 나는 시속 10마일 속도로 달리고, 남친은 나보다 더 빨리, 더 멀리 달리려고 하고. 내 뒤에서 보조 맞추기 힘들겠지. 남친이 자전거 타러 간 사이, 토마스를 목욕시켰다. 내 손에 꽉 잡힌 토마스는 추운지 아니면 무서운지 벌벌 떤다. 헤어드라이어로 털을 말렸다. 목욕하기 싫어하는 토마스, 그러나 나는 기분이 좋다. 보들보들해진 토마스에게서 베이비 파우더 냄새가 난다.

토마스 목욕 후에는 나. 머리를 감고 헹구었다. 어, 그런데 이게 뭐야. 배수가 되지 않는다. 순식간에 물이 샤워 부스 바닥에 찼다. 넘치기 일보 직전, 수도를 잠갔다. 머리카락이 많이 빠져서 배수가 안 되나? 빠진 머리카락을 건져 내었다. 그래도 배수가 되지 않는다. 순간, 남친 얼굴이 떠올랐다. 한마디 또 하겠구나. 무슨 일만 생기면 남친은 내가 뭔가를 잘못한 거로 생각한다. 내가 아니라고 해명을 해도, 못 믿어, "I don't believe you."라고 말한다. 상처를 받는다. 나를 믿지 않는다구? 설령 내 잘못으로 무슨 일이 생겨도 따뜻하게 말할 수는 없는 걸까? 넷플렉스에서 본 한국 드라마 중 이런 대사가 있다. "오빠는 말을 참 이쁘게 해." 내 남친은 이쁘게 말하지 않는다. 남친과 내가 하는 일이 똑같을 수 없잖아. 사람이 다 다르잖아. 그리고 내가 실수한 거 아니거든. 남친은 거의 완벽 주의자, 그런데 가끔 실수한다. 하지만 실수하고도 인정하지 않는다. 어쨌든, 배수가 안되어 차고 넘치는 물, 이 위급상황을 해결해야 했다. 그 순간, 아, 그렇지! 그거다!! 나는 머리 헹구는 것을 멈추고, 옷을 대충 입고, 머리카락의 물을 뚝뚝 흘리면서 밖으로 뛰쳐 나갔다. 급하게 나갈 때도 토마스의 안전을 생각하여 캠핑카 문을 닫았다.

캠핑카의 배수 파이프가 RV파크 하수관과 연결되지 않았다. 어제 시내에서 볼일을 보고 RV파크로 돌아온 후, 우리는 귀찮아서 전기와 물은 hook up을 했지만 배수 연결은 하지 않았다. 그런데 오늘, 토마스 목욕시키고, 나까지 샤워하는 중이었다. 물을 많이 사용했다. 그리고 하루 동안 배수하지 않은 오물까지 합치면 엄청나다. 캠핑카의 배수통은 두 가지, 하나는 주방과 샤워에서 나오는 그레이 워터(Grey water), 다른 하나는 변기에서 나오는 블랙 워터(Black water). 블랙워터는 주로 RV파크를 떠날 때 배수한다. 남친 캠핑카의 두 개 배수통은 총 50갤런, 식수통도 50갤런이다.

그레이 워터 배수통 용량이 다 차자, 샤워 부스 배수가 되지 않아 물이 차고 넘쳐 오른 것이다. 그뿐만이 아니라 캠핑카 배수통 이음새 여기저기에서 물이 새어 나와 땅바닥이 홍건히 물로 찼다. 서둘러 배수 파이프를 꺼내어 RV파크 하수관에 연결했다. 오물이 꽐꽐 쏟아지는 소리가 들렸다. 그런데 배수가 다 되었는데도 불구하고 배수통 이음새 부분 여기저기에서 물이 찔끔찔끔 새어 나왔다. 배수통이 터졌나? 폭발하면 어쩌나? 큰일이다. 내 가슴은 콩당 콩당. 남친의 잔소리를 또 어떻게 듣나? 남친, 또 돈 들어 가는 일이 생겼다고 불평하겠지. 스트레스가 오른다아~ 배수통 이음새에서 찔끔찔끔 새어 나오는 물, 어떻게 할 수 없고… 샤워를 마친 후, 빨래하고, 깨끗하게 캠핑카를 청소했다. 남친에게 말은 하되 엉망이 된 것을 보여 주지 말아야지. 남친은 땀을 뻘뻘 흘리면서 돌아왔다. 중간에 길을 잃어 2시간 30분 걸렸다고 했다.

물난리 상황을 얘기했다. 배수통이 찔끔찔끔 새는 것도. 왠 일? 남친은, "니가 또 어떻게 했지? I don't believe you!"라고… 말~하~지 않~았~다. 이상도 하여라? 아아~, 자기 캠핑카가 오래 되어서 그 정도는 알고 있나? 아니면 바다와 같은 이해심? 남친이 달라졌나? 어찌되었간에 캠핑카에서의 물난리를 무사히 넘겼다.

78.
나와 고양이의 기 싸움

2017년 8월 4일 금요일

최근 들어서 토마스는 바닥에서의 식사를 거절하고 식탁 위에서 식사하기를 원한다. 아마도 내가 그렇게 만든 것 같다. 아니, 토마스가 그렇게 만들었다.

토마스는 캠핑카 냉장고 앞에서 밥을 먹는다. 그런데 토마스가 식사할 때 우리도 식사할 시간이다. 냉장고 문을 열어야 되는 상황이 생긴다. 냉장고 문을 한두 번 여닫는 것이 아니라 식사준비가 완료될 때까지 여러 번 냉장고 문을 여닫는다. 문 여닫는 횟수를 줄이려고 해도 남친과 나는 계속 번갈아 가며 냉장고 문을 연다. 냉장고 문을 열때마다 식사하는 토마스에게 방해가 된다. 토마스를 방해하는 것이 미안하여 토마스 밥 그릇을 식탁 위로 옮겨 주었다. 잠시만 여기서 식사해라~ 토마스는 창가 식탁 위에서 창밖을 즐기며 여유있게 식사를 했다.

하루 이틀이 지났다. 토마스는 바닥에 놓인 음식을 한두 번 먹고는 식탁 위로 사뿐히 올라 갔다. 토마스가 입맛이 없나? 밥이 많이 남았네. 나는 별 생각없이 토마스 밥을 식탁 위에 올려 주었다. 식탁 위에서 식사하는 토마스가 이쁘다. 또 하루가 지났다. 토마스는 바닥에서 밥을 아예 먹지 않고 식탁 위로 올라갔다. 왜 안 먹는 거지? 토마스, 먹어야 여행하지, 그러면서 토마스 밥그릇을 식탁 위에 올려 주었다. 토마스, 밥을 다 먹었다, 남김없이. 아, 나는 바~보~

이제 토마스는 식탁 모서리에 앉아서 아예 내려 오지 않는다. 두 눈을 동그랗게 뜨고 나를 직시한다. 그리고 '밥?' 이렇게 하여 토마스는 나를 길들였다. 그러나 남친은 토마스가 식탁에서 식사하는 것을 좋아하지 않는다. 그걸 깨달은 순간, 토마스는 다시 원래 자리에서 식사해야 된다.

8월 4일 저녁 식사 시간. 토마스에게 밥 그릇을 바닥에 놓아 주고, 식사를 했다. 그러나 우리 식사가 다 끝난 후에도, 설거지를 다 마친 후에도 토마스는 밥을 입에 대지도 않았다. 바닥에 내려와 밥을 먹지도 않고 어슬렁 어슬렁 거리다가 다시 식탁 위로 올라갔다. 그리고 식탁 위 모서리에서 나 보란 듯이 앉아 있다. 그런 토마스를 못 본 척, 눈 마주치지 않고, 무시하면서, 침대와 주방 사이에 있는 커튼을 닫고 침대에서 TV를 봤다.

잠시 후 토마스하고의 신경전을 잊은채 주방으로 나갔다. 토마스가 바닥으로 내려 와 식사를 하고 있었다. 그러면 그렇지… 역시… 배 고프니까… 지가 내려 와서 먹어야지… 별 수 있어? 그런데 왠

걸? 토마스는 나를 보자마자 사뿐히 식탁 위로 다시 올라 갔다. 그리고 식탁 위 모서리에 앉아 나를 빤히 바라 보았다. 이 녀석이 나를 가지고 노는군…. 그래? 그러면 나도…. 나 역시 침대로 다시 들어 갔다. 그 이후, 토마스가 식탁에서 내려 와 밥을 먹었는지 아니면 망부석으로 식탁 위 모서리에서 밤새 앉아 있었는지 모른다. 다음날 새벽 일어나 보니 토마스의 밥그릇이 비어 있었다. 깔끔하게.

79.
캠핑카 여행 중의 결혼

2017년 8월 8일 화요일

약 2년 전이다. 아들에게 결혼식을 판사 앞에서 또는 카운티 등기소에서 간소하게 그러나 사랑스럽고 멋지고 행복하게 하기를 바란다고 말했다. 그러자 여자친구의 친구들 결혼식에 갔다온 아들은 그럴 일(간소한 결혼식)은 없을 거라고 했다. 그렇다고 엄마인 나에게 결혼식 비용을 달라고 하지는 않았다.

7월 19일 옐로스톤 국립공원으로 가기 전, 아들에게서 문자를 받았다. 언제 엘에이로 돌아올 것인지 물었다. "왜?" 아들은 8월 8일에 결혼 증명서(초간단 결혼식)를 신청할 거라고 했다.

남친에게 아들 결혼 때문에 로스앤젤레스에 가야 한다고 했다. 남친은 카운티 등기소에서의 결혼 후 식사 한두 시간 하기 위해서 기름값 비싼 캠핑카를 끌고 캘리포니아에 가지 않겠다고 했다. 남친의 과장에 의하면 아이다호 보이지에서 캘리포니아 로스앤젤레스까지 왕복 기름값만 $1,000 될 거라고 했다. 남친이 짠돌이일 수도 있고 합리적일 수도 있다. 아니면 카운티 등기소에서의 결혼을 우습게 생각? 진짜 결혼인데. 그래서 8월 8일 전에 우리가 어디를 여행할지는 모르지만 그곳에서 나 혼자 비행기 타고 로스앤젤레스에 갈 거라고 했다. (나는 엄마이고, 남친은 남친일 뿐 가족이 아니니까)

8월 5일 토요일, 아이다호주 보이지에서 캘리포니아 로스앤젤레스로 날아갔다. 약 2시간 걸렸다. 아들과 아들 여친, 아니 약혼녀가 공항으로 마중 나왔다. 한국 마켓 안에서 맛보기 국수로 간단히 아침 식사하고, 로스앤젤레스 다운타운 보석상에 가서 벤드(bend)를 구입했다. 일반적으로 반지를 링(ring)이라고 한다. 벤드(bend)는 결혼식장에서 신랑 신부가 서로 주고받는 반지이다. 나는 아들의 결혼을 축하해 주는 마음으로 벤드를 선물했다. 여행 중이라 돈을 벌지 못해도 사랑하는 아들과 아들이 사랑하는 사람이니까. 그리고 사랑하는 며느리가 될 것이니까.

아들의 약혼녀는 북경에서 온 중국인이다. 중국인들은 부를 상징하는 숫자 8을 좋아한다. 그래서 8이 두개인 8월 8일로 결혼날짜를 잡았다고 생각했다. 그러나 중국 문화를 잘 모르는 아들이 날짜를 정했다. 이유는, 아들은 수학을 좋아한다. 즐겼다. 수학에서 무한대라는 것이 있다. ∞ Infinity. 숫자 8을 옆으로 눕히면 무한대가 된다고 아들이 설명했다. 멋있다! 나도 어릴 때 무한대를 배웠지만 무엇인지, 어떻게 하는 것인지 기억이 전혀 나지 않는다.

아들, 아들 약혼녀, 약혼녀 부모님, 그리고 나, 모두 5명. 같이 한 자동차를 타고 로스앤젤레스 카운티 등기소(Los Angeles County Registrar-Recorder/County Clerk)에 갔다. 아들은 결혼 증명서 창구에 서류를 제출하고 로비에서 기다렸다. 다른 커플과 가족들도 순서를 기다리고 있었다.

오전 11시 15분

카운티 직원이 로비로 나와서 아들 이름과 약혼녀 이름을 불렀다. 우리는 작은 채플 방으로 들어갔다. 방에는 여자 주례사가 있었다. 주례사는 간단하게 결혼식 과정을 설명했다. "신랑과 신부가 서로 주고받을 글을 준비했나요?" "아뇨!" 아차차차, 꽃!! 꽃도 준비하지 못했다. 결혼 증명서를 받기 위하여 간단 결혼식을 하다 보니 꽃을 생각하지 못했다. 나는 스마트폰으로 사진 담당, 약혼녀 엄마는 비디오를 담당했다.

주례사의 질문에 아들과 약혼녀는,

"I do."

"I do."

둘이 키스를 주고 받은 후, 끝났다. 5분 만에. 둘은 부부가 되었다.

안사돈은 여느 신부의 엄마처럼 마음이 아픈가보다. 딸은 눈물을 보이는 엄마를 안아 주었다. 하객 하나 없이 5명만이 참석한 초간단 결혼식, 아버지 손을 잡고 웨딩마치 올리지 못한 결혼식, 어느 누구의 축하도 없는 결혼식… 오직 우리만 있었다. 하지만 그것으로도 충분히 행복했다. 얼마 후, 페이스북에서 축하 메세지가 쏟아졌다.

아들은 여자친구에게 청혼하기 위하여 1년 정도 돈을 모아 다이아몬드 반지를 샀다. 로스앤젤레스 카운티 등기소에서 결혼식 비용 $150, 결혼 축하 저녁 식사 $506, 이게 다였다. 그리고 아들은 자기 스스로 아내의 결혼 반지(bend)를 사주고 싶은 마음에 나에게 돈을 돌려 주었다.

나는 아들을 자랑스럽게 생각한다. 1989년 10월 15일 새벽 3시 55분, 한양대학교 부속 병원에서 임신 27주, 체중 1,110g의 미숙아로 태어난 아들, 태어나서 일주일 경과 후 체중 970g, 인큐베이터 안에서 산소마스크와 온갖 케이블에 칭칭 감겨진 아들, 주사기로 밀어 넣어 주는 음식(액체)을 섭취한 아들, 젖병을 빨기조차 버거워 입 주변이 하얗게 질려 버렸던 아들, 하루에 5g, 10g, 컨디션이 좋을 때는 20g씩 체중을 늘려 간 아들, 인큐베이터에서 2개월 반 동안 집에 오지도 못하고, 주변에서 포기하라는 말을 무시하고, 생존을 위하여 기계만 놓여져 있는 차가운 병원에서 밤이나 낮이나 혼자서 모든 어려움을 이겨 낸 아들, 바로 지금의 나의 아들이다. 그런 아들이 결혼했다.

로스앤젤레스 카운티 등기소 결혼식에서 또는 저녁 식사 시간에 아들과 며느리를 위하여 좋은 글을 들려주고, 며느리 부모에게 감사의 마음이 담긴 글을 전하고 싶었다. 나는 안구 건조증이 심하다. 양파를 썰 때조차도 눈물을 더 이상 흘리지 않는다. 그러나 아들을 생각하면, 아들의 결혼을 축하하는 마음에 눈물이 쏟아진다. 눈물을 보이기 싫어 아무런 축하의 말도 글도 전해 주지 못했다.

며느리의 아버지는 저녁 식사 자리에서 사위와 딸의 손을 꼭 잡고
중국어로 딸을 보호해 주고 사랑하며 살기를 사위인 나의 아들에게
부탁했다.

다음 날 아침, 아이다호 보이지 여행지로 다시 돌아 가려는 시간, 며
느리의 집을 떠나는 시간, 우버를 기다리는 그 짧은 시간에, 구글 번
역기를 이용하여 며느리의 부모, 나의 사돈에게 다음의 글을 전했다.

'Thank you for your hospitality. Thank you for accepting my
son as your son. Please advise him as a mentor when he makes
mistakes and embrace him. Melinda is now my daughter, too.
Stay in healthy. Please visit me later. God bless your family.'

다음은 구글이 번역한 중국어이다. 그대로 옮겼다.

谢谢你的热情款待。感谢您接受我的上一次作为您的儿子。

当他犯错误并拥抱他时，请告诉他作为导师。梅琳达现在也是我的
女儿。保持健康。请稍后再来看我。上帝保佑你的家人。

나를 환대해 주셔서 고맙습니다. 나의 아들을 사돈의 아들로 받아
주셔서 감사합니다. 아들이 실수했을 때 멘토어로서 조언해 주시고
포용해 주시기 바랍니다. 멜린다도 내 딸입니다. 항상 건강하시고,
내가 사는 집도 방문해 주시기 바랍니다. 신의 은총이 함께 하기를
바랍니다.'

"그럴 일은 없을 것이다."라고 말했던 아들, 그러나 정말 간소하게
끝났다. 결혼식 다음 날, 아들과 며느리는 직장에 갔다, 신혼 여행을
뒤로 미루고.

오레곤

Oregon

바람의 도시 후드 리버

2017년 8월 9일 수요일

아이다호 보이지로 돌아가기 전에 엘에이 다운타운에 들렀다. 엘에이에 온 김에 일 하나 마무리하고 가야지. 랩탑이 들어 있는 가방, 왜 이렇게 무겁지? 내 랩탑은 남친이 쓰던 것으로 아주 오래되었고 무지 무지 무겁다. 랩탑 외에도 베낭까지 짊어졌다. 17년 살았던 로스앤젤레스에서 불과 5개월 만에 여행자가 되어 돌아왔다. 자동차도 없이 우버를 타고, 10블럭을 걷고, 지하철을 타고… 자전거 타면서 많이 좋아진 내 무릎이 무거운 짐 때문에 다시 아팠다. 기필코 초경량 랩탑을 구입하리라.

친구를 만나 점심 식사를 하고, 같이 발 마사지 받으러 가고… 엘에이, 편하다. 여행하면서 가장 그리웠던 것은 한국 음식이 아니고 스파이다. 친구가 또 공항까지 바래다 주고… 오늘 호강했다.

자정이 넘어 아이다호 보이지, 여행지로 되돌아왔다.

2017년 8월 10일 목요일

보이지 리버사이드 RV파크를 떠났다. I-84 서쪽으로. 오레곤후드 리버(Hood River)를 향하여.

아이다호에서 오레곤이 가까워지면서 지평선 멀리 하늘이 탁했다. 꾸물 꾸물, 탁한 하늘, 헤이지(Hazy), 먼 곳이나 가까운 곳이 아물 아물, 가물 가물 거렸다. 오레곤주로 들어 온 후에도, 후드 리버가 가까워졌는데도 계속 흐릿했다. 오레곤 공기가 나빠졌나?

헤이지한 날씨(Hazy weather)의 이유는 먼지, 연기, 자동차와 공장 등에서 나오는 공해, 그리고 바람에 날리는 모래, 산불 등의 영향으로 생긴다. 특히 건조한 지역에서 많이 생긴다.

작년에 잠깐 들렀던 후드 리버(Hood River)에 도착했다. 1895년에 설립된 후드 리버는 바로 옆에 흐르는 후드 강의 이름과 같다. 후드 강은 후드 리버 뒤에 있는 후드 산(Mount Hood, 고도 11,250피트, 3,429m)에서 시작되어 후드 리버 바로 앞 콜럼비아 강으로 합류된다. 언덕에 자리 잡은 후드 리버 앞에는 콜럼비아 강, 강 건너에는 워싱턴 주의 눈 덮인 아담스 산이 보인다. 후드 리버의 전체 인구 7,500명도 안 된다. 비가 자주 내리는 서쪽의 포틀랜드와 동쪽의 건조 지역 중간에 위치하고 있다. 그로 인한 자연 현상으로 후드 리버에는 바람이 많이 분다. 그래서 이 작은 도시는 항상 바쁘다. 바로 바람을 이용한 수상 스포츠를 즐기러 오는 사람들이 많다. 전 세계에서 온다. 자동차에 각종 수상 스포츠 장비를 싣고 다니는 사람들을 많이 본다.

우리는 기약없이 강변에서의 노숙 생활을 시작했다.

개와 함께 윈드서핑

81.
캠핑카 여행과 와이너리 콘서트

2017년 8월 12일 토요일

세차장에 가서 캠핑카 앞부분만 세차했다. 세차 비용이 시간제이기 때문에 나도 덩달아 소매 올리고 캠핑카를 닦았다. 빨리 빨리 그러나 꼼꼼하게. 그동안 캠핑카 앞 유리에서 사망한 벌레들, 잘 씻겨지지 않았다. 살살살 달래고~ 인정사정없이 팍팍팍~ 문지르며 닦아냈다.

캠핑카의 깨끗한 얼굴을 보면서 후드 리버에서 I-84번을 타고 동쪽으로 약 35마일(56km) 갔다. 그리고 콜럼비아 강 샘 힐 메모리얼 (Sam Hill Memorial Bridge) 다리를 건너 북쪽 워싱턴주로 갔다.

스톤헨지와 1차 세계 대전 기념비(Stonehenge and WW I Memorial in Washington State).

기원전 3,000에서 2,000년에 돌로 만들진 영국의 스톤헨지와 똑같은 크기와 모양으로 만든 복제품으로 1929년에 콘크리트로 만들어졌다. 복제품 스톤헨지는 1차 세계 대전에서 전사한 워싱턴주 클릭키탯 카운티(Klickitat County) 출신 장병들을 기리는 기념비이기도 하다. 한국전과 베트남전에서 전사한 장병들의 이름도 추가되었다. 워싱턴주 스톤헨지의 추모 제단은 하지(summer solstice)에 일출과 나란히 빛을 나눈다.

메리힐 미술 박물관(Maryhill Museum of Art)
콜럼비아 강이 내려다 보이는 이 박물관은 원래 샘 힐이 거주하기 위하여 지어졌으며 학교 동창인 벨기에의 왕 알버트 1세를 이곳으로 초대하려고 했다. 하지만 집 공사는 1차세계대전 발발과 물 공급이 되지 않아 중단되었다.

공사가 중단된 집은 루마니아 왕비 마리에게 헌정되었고, 프랑스 무용가 로이 풀러(Loie Fuller)의 제안으로 미술 박물관으로 탄생되어 1940년부터 일반인들에게 공개되었다.

이 박물관에는 '생각하는 사람'을 만든 로댕의 작품이 많이 있다. 그리고 루마니아 왕비 마리의 선물과 다른 작가들의 작품도 전시되어 있다.

메리힐 와이너리(Maryhill Winery)
샘 힐 또는 미술관과 전혀 관련 없는 부부가 이곳에 땅을 구입, 2000년에 와이너리를 시작했다. 메리힐 와이너리는 와인 상을 많이 받았다. 캘리포니아 나파 밸리도 와인으로 유명하지만 오레곤의 와이너리도 역시 유명하다. 오레곤주 포틀랜드 남쪽 윌라멧 밸리

(Willamette Valley)에는 무려 500개가 넘는 와이너리가 있으며, 이 지역 와인은 피노 노아(Pinot Noir)가 유명하다.

오늘밤 메리힐 와이너리 야외무대에서 콘서트가 있다. 출연 가수는 마이클 맥도널드와 보즈 스캑스(Michael McDonald and Boz Scaggs). 마이클 맥도널드는 Listen to the Music으로 우리에게 잘 알려진 두비 브라더스(The Doobie Brothers)의 멤버로 활동하다가 솔로로 전향했다. 보즈 스캑스는 1960년대 스티브 밀러 밴드의 리드 싱어였다.

메리힐 와이너리 콘서트, 무대 뒤에 포도밭과 콜럼비아강

와이너리 야외극장 주차장에 주차 하고, 캠핑카에서 저녁 식사를 한 후, 지정 좌석으로 느긋하게 갔다. 지정 좌석이 없는 사람들은 의자와 음식을 싸 들고 서둘러 콘서트장으로 들어가 피크닉을 즐긴다. 또한 와이너리에서 와인 테이스팅도 할 수 있다. 일부 초대된 사람들은 와이너리 바로 앞 테라스에서 와인 마시고 애피타이져 먹으면서 콘서트를 즐긴다.

콘서트장의 대부분, 아니 전체 관중석은 40, 50, 60대, 70대 이다. 나도 50대. 남친은 60대 가까운 50대. 조용필 콘서트에 가는 한국의 중장년층과 마찬가지이다.

좋아하는 노래가 나오면 일어서서 환호를 지르고, 박수치고, 노래를 따라 부르고, 춤도 추고…. 그러나 이런 축제 분위기에서도 일어나지 않고, 환호하지 않고, 박수치지 않고, 흔들흔들거리지 않는 사람이 하나 있다. 바로 내 남친!! 대부분의 노래를 모르는 나도 일어서서 흔들거리고, 박수치고… 그랬는데, 남친은 무감각증? 사람들은 디즈니랜드나 디즈니 월드, 식스 플래그 같은 놀이 공원에서 롤러 코우스터 놀이 기구를 타면 소리를 지르고, 또 놀래는 표정도 가지각색이다. 나 역시 마찬가지다. 그러나 나의 남친, 그런 놀이 기구를 타도 얼굴 표정이 달라지지 않는다. 놀이 기구 탄 후 자동으로 찍힌 사진을 보면 혼자서 무표정, 무감각 그 자체이다. 다른 사람들의 난리가 난 표정 속에서 유일하게 무표정으로 얼굴 똑바로 들고 가만히 앉아 있는 사람, 바로 내 남친! 그래서 물어 봤다. "안 무서워? 소리 안 질러?" 남친 하는 말, 자기는 오래 전에 비행기에서 뛰어 내려 하늘에서 쇼를 하는 스카이 다이빙을 해서 하나도 무섭지 않단다. 그래서 이런 정도의 놀이 기구는 감이 안 온대나~ 음… 그래, 그건 말이 돼. 그런데 콘서트는 뭐야? 스카이 다이빙을 해서 콘서트도 감이 안 오나? 그건 말이 아니지. 자신의 무감각증을 인정하지 않는 남친, 좋게 말하면 표현을 하지 않는(못하는?) 남친, 이번 캠핑카 여행을 하면서 나는 "와아~ 멋있다아아아~"를 수천 번 연발해서 더 이상 감탄하고 싶지 않다. 그런데 내 남친, 멋진 풍경을 보고도, 흥겨운 콘서트를 보면서도 그 표정 그대로 말 한마디 없고, 표정 하나 짓지 않고, 몸 한 번 흔들거리지 않고, 그 흔한 박수조차 없다. 남들은 다 일어섰는데 유일하게 앉아 있다.

어쨌건, 메리힐 와이너리 공연 중에 취한 사람도 없지만 조금이라도 자세가 흐트러지면 술 취한 사람을 정리하는 사람들(alcohol monitor)이 와서 자제시킨다. (나중에 생각 난 단어, 음주 단속반!!! 그러나 밤에 잠잘 때 단속반이라는 단어가 나를 귀찮게 했다. 단속반, 살벌한 느낌을 준다. 조금 순한 말? 음주 감시 요원, 음주 단속 요원, 음주…? 부드러운 단어가 떠오르지 않는다.) 워싱턴주, 공공장소에서의 음주에 대하여 아주 엄하다.

하늘에는 구름이 흐르고, 그 구름 속으로 해가 지고, 별이 뜨고, 노래가 흐르고, 와인에 취한다.

새무엘 힐(Samuel Hill 또는 Sam Hill).
1857년에 태어나 1931년에 사망했다. 메리힐 커뮤니티Maryhill

Community(동네), 메리힐 미술관(Maryhill Museum of Art), 스톤 헨지, 1차세계대전 기념비(Stonehenge and WW I Memorial)와 빼 놓을 수 없는 사람이다. 잘 생긴 사업가, 변호사, 철도 사업가였다. 워싱턴주 콜럼비아 강 지역의 경제 발전을 위하여 태평양 북서쪽 지역에 도로를 만들어야 한다고 정계를 설득하고 자비를 들여 도 로를 만들었다. 워싱턴주에서 처음으로 아스팔트 포장 도로를 건 설하여 도로 이름을 그의 아내 이름을 따서 메리힐 로드(Maryhill Roads)라고 지었다.

후드 리버에서 캠핑카 노숙(Boondock)

2017년 8월 10일 목요일

세기의 개기 일식을 보기 위하여 8월 21일까지 특별한 계획 없이 후드 리버에서 지내기로 했다. 여행 아닌 평범한 일상이 다시 시작되었다. 수영, 자전거, 도서실, 그리고 여기 기웃 저기 기웃. 나야 따를 수밖에. 나는 역사적인 개기 일식이 있든, 없든, 보든, 보지 못하든 상관없다. 그래도 탁한 하늘이 계속되자 개기 일식을 볼 수 있으려나 약간 걱정된다. 하지만 아직 시간은 있다. 그때까지는 공기가 깨끗해지겠지.

2017년 8월 11일 금요일

남친과 나는 하루 종일 후드 리버 도서실에 있었다. 남친은 일, 나는 블로그. 밤에는 어제와 같은 장소에서 노숙.

2017년 8월 12일 토요일

후드 리버 주변의 캠핑장을 확인했다. 메리힐 주립 공원 캠핑장(Maryhill State Park Campground), 더슈츠 강 캠핑장(Deschutes River

Campground)… 모두 다 찼다. 하지만 RV파크가 아닌 이상 캠핑장에서는 돈 약간 내고, 캠핑하고, 또는 텐트치고, 잠만 자는 곳이다. 한밤중에 경찰이나 파크 레인져가 와서 캠핑카 문을 두드리면서 "여기를 떠나시오"라고 하지 않는다. 맘 편히 두 다리 피고 편히 잘 수 있다. 하지만 전기도, 물도 없다. 오물을 버릴 곳도 없다. 짠돌이 남친은 정식 RV파크는 비싸고(하룻밤에 기껏해야 $35~$45?), 훅업하지도 하지 못하고, 잠만 자는 캠핑장에 단 돈 $10이라도 내는 것이 아까워서 차라리 노숙한다. 특히 오레곤으로 온 이후, 남친은 매일 밤을 노숙할 기세이다. 후드 리버 강변에는 캠핑카 여행자들을 위하여 공짜 물(캠핑카 물 탱크에 받을 수 있다)과 공짜로 오물을 버릴 수 있는 곳이 있기 때문이다. 그래서 짠돌이 남친은 이렇게 공짜가 있는데 왜 돈을 내고 캠핑장에 들어가? 그래서 캠핑장의 "만원"이라는 안내판이 반가웠을 것이다.

돈을 한 푼이라도 아끼기 위하여 노숙하는 남친은 오늘 콘서트에 가기 위하여 RV파크 비용보다 비싼 티켓을 구입했다.

2017년 8월 13일 일요일

간밤에 캠핑카 지붕에 두두둑 소리를 들었다. 아침에 일어나 보니 공기가 깨끗해졌다. 단 몇 방울의 비로 후드 리버 콜롬비아 강변의 꾸물거림이 사라지고, 하늘이 맑아졌다. 구름도 맑아졌다. 공기도 신선해졌다. 저 멀리 윈드서핑 색깔이 선명하게 보였다. 강변에 있는 스타벅스에 갔다. 남친은 일, 나는 블로그. 어제도 오늘도. 아마도 캠핑카 여행이 끝날 때까지… 이렇게 계속되겠지.

점심으로 라면, 저녁 식사는 필레 미뇽, 감자, 샐러드와 와인, 오래 된 티비 드라마 형사 콜롬보를 보고.

오늘 밤은 장소를 옮겨 노숙했다. 한 장소에서 오래 노숙하면 안된다는 것이 남친의 규칙이다. 상습 캠핑카 노숙자 낙인이 찍히기 때문이다. 아무리 RV Friendly라고 하더라도 주택가, 회사 근처, 공원 등에서의 노숙자를 싫어한다. 그것이 캠핑카 여행이든 진짜 노숙이든. 때로는 주민들의 신고로 경찰이 올 수도 있다. 따라서, 여기서 2, 3일, 저기서 2, 3일, 장소를 바꾸어 가며 노숙한다.

2017년 8월 14일 월요일

아침 일찍 일어나 7시가 되기를 기다렸다. 그리고 강변 근처에 있는 덤프 스테이션(dump station)에 갔다. 이미 다른 사람이 오물을 버리고 깨끗한 물을 담고 있었다. 우리도 캠핑카 배수 호스를 하수관에 연결하여 오물을 버리고 옆에 있는 수도(non-portable water)로 배수 호스 속을 씻었다. 이 물은 절대 마시면 안 된다. 오물 배수를 마치고 식수(potable water) 장소에 가서 캠핑카 물탱크를 가득 채웠다. 50갤런. 공짜이다. 오전 7시부터 오전 10시까지 물을 받을 수 있고 오물을 버릴 수 있다.

오늘은 도서관이 문을 열지 않아서 세이프웨이 마켓 안에 있는 스타벅스에 왔다. 요즘은 세수도 하지 않고 거리를 활보한다. 여행하면서도, 캠핑카 노숙하면서도, 길 위에서 살면서도 깨끗하고 이쁘게 다니고 싶지만 잘 되지 않는다.

1950년 6월 30일 후드 리버 신문

2017년 8월 15일 화요일

후드 리버 도서관에서 하루 종일 살았다. 시원하고, 무료 와이파이 사용하고, 조용하고, 일이나 공부에 집중하기 좋은 곳, 도서관. 기지개를 피고 눈 피로를 줄이기 위하여 도서관의 책들을 둘러 보았다. 그중에 일반 크기의 책보다 커서 옆으로 누워있는 두툼한 책들이 보였다. 아니 책이 아니라 후드 리버 신문을 연도별로 보관한 스크랩북이었다. 내 눈에 가장 먼저 띈 연도가 1950. 나는 갑자기 궁금증이 생겼다. 1950년 6월 25일의 후드리버 신문은 무엇을 실었을까?

조금이라도 힘을 주면 부스러질 것 같은 1950년 6월 25일자 신문을 조심스레, 손가락에 침도 묻히지 않고, 페이지를 넘겼다. 살면서 우리의 기억이 희미해져 가듯이 신문의 글자도 보기 어려울 정도로 누렇게 변하였다. 1950년 6월 25일. 없다. 한국 관련 기사가 없다. 한국 전쟁 소식이 없다? 날짜를 보니 그 당시 후드 리버 뉴스는 매주 금요일에 발행되는 주간 신문이었다. 따라서 6월 25일자 신문이 없고, 대신 6월 30일자 신문이 있었다. 1950년 6월 30일 금요일자 후드 리버 신문. 작은 마을 후드 리버의 일상적인 소식을 전했다. 여전히 한국 전쟁 소식은 없었다. 그러다가 기사가 아닌 광고 하나가 눈에 들어왔다. 후드 리버의 어느 교회에서 "한국 상황을 위한 설교 및 기도회"를 한다는 광고였다. 그 당시에는 'Korean War or Korean Conflict'라고 하지 않고 'Korean Situation' 또는 'Korean Battle'이라고 한 것 같다. 그리고 그 이후, 신문은 후드 리버 지역에서의 모병 소식, 징병 대기 중인 소식, 파병 소식을 매주 전했다. 맥아더 장군의 소식도 전했다.

먼 나라 미국, 시골 작은 마을에서, 미국의 젊은이들, 그들은 무엇을 위하여, 왜, 자원입대하고 징병 되었는가? 알지도 못하는 작은 나라에 가서 그들의 목숨을 바쳤다. 콧등이 시리다.

한국 상황을 위한 기도회 안내 광고   징병 소식

84.

콜럼비아 고지(Gorge)

2017년 8월 16일 수요일

콜럼비아 강(Columbia River).

북미 태평양 북서쪽 지역에서 가장 큰 강으로 캐나다 브리티쉬 콜럼비아(British Columbia) 로키 산에서 시작되어 오레곤 포틀랜드를 지나 태평양으로 흘러간다. 강의 총 길이는 1,243마일(2,000km). 콜럼비아 강 배수 지역(drainage basin)의 크기는 프랑스 국토 크기와 맞먹으며 미국 7개 주와 캐나다 일부 지역을 커버한다. 그중 옐로스톤 국립공원에서 흘러오는 스네이크 강(Snake River)이 가장 많은 강물을 콜럼비아 강에 공급한다. 미국내의 콜럼비아 강에는 총 11개의 댐이 있다.

콜럼비아 강 고지(Columbia River Gorge).

1천 7백만 년에서 1천 2 백만 년 전에 형성된 콜럼비아 강 협곡은 콜럼비아 강의 계곡(canyon)을 말한다. 이 지역에 인류가 살기 시작한 것은 약 13,000년 전, 베링 해협을 건너온 아시아인들이 살았다. 오레곤 주와 워싱턴 주의 경계인 콜럼비아 강 협곡의 가장 깊은 곳은 4,000피트(1,200m)이고, 규모는 80마일(130km) 이상의 지역으로 뻗어 있다. 1986년, 콜럼비아 강 고지는 연방 정부에 의하여 미국에서 두 번째로 국립 자연 경관(Columbia Gorge National Scenic Area)으로 지정되었다. 첫 번째는 1984년에 지정된 캘리포니아 모노 베이슨 내셔널 시닉 에어리어(Mono Basin National Scenic Area)이다. 콜럼비아 강 고지에는 다양한 식물과 동물이 살고 있으며, 건조한 동쪽 지역과 다습한 서쪽의 기압 차이로 콜럼비아 강 고지에는 시속 35마일(56km)의 바람이 생성된다. 따라서 이 지역, 특히 후드 리버(Hood River)는 윈드서핑, 카이트 서핑과 같은 수상 스포츠가 인기있다. 세계에서 많은 사람들이 수상 스포츠를 즐기러 온다. 최근에는 스탠드 업 패들(Stand Up Paddle)도 인기있다. 나는 수상 스포츠와 여가를 즐기는 사람들을 보고, '저 사람들은 뭘 먹고 사나? 일 안하나? 휴가중?' 궁금하다. 수상 스포츠 외에도 하이킹, 자전거(전동 자전거 포함), 낚시, 와인, 관광을 즐긴다. 오레곤 주의 콜럼비아 강 고지에는 폭포가 90개가 넘는다. 그중 가장 많이 알려진 폭포로는 멀트노마 폭포(Multnomah Falls)로, 길이 620피트(190m)이다.

콜럼비아 강 고지에는 아름다운 자연이 많이 있다. 다 가 보고 싶지만 가장 가 보고 싶은 곳은 오네온타 폭포(Oneonta Falls)와 피쉬 래더(Fish Ladder)이다.

콜럼비아 강 고지를 리서치하면서 재미있기도 하고 머리 아프기도 하고 왜 이렇게 복잡할까 라는 생각이 들었다. 바로 명칭 때문이다. 아리조나에 있는 그랜드 캐년은 캐년인데(The Grand Canyon),

왜 콜럼비아 강 협곡은 Canyon 대신 Gorge를 썼을까? 두 개가 다른가? 사전에는 Canyon은 계곡, Gorge는 협곡으로 번역했다. 그래서 이렇게 찾아봤다. "캐년과 협곡의 차이점 The difference between canyon and gorge." 그런데 Canyon과 Gorge외에도 gulch, gully, dale, valley, ravine… 계곡과 관련하여 많은 단어가 나왔다.

캐년(Canyon)

A deep valley with steep sides, often with a stream flowing through it. 가파른 절벽을 끼고 있는 깊은 계곡으로 강이 흐르기도 한다. 그랜드 캐년, 양쪽에 절벽이 있고, 콜로라도 강이 흐른다.

협곡(Gorge)

A narrow cleft with steep, rocky walls, especially which a stream runs. (가파른) 절벽 또는 갈라진 절벽 틈, 바위벽, 특히 강물이 흐르는 좁은 틈(계곡). 캐년보다는 작음. 콜럼비아 강 협곡 양옆에 가파른 절벽이 있고, 바위 벽도 많고, 강도 흐른다. 협곡은 캐년보다 작을 수 있지만 결국 Canyon과 Gorge는 같은 말이다.

계곡이나 협곡은 지리학적으로 어떻게 형성되었는가, 모양이 어떤가, 크기가 어떤지, 주변 환경은 어떤가 등에 따라서 이름이 결정되는 것 같다.

어제도 그랬고, 오늘도 그렇다. 시속 35마일(약 56km)의 바람이 분다. 캠핑카 밖에 내 놓은 바질(basil) 화분이 쓰러졌다.

85.

물에 안 빠졌다

2017년 8월 18일 금요일

스탠드 업 패들 서핑 Stand Up Paddle(SUP) Surfing 또는 스탠드 업 패들 보딩 Stand Up Paddle Boarding. 하와이 서핑에서 파생된 스포츠이다. 하와이에서는 보드에 앉아서 파도가 오면 마치 접영 (butterfly)을 하는 것처럼 손으로 저으면서 보드를 탔다. 스탠드 업 패들 보딩은 이름 그대로 서서 노를 젓는다. (paddle: 노, row: 노) 잔잔한 호수에서 SUP 보드를 이용하여 요가 하는 사람들도 있다.

우리가 노숙한 바로 앞 고지 섭(Gorge SUP)에서 보드 두 세트를 빌렸다. 1인당 1시간에 $20. 남친은 다리를 앞뒤로 놓고 서서 엉거주춤했다. 그러나 SUP은 서핑이 아니다. 따라서 두 다리를 옆으로 나란히 놓고 타야 된다. 주로 윈드서핑을 탔던 남친은 어색한 SUP 의 중심을 잡기 위하여 무릎을 꿇었다. 무릎을 꿇어야지, 아무렴! 인생을 살면서도 그렇게 자존심을 내려 놓기를 바란다. 그리고 패들링을 하면서 앞으로 앞으로 바람 부는 반대 방향으로 나아갔다. 남친은 힘이 세니까.

나도 엉거주춤 보드에 올랐다. 처음에는 가볍게 탔다. 두 번째. 바람보다 약한 나는 바람 부는 방향으로 떠밀려 갔다. 노를 저어라~ 노를 저어라~ 열심히 패들링을 했는데도 떠밀려, 떠밀려 갔다, 낙엽 위의 개미처럼. 아침 식사를 하지 않아서 그런가? 어느새 보드 선착장 반대편, 바람이 집결한 장소에 당도했다. 저 멀리 남친은 선착장에서 나를 불쌍히 바라보고 있는 것 같다. '어떻게 여기까지 올 것인가?' 그렇게 생각하고 있겠지. 나는 보드의 방향을 틀어서 영차영차 패들링을 했다. 선착장으로 가자, 노를 저어라, 영차 영차~ 갈 수 있다. 노를 저어라, 영차영차~ 먹지 않은 아침 식사가 머리에 맴돌았다. 노를 저어라, 영차영차~ 뒤를 보았다. 아니, 이게 뭐야? 난 아직도 그 자리에 있었다. 한 치 앞도 나아가지 못했다. 패들링을 하면 바람도 그만큼 나를 다시 뒤로 밀어냈다. 패들링을 열 번을 하면 바람도 열 번 불어서 나를 다시 뒤로 밀어냈다. 패들링을 스무 번, 쉰 번을 하든 바람은 나와 맞짱을 떴다. 그래? 그렇다면, 젖 먹던 힘을 발휘하자! 바람은 먹어 본 적 없는, 우리 엄마 모유의 힘을 보여 주자! 다시 힘차게 패들링을 했다. 그리고 느꼈다, 바람을, 바람의 성격을 파악했다. 바람이 줄기차게 불 때도 있고, 여러 번 강하게 분 뒤, 1초의 여운을 남기는 걸 깨달았다. 그 1초의 기회를 놓치지 않고, 젖 먹던 힘을 발휘하여, 앉아서 또는 무릎을 꿇은 채 노를 더 힘차게 저었다. 요령껏 강하게, 바람의 눈치를 보아 가며, 바람의 약점을 찾아가며, 다시 강하게….

　바람이 또 힘차게 불었다. 보드가 옆으로 밀려 뒷걸음질 쳤다. 나는 패들을 물속에 넣고 버티기 작전을 폈다. 그리고 다시 1초의 여운이 왔을 때 패들링을 했다. 오른쪽 패들링, 왼쪽 패들링, 패들링, 패들링… 선착장이 가까워 졌다. 안전선으로 들어 온 후, 일어서서 폼 잡고 다시 패들링했다. 야호!!! 남친과 다른 사람의 쏟아지는 칭찬에 기분이 으쓱했다. 정말 힘들게 선착장으로 돌아왔다.

86.
세계 최대 규모의 스탠드 업 패들 보드 대회

2017년 8월 19일 토요일

어제 스탠드 업 패들보드(Stand Up Paddle Board)를 타면서 맞바람과 사투를 벌인 결과, 어깨, 등이 피곤하다. 그런데 느낌이 좋은 피곤, 그래서 운동 하나 보다.

오늘도 후드 리버 공립 도서관으로 출근하려고 했지만 워터프런트 파크에서 스탠드 업 패들보드 경주를 보기로 했다.

스탠드 업 패들 보드 대회

네이쉬 콜럼비아 고지 패들 챔피언쉽(Naish Columbia Gorge Paddle Challenge).

올해 7회째를 맞이하는 이 경주는 세계에서 수준 높은 가장 큰 대회 중의 하나이다. 전 세계의 보더들이 참가한다. 하와이, 뉴욕, 샌디에고, 포틀랜드 등의 미국 각지, 그리고 멕시

코, 오스트리아, 호주, 프랑스, 일본 등등 많은 나라에서 왔다. 올해
는 어린이, 청소년, 성인 여자, 남자, 모두 310명이 참가했다. 나이도
15세부터 72세까지 다양하고, 엄마, 아빠, 아들, 딸까지 가족 모두가
참가하기도 했다.

로버트 네이쉬(Robert Naish)

1963년 캘리포니아 샌디에고 라 호야(La Jolla)에서 출생했으며
윈드서핑의 대가 중의 한 명이다. 그의 아버지 역시 윈드서핑 선수
로 아들을 위하여 하와이로 이주했다. 로버트 네이쉬는 13살 때 국
제 챔피언쉽 윈드서핑 대회에서 첫 우승하고, 그 이후, 각기 다른 분
야의 서핑 대회에서 1977~1979년, 1983~1987년 연속 우승. 1990
년대에는 카이트보드로 우승하였다. 영화와 비디오에 많이 소개
되었으며 수상 스포츠 장비 브랜드 이름이 되었다. 후드 리버 콜럼
비아 강에서 펼쳐지는 네이쉬 콜럼비아 고지 패들 챔피언쉽(Naish
Columbia Gorge Paddle Challenge)도 그의 이름을 따서 만들었다.

경기 시작 전, 경주 코스와 출발 지점, 도착 지점, 안전 사항 등에
대하여 오리엔테이션을 했다. 오리엔테이션이 끝나자 선수들은 일
제히 출발 지점인 비엔토 주립 공원(Viento State Park)으로 각자의
보드를 차에 싣고 갔다.

1시간 정도가 지난 후, 총 8마일(약 13km)의 물살을 달려온 선수
들이 하나 둘씩, 또는 여러 명이 온 힘을 다하여 결승점을 향하여 오
는 것이 보였다. 결승점에서도 순위가 뒤바뀐다. 한 선수는 지쳐서

결승점 몇 미터를 남겨 놓고 속도가 떨어지고, 다른 선수 역시 지쳤지만 더 힘을 내어 결승선을 끊는다. 빨리 도착하든, 늦게 도착하든, 물살을 가르며 달리는 선수들이 결승선으로 들어 올때마다 응원의 박수를 보냈다.

결승선에 들어오는 선수들

무엇이든지 해보지 않은 것을 처음 할 때 대부분의 사람들은 두려움을 느낀다. 그러나, 어, 무서워! 엄마, 어떡해! 소리지르지 않고 자연스럽게 즐기는 사람들이 있다. 대단한 용기도 필요하지 않다. 그런 라이프스타일이 부럽다. 물에 빠지면 다시 보드 위로 올라오면 되고, 젖은 옷은 말리면 되고, 지워진 화장, 다시 하면 되고, 뭐가 두려우랴! 즐기자! 즐기는 가운데 올림픽 챔피언이 태어나고 풍요로운 인생이 나온다.

오레곤 중부 - 일식 여행

2017년 8월 14일 월요일

세기의 행사인 일식이 8월 21일 다음 주 월요일에 펼쳐진다. 일식이 잘 보이는 곳으로 사람들이 이동한다. 그 지역 호텔 가격도 오른다. 여기저기에서 다양한 이벤트를 준비한다. 모두가 대목을 보려고 하는 가운데, 태양열 전기 회사는 2분 동안 일어 나는 일식으로 인하여 손해를 본다.

2017년 8월 20일 일요일

단골이 되어 버린 후드 리버의 세이프웨이 마켓(Safeway Grocery Store) 안에 있는 스타벅스에서 일을 하면서 남친은 오후 6시쯤에 떠나면 될 것 같다고 말했다. 그런데 이보다 빨리 4시쯤에 떠났다. 일찍 떠나길 잘했다. 갈 길이 생각보다 멀었다. 일식이 지나가는 오레곤 중부 지방. 그중에서 넓은 벌판에 자리잡은, 7,000명도 채 살지 않는 마드라스(Madras)가 이번 일식으로 유명세를 탔다. 1일 여행부터 2박, 3박 여행으로 미국 각지 뿐만이 아니라 해외에서도 많은 사람들이 왔다.

남친은 복잡한 곳을 싫어한다. 축제 분위기도 싫어한다. 그래서 마드라스에서 동쪽으로, 사람들이 많지 않은 곳으로 계속 달렸다. 스마트폰 서비스가 끊어지는 바람에 지도책을 보면서 일식이 지나가는 곳을 확인하며 운전했다. 남친은 목적지가 따로 없다. 가능한 한 사람들이 없고, 돈 내지 않고 하룻밤 노숙할 수 있고, 완전 일식을 제대로 볼 수 있는 곳을 찾았다. 우리가 지나 가는 동네마다 사람들이 일식을 보기 위하여 여기저기에서 캠핑을 하고 있었다. 텐트, 캠핑카, 트럭… 한적했던 시골 마을은 모두 축제 분위기다.

약 260 명이 살고 있는 오레곤 중부 지방의 작은 마을 킴벌리(Kimberly), 구멍가게에서 마지막 남은 일식 안경 세 개 중 두 개를 사고 다시 동쪽으로 갔다. 나는 운전하지도 않으면서 피곤했다. 멈추고 싶다. 쉬고 싶다. 배도 고프다.

일식을 보기 위하여 좋은 자리를 찾는 것은 끝이 없다. 일식이 중앙으로 지나가는 곳, 주변에 산이 없는 곳. 이 두 가지 조건만 갖추면 그 자리에 머물고 싶다. 일식이 내일 오전 10시 20분에 있다. 그러나 아마도 9시가 되면 일식이 시작될 것이다. 그래서 주변에 높은 산이 없는 곳이면 충분하다. 오레곤의 마드라스, 킴벌리, 존 데이 모두 일식이 지나가는 중앙에 위치하고 있다.

구글맵이 후드 리버에서 킴벌리 근처까지 2시간 48분 걸릴 것이라고 했지만 실제 시간은 더 걸렸다. 숲이 없는 산길이다 보니 제한속도가 낮다. 굽이굽이, 돌고 돌고, 오르락내리락. 4시에 후드 리버를 떠났는데 킴벌리까지 4시간 정도 걸렸다.

402번 도로, 킴벌리와 모뉴먼트 중간 지점, 그만 가자. 여기서 멈추자. 도로가 있음에도 오가는 차량들이 없다. 사방은 캄캄하다. 밤하늘에는 별들이 쏟아졌다. 별이 천지에 깔렸다. 별천지이다. 마지막으로 별천지를 본 적이 언제였나? 이 수많은 별들이 어디에 숨어 있다가 밤에 나오는걸까? 별 별 별… 별을 세기도 벅차다.

다음 날 오전 9시 20분쯤, 달은 겁없이 태양을 조금씩 조금씩 담대하게 그러나 조용히 품어 가기 시작했다. 눈부신 태양이 검은 달빛으로 가려졌다. 세상의 기운이 조금씩 달라졌다. 이윽고 11시가 넘자, 작열하던 태양은 달의 품속으로 완전히 들어갔다. 주변이 저녁 시간처럼 어두워지고, 기온이 서늘해지고, 아침을 이미 맞이했던 새들이 갑자기 찾아온 초저녁 어둠 때문에 당황하여 다시 지저귀고, 태양에 가려 빛을 잃었던 별이 다시 빛을 찾았다. 저거구나, 저것이 일식이구나. 멀리서 사람들의 환호 소리가 들렸다.

일식을 보기 위하여 오레곤 중부 지방으로 오면서 또 하나의 발견을 했다. 바로 자연이다. 오레곤에서만 볼 수 있는 자연. 존 데이 강을 끼고 도는 도로에는 아무것도 존재하지 않는 벌판이면서 동시에 작은 생물이 어우러져 공원을 이루고, 여행자들을 맞이한다. 나는 초호화 시설 없는 캠핑장을 보는 것만으로도 맘이 설렜다. 다시 올 수 있을지 내일을 기약할 수 없다. 그저 새로운 발견만으로도 행복하다.

88.

물고기 사다리

2017년 8월 23일 수요일

8월 10일 후드 리버 워터프런트 파크에 도착한 후 이곳에서 노숙하며 지낸 지 13일째. 오늘 아침 다시 오물을 배수하고 식수를 받았다.

그리고 그토록 기다렸던 물고기 사다리와 오네온타 폭포(Fish Ladder and Oneonta Falls), 드디어 오늘 갔다. 미국에서 7번째로 큰 콜럼비아 강은 아직도 바지선이나 선박이 다니는 중요한 수로이며, 물고기 특히 연어가 산란지로 돌아가는 길로도 유명하다.

그렇다면 바지선이나 연어를 비롯한 물고기가 어떻게 댐을 건너가나 아니 지나가나? 오래전부터 이것이 궁금했다. 방법이야 있었겠지만 그걸 모르고 지금까지 살았다.

콜럼비아 강에 바니빌 댐(Bonneville Dam)을 건설한 이후, 정부는 환경 단체와 부딪혔다. 상류로 올라가는 물고기들의 길을 막았기 때문이다. 그래서 만든 것이 바로, "물고기 사다리 Fish Ladder"이다.

콜럼비아 강 댐에는 물고기 사
다리가 몇 군데 있다. 그중에서
가장 쉽게 물고기 사다리를 볼
수 있는 곳은 바니빌 댐이다. 포
틀랜드에서 I-84번 고속도로를
타고 동쪽으로 약 50마일(80km)

가면 바니빌 주립 공원(Bonneville State Park) 방문자 센터가 있다.

방문자 센터 1층 물고기 보는 곳(Fish Viewing)에서 강물을 거슬
러(current) 올라가는 물고기들을 볼 수 있다. 킹 연어, 치누크 연
어, 은연어, 등푸른 연어, 무지개송어, 청어, 장어, 철갑상어 등이 이
곳을 지나간다. Fish Viewing 하는 곳 옆에 사무실이 하나 있다. 그
곳에서 직원이 8시간 동안(10분 휴식 시간과 식사 시간 제외.) 강을
거슬러 올라가는 물고기 숫자를 센다. 2교대이다. 밤에는 비디오로
찍어서 다음 날 직원이 비디오를 보면서 숫자를 센다. 호주는 완전
자동화가 되었다고 한다. 연어는 밤에 거의 움직이지 않고 잠을 잔
다. 따라서 밤에는 연어를 제외한 다른 물고기들이 강을 오른다. 나
는 Fish Viewing에서 한참을 서서 강을 거슬러 오르는 물고기를 봤
다. 그런데 다시 뒷걸음질 쳐 물을 따라 내려가는(flow) 물고기도
봤다. 이런 경우는?

물고기 사다리가 있는 밖으로 나갔다. 물고기 사다리(Fish
Ladder) 이름은 사다리(ladder)이지만 실제로 보면 폭이 넓은 계단
이다. 그 위에 강물이 흐른다. 물고기들은 물이 흐르는 계단을 뛰어

올라 상류로 간다. 그런데 계단이 서너 개가 아니다. 수십 개다! 백여 개? 물살도 센데… 나는 그곳에서 계단 위를 뛰어오르는 물고기를 딱 한 마리 봤다. 시즌이 아닌가보다. 물고기가 몸을 박차고 사다리(계단)로 오를 때 공중에서도 꼬리를 파닥파닥 좌우로 흔들며 앞으로 전진한다. 마치 멀리뛰기 선수가 하늘로 뛰어오른 순간에도 허공에서 발을 젓는 것처럼. 온 힘을 다하여 사다리를 오르는 물고기, 마음이 아프다. 사다리를 조금 낮게 만들어 주지, 조금 높은 것 같아, 그리고 너무 많아, 언제 다 올라가나, 그런데 물고기들은 사다리가 있는 곳을 어떻게 알지?

물고기 관망대(Fish Viewing)에서 본 물고기들은 사다리를 뛰어오르며 강을 거슬러 올라가는 것이 아니라 사다리 밑 통로를 통해서 상류로 가는 물고기들이다.

물고기 종류에 따라서 상류로 가는 시기가 다르지만 대체로 봄, 여름, 가을에 물고기 사다리가 붐빈다고 한다. 특히 11월에 가장 많이 지나간다. 피크 시즌일 때 한 시간에 천여 마리의 연어가 강을 거슬러 오른다. 연어는 아무것도 먹지 않고 태평양에서 백만 마일에서 250만 마일 여행 후 강의 상류에서 알을 낳은 후 죽는다. 온몸이 갈기 갈기 찢긴채. 그래서 수심이 얕은 상류에서 연어를 잡아먹는 곰이 싫다. 하지만 곰이 먹어 주어야 연어 인구가 조절되고… 그것이 또 생태계 아닌가? 연어 한 마리당 보통 4,000개의 알을 낳는다. 그리고 태어난 아기물고기들은 상류에서 거의 1년을 지낸 후 바다로 간다. 아기물고기들은 또 어떻게 댐을 내려가나? 물고기 사다리는 아닐 테고. 어린 물고기들은 댐 동력실의 터빈 속으로 끌려 들어가 댐 아래로 내보내진다. 어린 물고기들이 가장 많이 하류로 가는 계절에 터빈은 천천히 돈다. 터빈 속에 선풍기처럼 생긴 대형 블레이드(blade)도 두툼하다. 전력을 만들 때보다 더 많은 물을 방출한다. 모두가 어린 물고기들을 보호하기 위해서이다. 또 다른 방법으로는 어린 물고기를 댐 아래로 보내는 전용 배수로(spillway)이다. 그런데 방출되는 물과 함께 물고기들이 높은 곳에서 떨어지면 안 아픈가? 안 다치나? 댐이 꽤 높은데.

방문자 센터 스피커를 통하여 안내 방송이 나왔다. "잠시 후 11시에 동력실(powerhouse) 무료 안내 단체 투어가 있습니다." 우리는 단체 투어에 갔다. 직원 가이드가 댐에 관한 역사와 물고기에 대하여 설명을 해 주고 질문을 받았다. 나는 모든 궁금증을 다 물어보았다.

물고기 관망대(Fish Viewing)에서 뒷걸음질치는 물고기는 숫자를 세는 직원이 마이너스하고(subtract), 계단 오르는 것, 힘들지 않다. 본능으로 한다. 물고기들은 코에 예민한 센서가 있다. 상류로 가는 물고기들은 코로 물의 흐름을 느끼고 반대 방향인 상류, 물을 거슬러(current) 오른다. 따라서 댐의 직원이 깃발을 흔들며 물고기들에게 사다리 있는 곳으로 안내(유도)하는 것이 아니라 물고기들이 본능으로 안다고 한다. 어린 물고기들이 배수로를 통하여 댐 아래로 떨어질 때 안 아프다. 안 다친다. 97%의 어린 물고기가 살아남는다. 댐이 없는 곳에서도 어린 물고기들은 많이 죽는다. 모든 물고기들이 사다리를 오르지는 않는다. 설령 오른다고 하더라도 한 번

에 팔딱팔딱 올라가는 물고기도 있고, 계단 하나를 하루 종일 걸려 올라가는 물고기도 있다고 한다. 궁금증이 다 풀렸다. 얼마 전에 Fish ladder를 힘겹게 오르는 수백 마리의 연어 유튜브 동영상을 보고 울었다. 가여운 물고기, 얼마나 힘들까, 이제는 울지 않는다.

바니빌 댐에서 연어를 편하게 볼 수 있다면 하이킹 하면서 연어가 실제로 알을 낳고, 팔딱거리는 장면을 볼 수 있는 곳도 많이 있다. 한두 마리가 아닌 수백 마리의 연어를 볼 수 있는 곳은 이글 크릭(Eagle Creek Trail)과 허먼 크릭(Herman Creek)이다. 그 외에도 많이 있다. Fish Ladder는 캘리포니아 어메리칸 강(American River)에도 있다.

바니빌 락 앤드 댐(Bonneville Lock and Dam).

콜럼비아 강은 캐나다의 로키산에서 시작되어 미국을 지나 태평양으로 흘러간다. 모두 14개의 댐이 있다. 그중 3개는 캐나다에 있다. 바니빌 락 앤드 댐은 런 오브 더 리버(run-of-the-river) 형태의 댐이다. 저수지(reservoir) 댐이 아니라 계속 흐르는 물을 이용하여 전기를 생산하는 댐이다. 동력실(powerhouse)이 두 개 있다. 첫 번째 동력실은 1934년 공사 시작, 1937년 오픈. 공사 비용 $88.4million(8천 8백 4십만 달러), 1930년대 $88.4million? 엄청난 공사비다. 두 번째는 1974년 공사 시작, 1981년 오픈. 공사 비용

$664million(6억 6천 4백만 달러), 댐의 높이 197피트(60m). 두 개의 동력실에서는 1년에 50억 kw의 전기를 생산하여 50십만 가구에 공급된다. 바니빌 락(Lock)은 1987년에 공사가 시작되어 1993년 완공, $341million(3억 4천 1백만 달러)가 소요되었다. 1938년에 지어진 락을 더 크게 다시 만든 것이다. 크기는 폭 26m, 길이 206m이며, 선박이 락을 통과하는데는 30분 걸린다. 여기서 락(lock)이란 선박이 통과하는 운하이다. 2차 세계 대전 중에는 이 댐을 지키기 위하여 무장한 순찰 직원이 보초를 섰다.

〈업데이트〉

후드 리버를 떠난 후 9월 2일 연어 산란지 이글 크릭(Eagle Creek)에서 15세 남자아이가 불장난하다가 대형 산불이 났다. 오레곤이 산불로 몸살을 앓고 있다. 어디를 가나 재와 먼지로 하늘이 탁하다. 9월 7일 기준, 진화율 0%. 공원에서 고의이든 부주의이든 산불을 일으킨 사람은 평생동안 국립 공원, 주립 공원 등의 모든 공원 입장을 금지시켜야 된다. 우리는 산불로 인한 연기와 재를 피하여 오레곤 태평양으로 갔다. 그리고 9월 16일 포틀랜드로 돌아왔다. 하지만 아직도 연기와 재로 몸살을 앓고 있다. 9월 16일 현재 진화율 16%. 9월 17일부터 비가 내린다고 한다. 산불도 완전 진화되고 연기와 재가 씻겨지길 바란다. 새로운 나무들과 생명이 싹트기를 기다린다. 지난 6월 노스 캘로라이나 애쉬빌에서 비를 본 후 지금까지 비를 보지 못했다. 산불로 인하여 47,00에이커(19,020헥타르) 면적이 전소되었으며, 방화범인 15세 소년은 5년형, 1,920시간 사회봉사, $36.6million(3천6백6십만달러) 변상금 선고를 받았다.

허리까지 차는 얼음장 물속을 걸어 폭포까지 가다

2017년 8월 23일 수요일

오네온타 계곡과 폭포(Oneonta Falls).

오네온타 계곡에는 2천 5백만 년 된 현무암(basalt)이 즐비하며 이 끼류와 양치식물을 비롯한 다양한 생물이 살고 있다. 그리고 네 개의 폭포가 있다. 낮은 폭포, 중간 폭포, 위 폭포, 3단 폭포(Lower, Middle, Upper and Triple Falls). 네 개 폭포 중에 Lower Oneonta Falls는 높이가 100피트(약 30.5m)이며 도로에서 가장 가까운 곳에 있지만 폭포 가는 길이 그리 쉽지 않다. 1990년대 대형 바위가 떨 어지면서 나무들이 쓰러졌고, 그 쓰러진 나무들은 아직도 폭포 가 는 길에 산더미처럼 쌓여 있다. 폭포로 가는 트레일 입구에 '위험' 경 고 안내문이 있다. 2011년 한 등산객이 쓰러진 나무 위를 걷다가 미 끄러지면서 쌓여 있던 통나무에 머리를 부딪혀 그 자리에서 사망했 다. 또한 일부 구간에는 허리까지 차는 얼음장 같은 물속을 걸어 가 야 한다. 계절에 따라서 어른 가슴까지 물이 찰 때도 있다. 그리하 여 아이들을 동반한 사람들은 아이들을 어깨에 태우고 물을 건넌 다. 나와 남친은 캠핑카에서 면제품이 아닌 옷으로 갈아입었다. 카메라는 방수가 있으면 좋다. 워터 슈즈가 있으면 좋고 없으면 젖어도 괜찮은 신발. 단, 구두와 쪼리 신발(Flip Flop)은 절대 금물이다. 이렇게 준비를 하여 오네온타 계곡 물길이 나오자 거침없이 물속으로 들어갔다. 첨벙첨벙! 차갑다!

처음부터 끝까지 거의 물길을 걷는다. 쓰러진 통나무들을 기어 올라간다. 계곡 양쪽에 대형 바위 절벽이 맞닿을 듯하다가 가까이 다가가면 폭포가 보인다. 대범한 여자들은 폭포 위 바위에서 폭포로 뛰어 들었다. 나는 폭포 가운데로 수영을 하며 들어갔다. 이빨은 달달달, 온몸은 오들오들, 그런데도 마냥 즐겁다.

대자연이 만든 신비, 대자연이 만든 위험, 바로 오네온타 폭포이다.

오네온타 로어 폭포 가는 길   오네온타 로어 폭포

90.

미국을 돌고 돌아서 오레곤 포틀랜드

2017년 8월 23일 수요일

후드 리버와 포틀랜드 중간 지점에 있는 바니빌 댐과 물고기 사다리, 그리고 오네온타 폭포를 본 후, 후드 리버로 돌아 갈 생각이었다. 후드 리버가 노숙하기에 편하다고 남친이 말했기 때문이다. 공짜 물도 있고 공짜 배수도 있고. 그러나 남친은 생각이 바뀌었다. 포틀랜드로 가겠다는 것이다. 이왕 여기까지 왔으니까. 남친이 운전대를 잡고 있으니 "그러시오"라고 답했다. 포틀랜드로 접어들자 교통 대란이 시작되었다.

I-5번 고속도로 남쪽으로 방향을 돌렸다. 이 방향으로 약 16시간 가면 캘리포니아주 로스앤젤레스가 나온다. 포틀랜드를 지나자 휴게소(rest area)가 나왔다. 프렌치 프레리 휴게소(French Prairie Rest Area Southbound). 반대 방향인 북쪽 방면에도 똑같은 휴게소가 있다. 휴게소에는 커다란 나무들이 울창하게, 키 자랑이라도 하듯 하늘로 쑥쑥 뻗어 올랐다. 휴게소, 멋지다! 잘 생겼다! 휴게소 규모도 크다. 무료 커피와 오레곤의 명소 안내 책자도 있다. 주차 제

한 시간 12시간, 이 정도 시간이면 충분히 쉬고도 아니 잠을 자고도 남는 시간이다. 아침 식사까지 할 수 있다. 그래서 밤에는 대형 트럭들과 장거리 일반 승용차 여행객들이 이곳에서 잠을 잔다. 우리도 트럭 틈새에 끼어서 하룻밤 자자. 하지만 트럭을 가능하면 멀리해야한다. 밤새도록 엔진을 켜놓아 시끄럽다.

2017년 8월 24일 목요일

남친은 포틀랜드 주변의 RV파크 서너 군데에 전화해 빈자리가 있는지 확인했지만 다 찼다. 오레곤은 캠핑카 생활거주자 인구가 많다. 그리고 점점 더 증가하고 있다. 웬만한 RV파크는 자리가 없다. 대기자 명단에 이름을 올린 후 1년 이상 기다려야 하는 곳도 있다. 포틀랜드에서 아파트 월세가 보통 $1,000~$3,000이다. 하지만 RV 파크 월세는 $500~$700, 얼마나 저렴한가. 3년 전에 포틀랜드에서 캠핑카 여행 한 적 있는 남친은 그때의 상황만을 생각하며 RV파크 빈자리가 쉽게 있는 줄 알았다. 10년이면 강산이 변한다? 아니다. 2, 3년이면 RV파크의 대기자 수(waiting list)가 늘어난다. 서 너 곳에 전화를 한 남친, 포기했다. 잠시후 전화가 왔다. 한 RV파크에서 일요일부터 자리가 빈다고 했다. 일요일이면 8월 27일. 오늘은 목요일, 3일을 기다려야 한다. 그 뜻은 3일 밤을 어딘가에서 노숙(boondock)을 해야 한다는 뜻이다. 지금까지 연속으로 최장 13일을 노숙했는데 3일쯤이야, 후드 리버에서 채워 가지고 온 물, 깨끗하게 비워진 오물통, 3일은 거뜬히 지낼 수 있다.

2017년 8월 25일 금요일

오늘도 윌슨빌 도서관에서 온 종일, 남친도 바쁘고 나도 바쁘다. 남친은 진짜 돈 버는 일, 돈 때문에 일을 하고, 나는 사회와 공유하는 일, 좋아서 하는 일, 여행하면서 특별히 할 만한 일이 없어서 시작한 일, 블로그를 한다. 오늘도 도서관 문닫을 시간이 되었다는 안내 방송을 듣고 나왔다. 그리고 다시 같은 휴게소로 돌아왔다. 휴게소에 도착했을 때 한 할머니가 우리에게 다가왔다. 할머니도 캠핑카 여행 중인데 남편이 무척 피곤하여 이곳 휴게소에서 분덕하고 잠을 자도 되는지 남친에게 물었다. 남친은 yes가 아닌 우리도 여기에서 잘 거라면서 간접적으로 yes라고 답했다. 남친은 yes라고 말할 권한이 없기 때문이다. 캠핑카 노숙자인 우리는 저녁 식사로 필레미뇽, 감자, 옥수수, 샐러드를 먹었다. 그리고 코로나 맥주까지. 캠핑카 창문 밖에는 쉬었다가 다시 떠나는 사람들, 쉬러 휴게소에 들어오는 사람들로 계속 움직인다.

2017년 8월 26일 토요일, 새벽 1시 20분쯤

나보다 더 예민한 남친이 일어났다. 캠핑카 밖에서 강한 불빛이 들어왔다. 하얀 불빛, 빨간 불빛, 파란 불빛! 불빛이 소리 없이 현란하게 돌아간다. 어, 이건 경찰 불빛? 경찰이다! 옐로스톤 국립공원의 공원 순찰대가 아닌 진짜 경찰! 무슨 일이지? 휴게소에서 잠자는 사람들 단속하나? 남친이 중얼거린다. 트럭커들도 많은데 우리만 단속? 공평하지 않아!

이번에도 우리 차례가 돌아오는지, 경찰이 우리 캠핑카 문을 두드릴 것인지 기다렸다. 한참을 기다렸다. 남친은 옷을 다 입고 운전석에 앉았다. 떠날 준비를 하고. 그런데… 아니다. 젊은 백인 경찰은 우리 캠핑카 옆, 옆의 자동차에서 한 남자를 체포했다. 두 손이 체포된 남자가 경찰차 앞에 엎드렸다. 경찰은 남자의 옷을 샅샅이 뒤져 나온 작은 물건들을 지퍼백에 넣은후, 경찰차 뒷좌석에 태웠다. 그리고 어디론가 전화하고 떠났다. 무슨 일일까? 범죄를 저지른 범인? 어떻게 찾았지? 경찰이 순찰 도중 컴퓨터로 차량 번호 조회, 수상하다 여겨서 체포?

다시 잤다. 그러나 잠시 후, 이번에는 경찰 불빛이 아닌 토마스의 가녀린 야옹 소리~ 밥 주세옹~ 야~옹~ 깨우기 정말 미안하지만 배가 고프네옹~ 내가 침대에서 일어나는 소리가 들리면 토마스는 식탁에서 내려온다. 착지하는 소리가 들린다. 그리고 커튼 밑으로 다소곳이 앉는다. 토마스를 어떻게 거절하나? 아침 5시 15분, 좀 이르다, 그치?

나는 여행하면서 별의별 것을 다 봤다. 보는 것, 겪는 것, 듣는 것, 느끼는 것, 모두 인생이다.

91.

캠핑카 여행과 밀실 공포증

2017년 8월 27일 일요일

한 친구가 캠핑카 좁은 공간에서의 생활이 힘들지 않은지 물었다. 일주일도 아니고 몇 달씩이나. 괜찮다고 했다. 진짜 괜찮기도 하고, 진짜 괜찮아지려고 노력하기도 한다.

그러나 나도 욕심 있는 사람이라 집이 그리울 때도 있다. 넓은 집, 맨션은 아니더라도 캠핑카보다 넓은 집. 캠핑카 바퀴가 아닌 땅바닥에 기초 공사가 튼튼히 되어 있는 하우스가 그리울 때도 있다. 남친이 묵직한 체중으로 성큼성큼 걸어 다닐 때도 흔들리지 않는 반석 위의 집이 그리울 때도 있다. 넓은 샤워실에서 두 팔과 다리를 쭉쭉 펴가며 샤워하고 싶은 집이 그리울 때도 있다. 피로에 쌓인 내 몸 하나 채울 수 있는 욕조가 있는 집이 그리울 때도 있다. 필요한 물건 꺼낼 때마다 식탁 의자를 일일이 옮기지 않아도 되는 집이 그리울 때도 있다. 내 손이 선반 위에 닿지 않아 남친에게 의존하지 않아도 되는 집이 그리울 때도 있다. 토마스와 함께 장난감 쥐 한 마리 잡으러 우당탕탕 뛰어다닐 수 있는 집이 그리울 때도 있다. 볼일을 보고 발을 엉망으로 만들어 버린 토마스의 젖은 모래 발자국을 따라서 토마스를 찾으러 온 집안을 샅샅이 뒤질 수 있는 집이 그리울 때도 있다. 남친과 내가 서로 서 있는 위치를 바꿔 가며 요리할 필요없는 동선이 넓은 주방이 그리울 때도 있다. 한밤중에 화장실 갈 때 남친을 넘어가지 않아도 되는 집이 그리울 때도 있다. 남친, 나, 그리고 토마스가 함께 잠자는 침대에서 내가 이리저리 요동을 쳐도 토마스에게 방해되지 않을 만한 집이 그리울 때도 있다. 침대 바로 위 TV에 머리를 부딪치지 않을 집이 그리울 때도 있다. 여기는 거실, 여기는 다이닝 룸, 여기는 주방, 여기는 마당, 여기는 욕조, 여기는 벽난로, 청소가 힘들어도 큰 집이 그리울 때도 있다. 그러고 보니 그리운 것투성이다.

가끔, 아주 가끔, 캠핑카 여행 하면서 아쉬움이 있다. 아쉬움이라기보다는 답답함이다. 좁은 공간에 대한 답답함. 그러나 답답함을 생각하면 할수록 더 답답해지고 견딜 수 없을 것이다. 그래서 답답함이 올 때마다 잊으려고 노력했다. 나의 생각, 나의 노력은 나의 의지로 조절할 수 있다. "길이 26피트(약 8m)의 캠핑카는 일반 승용차보다 크~다! 텐트보다 크~다! 가고 싶은 곳, 엉덩이 큰 캠핑카 끌고 다 갈 수 있다. 샤워도 한다! 화장실도 있다! 냄새 나는 공중 화장실 가지 않아도 된다! 주방에서 먹고 싶은 것 만들어 먹는다! TV도 두 대 있다! 에어컨, 히터도 있다!! 약간은 불편한 안락의자도 있다! 무엇보다 벙커베드 아닌 퀸사이즈 침대가 있는 캠핑카, 정말 크~다!" 나는 나 스스로에게 이런 주문을 걸었다. 그 결과, 5개월을 버텼다. 앞으로 더 버틸 수 있다.

92.

18일만에 캠핑카 노숙을 면하다

2017년 8월 27일 일요일

지난 8월 10일 아이다호의 보이지를 떠난 후, 오레곤의 후드 리버 콜럼비아 강 워터프런트 파크에서 열 하룻밤, 일식 구경 차 오레곤 중부 지역에서 하룻밤, 다시 후드리버 콜럼비아 강변에서 이틀 밤, 포틀랜드에서 남쪽으로 20여 마일 떨어진 I-5번 고속도로 프렌치 프레리 휴게소 남쪽과 북쪽 방향에서 나흘 밤을 캠핑카 노숙하고, 드디어 포틀랜드 아래 맥민빌(McMinnville)에 있는 올드 스톤 빌리지 (Olde Stone Village)에 체크 인했다. 일주일 캠핑카 숙박이 $240. 그러나 2018년부터 가격이 오른다는 안내문이 있다. 올드 스톤 빌리지는 캠핑카 여행자 및 캠핑카 생활거주자도 있고, 모빌홈 거주자도 있다. 모빌홈은 공장에서 집을 만들어 트럭으로 싣고 모빌홈 파크로 와 설치한다. 집 크기가 작으며 일반 집보다 저렴하다. 모빌홈 역시 사고팔 수 있지만 땅은 포함되지 않는다. 땅 주인은 따로 있다. 그래서 정부에 집에 대한 재산세를 내지 않고 땅주인에게 땅값을 매달 지불한다. 모빌홈 전체를 다시 트럭에 싣고 다른 곳으로 갈 수도 있다.

오레곤은 RV(캠핑카)가 인기 있다. 따라서 RV파크도 많다. 인구 33,000명이 거주하는 맥민빌만 하더라도 RV파크가 10개도 넘는다.

올드 스톤 빌리지에 체크 인 한 후, 남친이 가장 먼저 한 것은 슬라이드 아웃. 캠핑카의 공간이 약 20인치(약 51cm)가 넓어졌다. 전체가 아니라 냉장고와 식탁이 있는 자리만 넓어진 것이다. 그 정도 넓어진 것으로도 세상이 넓어진 것 같다. 슬라이드가 아웃 되면서 그 밑에서 토마스 장난감이 나왔다.

오늘부터 일주일 동안 캠핑카 노숙이 아닌 RV파크에서 지낸다. 마음이 편하다.

93.

나무로 만든 세계 최대 바다 비행기 스프루스 구스

2017년 8월 27일 일요일

올 여름 포틀랜드와 주변 도시 날씨가 예년보다 수은주가 많이 올라갔다고 한다. 100도(섭씨 37.7도)가 넘는 날이 많다. 오레곤에 온 지 18일이 지났는데도 비는 한 번도 오지 않았다. 후드 리버에서 후두둑 한 번 내린 것 빼고는 건조하고 뜨겁다.

맥민빌(Mcminnville, Oregon)

포틀랜드에서 남서쪽으로 40여 마일(64km) 떨어져 있다. 남쪽으로 조금 더 가면 오레곤의 주도인 세일럼(Salem)이 나온다. 맥민빌은 1856년 테네시주 맥민빌에서 오레곤으로 이주한 윌리엄 티 뉴비(William T. Newby)에 의하여 세워졌다. 그의 고향 이름을 따서 맥민빌이라고 이름 지었다. 오레곤의 맥민빌은 와인너리로 유명한 윌라밋 밸리(Willamette Valley)에 있다. 농부들이 농산물 밭을 포도밭으로 전환해서 그런지 포틀랜드 지역은 농산물 가격이 로스앤젤레스보다 훨씬 비싸다. 그래도 판매세(sales tax)[06]가 없어 그나마 다행이다. 와이너리 외에 맥민빌에서 유명한 것은 에버그린 비행기 박물관이다.

에버그린 항공기와 우주 박물관(Evergreen Aviation and Space Museum)
올드 스톤 빌리지 바로 옆에 있다. 자전거 타고 갈 수도 있고 걸어서도 갈 수 있는 거리이다. 이 박물관이 유명해진 이유는 스프루스 구스(Spruce Goose) 때문이다.

스프루스 구스(Spruce Goose)
원래 이름은 휴H-4 헤라클레스(Hughes H-4 Hercules)이다. (미국인들은 헤라클레스를 허큘리스라고 발음한다.) 스프루스 구스는 세계에서 가장 큰 프로펠러가 장착된 바다 비행기(seaplane)이다. 바다에서 이착륙했다. 2차 세계 대전 중, 군수품을 실은 연합군 군함이 대서양에서 독일군 잠수함 공격을 받았다. 그래서 미국 정부는 탱크를 비롯한 대용량의 군수품 운송과 군인들을 안전하게 이동시키기 위하여 초대형 비행기 프로젝트를 만들었으며, 1947년, 휴 항공 회사(Hughes Aircraft Company)가 캘리포니아 로스앤젤레스 플라야 비스타(Playa Vista)에서 만들었다.

스프루스 구스는 전쟁 기간 중 알루미늄 사용 금지령 때문에 자작

---

06 판매세(sales tax): 일종의 부가가치세로, 판매되는 모든 물건(음식 재료 제외)에 세금이 붙는다. 오레곤을 제외한 대부분의 미국은 판매세가 있다. 캘리포니아 로스앤젤레스는 2017년 기준 9.25%. 그속에는 캘리포니아 주정부가 부과하는 세금과 카운티(행정구역이라는 뜻으로 엘에이 카운티에는 크고 작은 도시가 포함되어있다.)와 엘에이가 부과하는 세금이 포함된다.

나무(Birch)로 만들었다. 스프루스(Spruce)는 가문비나무라는 뜻이다. 그러나 실제로는 자작나무로 만들었는데 왜 spruce goose로 불렀는지 모르겠다. 일각에서는 기자들이 그렇게 불렀다고 한다. 하지만 바다 비행기를 만든 하워드 휴는 스프루스 구스라는 이름을 싫어 했다. 스프루스 구스는 150,000파운드(6,8038kg)의 군수품 또는 1,750명의 완전 무장한 군인들 또는 30톤짜리 탱크 두 대를 수송할 수 있는 용량으로 만들어졌다. 그러나 전쟁이 끝난 후에도 스프루스 구스는 완공되지 못했다. 미국 정부는 정부 기금을 사용한 것에 대하여 휴 항공 회사를 조사했다. 휴 항공 회사의 대표 하워드 휴(Howard Hughes)는 의회 청문회에서 "5층 건물 높이, 비행기 날개 길이가 풋볼 구장보다 큰 비행기를 만드는 것은 나의 사명이다. 실패할 경우 나는 미국을 떠날 것이다. 그리고 절대 돌아 오지 않을 것이다."라고 말했다. 그리고 청문회 휴식 시간에 캘리포니아로 돌아와 기자들 포함 36명을 태우고 롱비치 항구에서 H-4 Hercules를 시험 비행(taxi tests)했다. H-4 Hercules는 시속 217km, 바다 표면에서 21m 상공, 약 1.6km를 날았다. 그로써 의회에 H-4 Hercules를 증명했다. 하워드 휴가 미국 정부로부터 받은 돈은 그 당시 돈으로 2천 3백만 달러였다. 그러나 시험 비행 이후, H-4 Hercules는 다시 하늘을 날지 못했다.

1980년 남가주 항공 클럽이 H-4 Hercules를 구입, 롱비치 항구 퀸메리호에 옆에 전시했다.

1988년, 월트 디즈니 회사가 인수하였으며,

1992년, 오레곤 맥민빌 에버그린 비행기 박물관이 구입했다. 초대형 비행기 H-4 Hercules는 몸체 일부가 해체된 후, 바지선(barge)에 실려 태평양 북쪽 오레곤 포틀랜드로 갔다. 포틀랜드에서 다시 콜럼비아 강으로, 그리고 기차, 트럭으로 운반되어 맥민빌 에버그린 박물관에 1993년 2월 27일 도착했다. 운반 거리 1,698km, 138일 걸렸다. 미국 전국에서 몰려든 항공 기술자 자원 봉사자들이 에버그린 박물관에서 일부 해체된 스프루스 구스를 조립하고, 고치고, 지금에 이르렀다.

H-4 Hercules가 전시되었던 롱비치 항구에는 카니발 크루즈가 들어서고, H-4 Hercules를 비롯한 많은 비행기가 만들어졌던 휴 항공사의 격납고(315,000스퀘어피트-29,000㎡)는 영화 촬영의 사운드 스테이지로 사용되었다. 영화 타이타닉도 이곳에서 사운드 스테이징을 했다. 그리고 곧 미국 역사 유적지로 명명될 예정이다.

캘리포니아 토렌스(Torrance)에 있는 웨스턴 비행 박물관에 가면 H-4 Hercules 제작에 관한 수많은 사진과 청사진이 전시되어 있다.

하워드 휴(Howard Hughes).
하워드 휴는 사업가, 영화감독 및 제작, 발명가, 자선사업가, 조종사였으며 휴 항공사(Hughes Aircraft Company)를 설립했다. 그 당시 전 세계에 백만장자가 많이 있었다. 그러나 하워드 휴는 최초의 억만 장자로 알려져 있다. 하워드 휴에 관한 영화 에비에이터(The Aviator)가 있다. 마틴 스콜세지가 감독하고 영화배우 레오나르도 디카프리오가 주연 했다.

2017년 9월 3일 일요일

에버그린 박물관, 어른 입장료 $27. 박물관에는 인류 최초 구소련이 우주에 쏘아 올린 스푸트니크 1호(지름 23cm) 모형이 전시된 우주 탐험 역사관과 비행기 역사관이 있다. 스프루스 구스 H-4 Hercules의 대형 몸체가 박물관 전체 공간을 다 차지했다. 그 주변, 즉 H-4 Hercules 날개 아래에 작은 항공기와 전투기들이 전시되어 있다. H-4 Hercules 안으로 들어갈 수도 있지만 조종석 입장은 추가 비용을 내야 된다.

우주 박물관 한 벽에 이런 말이 쓰여 있다.

"너를 인도하는 길로 가지 말라. 대신 길이 없는 곳으로 가라. 그리고 길을 만들어라." -랄프 왈도 에머슨-

94.
짠돌이 캠핑카 여행과 노숙 환영

2017년 9월 2일 토요일

RV파크는 매일, 매주, 또는 매달 간격으로 입주비를 낸다. 따라서 장기간 거주할 때는 월 사용료로 내는 것이 훨씬 저렴하다. 캠핑카 여행하는 사람들은 연회비 $60를 내고 굿 샘(Good Sam) 회원으로 가입하면 RV파크를 비롯하여 캠핑 전문점 캠핑 월드에서 물건 구입할 때 할인 받을 수 있다. 그런데 캠핑 월드에서 판매하는 물건 값은 비싸다. 남친은 급한 것 외에는 거의 가지 않는다. AAA 자동차 클럽 멤버쉽도 편리하게 사용할 수 있다. AAA는 여행 중 도로에서 자동차 문제가 생겼을 때 도움을 받을 수 있다. 그리고 호텔, 공원, 박물관, RV파크 등에서도 할인받을 수 있다. AAA는 전반적으로 다 할인받고 도움을 받을 수 있지만 RV파크 할인 전문은 아니다.

RV파크 1일 요금이 $40, $50이든… 돈은 돈이다. 그래서 더 저렴하게 캠핑카 여행 또는 생활하는 방법이 없을까 생각했다. 바로 분덕(캠핑카 노숙)이다. 그러나 분덕의 문제는 식수 공급과 오물 버리기이다. 그래서 인터넷에서 찾아봤다. "무료로 식수를 공급받을 수 있는 곳과 오물을 버릴 수 있는 곳(dump station)"

오레곤 후드 리버에서 공짜로 오물을 버리고 공짜로 식수를 받았던 것처럼, 오레곤 전 지역, 그리고 미국 전 지역에 무료 또는 저렴한 비용으로 식수와 덤프 스테이션을 제공하는 곳이 있다. 미국을 비롯한 다른 나라의 덤프스테이션 찾을 수 있는 웹사이트이다[07]. 우편 번호를 알아야 찾을 수 있다.

일부 RV파크에서도 숙박 손님이 아닌 캠핑카 여행자에게 돈을 받고 덤프를 할 수 있도록 한다. 그러나 극히 드물다.

일반인 여행자들에게 에어비앤비(airbnb)가 있다면 캠핑카 여행자들에게는 '분덕 웰컴(Boondock Welcome)'도 있다. 캐나다 부부가 미국에서 캠핑카 여행을 하면서 많은 캠핑카 여행자들을 만났다. 헤어지면서 나중에 우리 집으로 놀러 와. 우리 집 마당이 넓거든. 우리 집 마당에 캠핑카를 주차하면 돼. 이렇게 시작된 비지니스이다. 마당 주차비(노숙)는 무료지만 연간 소정의 회비를 내야 된다.

미국 토지 관리국(Bureau of Land Management)은 미국 정부 소유의 땅이나 산 등을 관리하는 토지 관리국이다. 이런 곳에서도 공짜로 분덕 또는 드라이 캠핑 할 수 있다. BLM 웹사이트를 참조 바란다.[08]

---

07   http://www.sanidumps.com/
08   www.blm.gov

캠핑카 여행을 하면서 분덕 또는 드라이 캠핑 하는 방법을 터득하게 된다. 단, 명심할 것은 분덕을 시시때때로 권하는 것은 아니다. 여행 하면서 부득이한 경우, 이웃에게 방해되지 않는 곳에서 분덕 하는 방법이다. 최근 엘에이 주변에도 캠핑카 생활 노숙자 인구가 늘어 사회 문제가 되고 있다. 그들은 치솟는 아파트 렌트비 없어서 캠핑카 생활을 선택하였지만 RV 파크가 많지 않은 엘에이, 그리고 RV 파크 입주비도 없어서 길에서 주차하고 생활한다.

오레곤 트레일

2017년 9월 4일 월요일

미국 노동절이다. 사람들은 황금연휴를 보내고 있지만 나는 황금
연휴와 상관없다.

2000년, 미국으로 이주했을 때 포틀랜드 공항으로 입국했다. 그
때 I-84번 고속도로를 달리면서, 오레곤 트레일(Oregon Trail or
Historic Oregon Trail)이란 표지판을 봤다. 그리고 이번 캠핑카여
행을 하면서 여기저기에서 무슨 무슨 Trail을 많이 봤다.

Trail. 산에서 하이킹(등산)하는 등산로이다. 또 옛날 미국 개척
시대 때, 동부에서 서부로 개척하러 갔던 길도 trail이라고 한다.

1803년, 미국의 3대 대통령인 토마스 제퍼슨(Thomas Jefferson)
은 정치가이며 군인, 탐험가인 메리위더 루이스(Meriwether Lewis)
에게 서부 탐험을 요청했다. 1804~1806년, 루이스는 윌리엄 클락
(William Clark)과 함께 서부를 탐험했으며, 그들에 의하여 지금의

미국 지도가 만들어졌다. 오레곤에는 이 두 사람의 이름을 딴 길, 학교가 있다.

　오레곤 트레일은 미주리주와 오레곤주, 동서를 이은 길로써 사람들이 마차 타고 미주리 강에서 오레곤 계곡으로 이주한 경로이다. 총 길이 2,170마일(3,490km). 1830년 중반과 1846~1869에 약 400,000명(정착민, 농부, 광부, 목장주, 상인과 그들의 가족)이 오레곤 트레일을 이용하여 서부로 이주했다. 오레곤 트레일 일부 구간은 캘리포니아 트레일, 몰몬 트레일, 보이크맨 트레일로 이어진다. 1869년 미국대륙을 연결하는 철도가 들어서면서 오레곤 트레일 이용자 수가 떨어졌다. 또한 고속도로가 발달하면서 철로 대신 I-80과 I-84번 고속도로를 많이 이용한다. 이 두 개의 고속도로 일부 구간은 오레곤 트레일과 나란히 달린다. 오레곤 트레일 외에도 서부 개척 트레일이 많이 있다. 모두 부를 찾기 위하여 떠난 길이다. 맨 처음에는 동물 가죽이나 모피를 교환하는 장사꾼들이 이용했다. 그이후, 통나무(lumber) 비지니스, 그리고 캘리포니아 골드 러쉬가 그 뒤를 따랐다.

　개척자들이 지나가며 그들이 남긴 길, 공원, 산, 강, 호수, 도시를 보며 미국을 배운다.

96.
남친=스트레스

2017년 9월 4일 월요일, 노동절 새벽

새벽녘에 기침을 했다. 감기 초기 증세에 대비하여 가지고 다니는 리콜라(Ricola) 목캔디(cough drop)를 입안에 넣고 잤다. 오늘 맥민빌 에버그린 항공기 박물관 옆에 있는 윙스 앤 웨이브 워터파크(Wings and Wave Waterpark)에 가기로 했었는데 컨디션이 좋지 않아 토요일로 미루었다. 윙스 앤 웨이브 워터파크는 주말과 휴일에만 오픈한다.

2017년 9월 5일 화요일

오레곤 Tigard(티거드 또는 타이거드) 시내 우체국 분점(postal annex)에서 우편물을 받고 아마존 락커(locker)에서 배달된 물건도 픽업했다. 코스트코에 가서 장도 봤다. 주로 고기와 연어이다. 코스트코의 고기와 연어는 다른 마켓에 비하여 싸고 신선하다. 품질도 좋다. 연어는 작은 크기로 잘라서 한 번 먹을 만큼 포장하여 냉동시켰다. 워싱턴 스퀘어 몰에 가서 쇼핑도 했다. 내일이 남친 생일이다. 크레딧 카드로 계산하고 받은 영수증을 보고 이게 뭐지? 오레곤은 판매세가 없는데… 50센트가 추가되었다. 자세히 보니 텍사스 휴스턴에 허리케인 하비로 피해를 입은 수재민 돕기 성금이 붙었다. 자동으로? 손님에게 물어보지도 않고? 그래서 판매원에게 이것이 의무인지 물었다. 그러자 판매원은 내가 오케이를 클릭했다고 말했다. 내가? 언제? 크레딧 카드 사인할 때 본 적도 없는데. 다만 한두 개 오케이 오케이 라고 클릭 클릭한 것 같다. 수재민 성금 돕기 50센트가 있다는 것을 전혀 모른채. 어떤 경우에는 판매원이 물어 본다. 기부를 하시겠습니까? 그런데 이 판매원은 물어보지도 않았다. 그래서 늘 하던 대로 클릭한 것인데 그중에 도네이션이 있었던 거다. 좋게 생각하자, 수재민 돕기 성금 했다고. 그러나 손님이 무의식중으로 클릭 클릭하게 만드는 것은 맘에 안 든다. 이게 다 심리와 습관을 악용하는 거다. 나중에 그 돈이 하비 피해자에게 정확하게 갔는지 물어보고 싶다. 나에게는 50센트이지만 백 명, 천 명의 손님이 나처럼 습관대로 클릭 클릭하여 돈이 모아지면 엄청난 기금이 된다. 뒤늦게 깨달은 손님들은 그 돈을 되돌려 달라고 요구하지 않는다. 50센트인데 뭐. 다만 그 기금이 정확하게 필요한 사람에게 가기를 바랄 뿐이다.

최근에 스트레스를 많이 받았다. 남친 때문이다. 자기 생일이 다가오자 셔츠가 필요하다고 했다. 그래서 토미 바하마 옷을 사주겠다고 했다. 작년에도 남친 생일 선물로 토미 바하마 셔츠를 선물했는데 좋아했다. 그러나 남친은 이제 더 이상 실크 셔츠(진짜 실크가 아닌 세탁 가능한 실크)는 사지 않겠다고 했다. 그러면서 20여 년 전에 구입 했다는 옷을 보여 주며 이런 옷감으로 된 셔츠를 갖고 싶

댄다. "헐~" 20여 년 전에 나온 옷감? 내가 그걸 어디서 구입 해? 강산이 두 번 변하는 사이 패션 시장은 수백 번 변했는데. 남친의 셔츠뿐만이 아니라 다른 것으로도 스트레스를 많이 받았다. 얘기하면 뭐하랴. 잊자~ 잊자~ 아무튼 선물을 받고도 남친은 여전히 무뚝뚝하다. 선물 받기 전이나 후에나 별 표정이 없다. 그래서 남친 옆구리를 찔렀다. 남친은 마지못해 "Thank you."라고 말했다.

97.

오레곤은 산불로 끓고 있다

2017년 9월 7일 목요일

8월 10일 아이다호 보이지를 떠나 오레곤으로 들어 섰을 때 날씨가 탁했었다. 바로 옆 워싱턴주에서 발생한 산불 때문이었다. 하루이틀 후, 비 몇 방울로 후드 리버 하늘이 맑아졌다. 그러나 후드 리버를 떠난 8월 23일에도 산속에서 연기가 솟아올랐다. 저 멀리 콜럼비아 강 위에서 연기와 구름이 섞여졌다.

9월 2일 토요일, 15살짜리 아이가 불장난하다가 이글 크릭에 산불이 발생했다. 9월 7일 지금까지 활활 타고 있다. 진화율은 0%. 후드 리버에서 캐스케이드까지 I-84번 고속도로 서쪽 동쪽 양방향 모두가 차단되었고, 주민들은 대피했다. 우리는 산불 난 지역에서 남쪽으로 1시간 30분 정도 떨어진 맥민빌에 있지만 이곳까지도 하늘에 재와 연기로 가득하다. 간밤에 캠핑카 지붕 위로 두두두두둑 빗소리가 열 번 들렸다. 오늘 아침, 하늘은 그대로였다. 부옇다. 타는 냄새도 여전하다.

남친과 나는 산불과는 상관없이 맥민빌에서 자전거를 즐기지 못했다. 아이다호 보이지처럼 자전거 전용 도로가 있는 공원도 없고 그나마 있는 것이 고속도로 옆에 있다. 자전거 도로도 아니다. 도로 옆 갓길이다. 얼마 전, 혼자서 18번 고속도로 갓길(shoulder)에서 자전거를 19km 탔다. 트럭과 자동차들이 뿜어 대는 공해 속에서 얼굴과 목, 피부는 따끔거렸다. 옷과 물병이 전부 먼지 투성이다. 맥민빌 별로다. 하지만 캠핑카로 어디든 언제든 갈 수 있는 우리, 여기에 머무를 이유가 없다. 공기가 깨끗한 바닷가 마을로 가자. 맥민빌을 떠나는 바람에 감기 기운으로 미룬 에버그린 항공 박물관 옆 윙스 앤 웨이브 워터파크를 가지 못했다.

맥민빌에 있는 윙스 앤 웨이브 워터파크(Wings and Wave Water Park), 크기는 작지만 아주 독특한 워터파크이다. 실제 비행기를 건물 위에 올려 놓고 실내 워터파크를 만들었다. 워터 슬라이드가 비행기 조종석에서 시작된다.

태평양의 작은 항구 도시 뉴포트

2017년 9월 7일 목요일

시간은 또 이렇게 흘러간다. 맥민빌의 올드 스톤 빌리지 RV파크에서 지난 8월 27일부터 9월 6일까지 지냈다. 이제부터는 캠핑카 여행 아닌 캠핑카 생활(RVier)을 하려나 보다 생각했다. 그러면 직장을 찾아야할텐데… 그러나 오늘 캠핑카 짐을 다시 꾸렸다. 오레곤 이글 크릭(Eagle Creek)에서 발생한 대형 산불로 인하여 이곳 맥민빌까지 재와 연기로 뒤덮였기 때문이다. 이곳에 머무를 이유가 없다.

남친이 다음 목적지의 RV파크에 전화하여 예약하는 시간에 나는 캠핑카 물탱크에 물이 꿀룩꿀룩 넘쳐 흐를때까지 물을 가득 채우고, 블랙 워터 배수하고, 그다음 그레이 워터 배수, 그리고 수도 호스와 배수관, 전기줄, 케이블 TV선도 뽑아서 꼬이지 않게 잘 말아 캠핑카 보관함에 넣고, 캠핑카 문 앞에 있는 계단을 캠핑카 밑으로 밀어 넣었다. 두 번 징도 계단을 밀어 넣지 않고 운전한 적이 있다. 사고 나지는 않았지만 위험하다. 처마는 사용하지 않아서 넣을 필요가 없다. 여기까지가 캠핑카 밖에서 하는 일이다.

캠핑카 안에서는 운전할 때 떨어지거나 쓰러지는 물건이 있는 지 확인한다. 그릇은 모두 수납장에 넣고, 토마스 화장실은 계단으로 옮기고, TV는 제자리에 고정시키고, 마지막으로 슬라이드 아웃(slide out)을 인(in)한다. 슬라이드 인(in)한 후, 곧바로 슬라이드 아웃 부분을 깨끗이 닦는다. 그래야 토마스가 선반으로 올라가도 먼지투성이가 되지 않는다.

맥민빌에서 99W를 타고, 223번 남쪽, 다시 20번 서쪽 고속도로, 그리고 오레곤의 뉴포트(Newport)에 도착했다. 태평양에 있는 작은 항구 도시이다.

안개가 자욱하다. 태평양은 안개 속에 가려져 아예 보이지 않는다. 오레곤 내륙에서 흘러오는 야키나(Yaquina) 강이 바다로 흘러간다. 바로 그 위에 하늘 높이 야키나 베이 다리(Yaquina Bay Bridge)가 있지만 안개에 가려 한 치 앞도 보이지 않는다.

뉴포트 마리나 RV파크(Newport Marina RV Park). 그러나 다 찼다. 우리가 배정받은 자리는 드라이 캠핑장이다. Dry camping은 정식 캠핑장보다는 저렴하다. RV파크가 꽉 찬 경우, 넘치는 캠핑카 여행자 수요를 채우기 위하여 만든 자리이다. 대신 전기, 물, 배수 혹업이 없다.

2017년 9월 8일 금요일 아침

캠핑카 창문으로 바라본 드라이 캠핑장 그리고 선착장. 어제보다 더 진한 안개가 항구 도시를 휘감아 버렸다. 도시가 사라져 버렸다. 캠핑카 밖으로 나가자 밤중에 들어온 많은 캠핑카 여행자들이 우리처럼 드라이 캠핑하고 있다.

밀린 블로그를 하기 위하여 뉴포트 도서관에 갔다. 거의 하루 종일 있었다. 항상 도서관에 갈때마다 두 종류의 사람들을 본다. 어떤 사람들은 도서관에서 조용조용 속삭이는 사람들이 있는가 하면, 또 어떤 사람들은 평상시 목소리로 말한다. 조용한 도서관에서 더 크게 들린다. 전화도 받는다. 다른 사람들은 아랑곳하지도 않고. 어른도, 아이도, 마찬가지이다. 장소 불문하고 "말하는 것이 자유"라고 한다면 할 말이 없다. 그러나 자유 라는 진정한 정의가 무엇인지 혼란스럽다.

2017년 9월 9일 토요일

오랜만에 자전거를 탔다. 바다를 끼고, 바다 옆 공원 속의 자전거 도로를 타고, 여기저기 기분 좋게 자전거를 탔다. 공원 길바닥에 1940년에는 여기까지 바다가 있었고, 1970년에는 여기까지 바다가 있었다라고 써있다. 바다가 점점 줄어들었다.

뉴포트 여기저기에 쓰나미 경고와 대피 장소 안내표지판이 많다.

야키나 베이 다리 아래 선착장에는 사람들이 낚시를 하며 새들과 경합을 벌이고 있다. 낚시할때 잡을 수 있는 물고기 양이 법으로 정해져 있다. 어떤 경우는 해당 주에서 허가증을 받아야 하고 리포트도 제출해야 된다.

다리를 건너면 1871년에 세워진 야키나 베이 등대(Yaquina bay Lighthouse) 유적지가 있다. 지금은 사용하지 않는다. 등대 아래에 있는 바닷가로 갔다. 모래 위를 걷는 것, 발목을 비롯한 다리 운동에 좋은 것 같다. 멀리서 어두운 안개가 꾸물꾸물 해안으로 몰려온다.

보슬비 아닌 부슬비가 내린다. 모자를 눌러 쓰고 비를 맞으며 야키나 베이 다리를 다시 건넜다. 캠핑카 문을 열자 토마스가 야옹~하며 반긴다. 7시가 넘었다. 토마스는 배 고프다.

뉴포트(Newport, Oregon)
1882년에 설립된 항구 도시로 약 10,000 명이 살고 있다. 수족관, 해양 과학 센터, 맥주 회사 로그(Rogue)가 있다. 특히 미국 해상 기후 관리국(National Oceanic and Atmospheric Administration)이 있으며, NOAA가 운영하는 대형 선박(해상기후 연구용)이 두 척이나 정박한다.
맛있는 곳: 새프론 새몬(Saffron Salmon)에서 연어와 클램 챠우더 스프(clam chowder soup)를 먹었다.

99.
태평양에서 잡은 게 파티

2017년 9월 10일 일요일

저녁 식사로 닭가슴살 요리를 하기 위하여 냉동된 닭가슴살을 해동시켰다. 해동되기까지 반나절 이상 걸린다.

똑똑똑, 가슴 벌렁! 와이오밍 그랜드 티톤 국립 공원에서 밤 12시에 공원 경비대가 캠핑카를 노크한 이후 생긴 노이로제이다. 여기에도 경비대가 있나? 돈 주고 캠핑하는 건데….

남친이 문을 열었다. "Hi, neighbor!" 인사성 없는 남친이 인사했다. 인사할 수밖에 없는 상황이다. 문을 열고 일대일로 대면했기 때문이다. 캠핑카 문을 노크한 사람은 경비대가 아닌 바로 옆 캠핑카(트레일러)에서 온 할아버지. 할아버지는 남친에게 비닐 봉투를 건네 주었다. 게다! 왕게(king crab)! 할아버지가 오늘 배 타고 태평양에 나가 잡아 온 게! 삶아서 두 마리를 선물로 주었다. 우리의 저녁 식사가 되겠군. 남친은 게를 먹을 때 사용하는 도구를 다 가지고 있다. 집게(tongs), 부수는 것(crackers), 꼬챙이(picks or forks), 그리고 버터를 녹여서 소스도 만들었다. (남친은 버터를 좋아한다. 게 먹을 때도, 옥수수 먹을 때도⋯ 그러나 나는 버터없이 먹는다. 더 맛있다. 먹을 때 은밀하게 나오는 고유의 맛이 더 좋다.) 우리는 한 마리씩 나누어 먹었다. 게는 다른 음식보다 열 손가락의 수고가 많이 필요한 음식이다. 인내심도 필요하다. 자르고, 부수고, 게살을 빼고⋯ 그러나 큼직한 게살이 쏘옥 나올 때, 바로 이 맛이다! 그 기쁨! 말할 수 없이 크다. 남친은 열 손가락이 피곤하고 인내심이 바닥에 드러났는지 게 몸뚱이는 포기했다. 그리고는 사이드로 준비한 마카로니 앤 치즈를 먹었다. 나는 내 것을 다 먹어 치우고 남친이 남긴 게 몸뚱이도 정성을 다하여, 최대의 인내심으로, 열 손가락의 마지막 힘을 다하여 말끔히 다 먹었다. No pain no gain. 고통 없이 얻지 못한다. 토마스도 덩달아 게 파티를 했다.

간밤에 바다사자(sea lion) 소리를 들었다. 잠자면서 영어를 생각했다. sea lion 소리를 crying으로 해야 되나? 아니면 singing이라고 해야 되나?

2017년 9월 11일 월요일

토마스의 야옹 소리를 들으며 일어났다. 토마스의 야옹 소리보다 먼저 일어나서 토마스에게 밥을 주는 착한 집사 노릇을 한 번도 한 적이 없다. 토마스가 너무 일찍 야옹하기 때문이다. 그런데 오늘은 7시 5분에 야옹 했다. 평상시 6시보다 한참 늦은 시간이다. 어젯밤 늦은 시간, 토마스가 나에게 부비부비 이쁜짓을 많이 했다. 배고프다는 거다. 나는 거절하지 못하고 토마스에게 캔 음식 반만 주었다.

그리고 오늘 아침, 어젯밤에 남겨 놓은 음식을 주었다. 토마스는 위가 약하여 잘 토한다. 그래서 음식량을 조절해야 한다.

캠핑카 창문의 블라인드를 걷었다. 안개가 많이 걷히고, 아침 햇살이 쏟아진다. 마음이 따뜻해진다. 그러면서 어젯밤을 생각했다. 마음이 우울해진다.

어젯밤, 잠자기 전, 남친의 체온을 느꼈다. 마음으로도 체온을 느꼈다. "I love you." 오랜만에 이런 말을 했다. 그러자 남친은 껄껄 비슷한 작은 소리(콧방귀?)를 내며, "I love you, too."

오늘 아침 남친이 왜 껄껄 거렸는지 생각 중이다. 일어 나면 물어 볼까? 아니야, 물어보면 무엇 하나, 스트레스 받을텐데…, 그래도… 물어봐야 되는데… 얘기를 나누어야 되는데…. 대화가 단절되었다.

16년 전 오늘, 911이 발생했다. 그러나 TV에서는 16주년 추모일인 911은 전혀 다루지 않고 있다. 지난 며칠 동안 미국 대서양 케이프 베르데(Cape Verde) 주변을 공포에 몰아넣은 허리케인 어마(Irma)를 다루고 있다.

옆 트레일러 할아버지가 밖으로 나왔다. 나도 나갔다. "감사합니다! 정말 맛있었어요!" 그러면서 얘기를 나눴다. 이곳에서 한 달째 머무르고 있는 할아버지는 대형 트레일러도 있고, 트럭도 있고, 배도 있다. 어떻게 이걸 다 끌고 다녀요? 오레곤 중부 지방 벤드

(Bend)에서 사는 할아버지는 이곳 뉴포트까지 두 번 왔다 갔다 한다고 한다. 먼저 트레일러를 트럭으로 끌고 이곳 RV파크에 와서 며칠 쉬고, 트레일러는 이곳에 두고 트럭 타고 집에 가서 보트를 가지고 온다고 했다. 뉴포트에서 벤드까지는 4시간 정도. 어제 30마리의 게를 잡아서 뉴포트에 사는 가족들과 나누었다고 한다. 그중 두 마리를 우리에게 준 거다. 오늘은 연어 잡으러 간다고 한다. 할아버지가 오늘 연어를 많이 잡으면 혹시나 하는 마음으로, "Good luck!" 아니다, 진실한 마음으로 했다. '연어를 많이 잡아서 한 마리라도 주면 좋겠지?'라고 기대하지 않았다.

옆집 트레일러 할아버지가 사는 벤드(Bend).

오레곤 중부에 있는 도시로 인구가 급증했다. 약 165,000명이 살고 있다. 벤드에는 부유한 은퇴자들이 많이 산다. 특히 캘리포니아에서 온 은퇴자들이다. 고급 스포츠카를 타고 다니는 할아버지, 할머니들이 많다. 목재업이 주요 비지니스였던 벤드는 이제 하이킹, 산악자전거, 스키, 낚시, 캠핑, 암벽 타기, 헬리콥터 투어, 래프팅, 패러글라이딩, 골프 등이 새로운 비지니스로 떠올랐다. 2015년, 한 잡지에 미국에서 가장 살기 좋은 도시 탑10에 뽑힌 기록이 있다. 벤드에 유명한 햄버거집이 있다. 일본 여행자도 햄버거 먹고 간다. 17년 전에 이곳을 지나면서 햄버거 집 방명록에서 봤다. 그때 나도 햄버거와 블루베리 쉐이크를 먹었었다. 정말 맛있었다. 그 이후 그런 햄버거와 블루베리 쉐이크를 먹어 본 적이 없다. 그런데 그 가게 이름이 생각나지 않는다. 트레일러 할아버지에게 물어보자 댄디스 드라이브 인(Dandy's Drive In)인 것 같다고 한다. 인터넷으로 찾아보

왔다. 맞는 것 같기도 하고… 기억이 확실하지 않다.

남친에게 간밤에 바다 사자 소리를 들었는지 물었다. crying? or singing? Barking이라고 한다. Sea lions are barking.

100.
야키나 베이 다리와 도로 함께 사용하기

2017년 9월 11일 월요일

Share the road(도로 함께 사용하기). 미국 도로에서 자주 보는 말이다. 대도시에서 자전거 인구가 다시 증가하면서 자전거 도로도 많이 생겼다. 자전거 타고 운동하는 사람, 자전거 타고 여행하는 사람, 자전거 타고 출퇴근하는 사람… 그러나 모든 도로에 자전거 도로를 만들 수 있는 것은 아니다. 그런 곳에서는 쉐어 더 로드(Share the road)라는 안내판을 설치하여 자동차 운전자와 자전거 타는 사람(biker)이 도로를 함께 사용하라고 안내하고 있다. 자동차 운전자는, 야, 앞에 자전거 탄 사람, 비켜! 빵빵!! 이렇게 하면 안 된다. 운전자는 바이커 속도에 맞추어 뒤따라 가거나 바이커를 피해 가야 한다. 피해 갈 때, 즉 바이커 옆을 지나갈 때 운전자는 거리를 유지해야 한다. 몇 피트 간격인지 운전면허 시험 본 지 오래되어서 잊어버렸다. 시험 보고 나면 다 잊어버린다.

얼마 전, 자전거 클럽 멤버들이 자전거 도로 없는 로스앤젤레스 한인 타운 한 도로에서 자전거를 줄지어 타고 가다가 사고가 발생했다는 기사를 읽었다. 기사에 의하면 횡단보도에 빨간불이 들어왔는데도 불구하고 바이커들이 계속 횡단했다고 한다. 그러자 횡단보도 앞에서 우회전을 기다리던 한 운전자가 기다리다 못해 그대로 밀고 지나갔다. 그러면서 한 바이커를 치고 말았다. 그 사건을 보도하는 기자들은 바이커들을 비난하는 톤으로 보도했다. 아무리 Share the road라고 하더라도 바이커들 역시 운전자에 해당되므로 교통법을 준수해야 하고 어쩌구저쩌구 하면서. 그 말은 무단 횡단하는 보행자도 자동차로 밀고 나가도 된다는 얘기인가? 그 말은 또 교통 위반하는 차량을 밀고 나가도 된다는 얘기인가? 무단 횡단 보행자이든 교통 위반 차량 또는 자전거이든 그것은 경찰이 알아서할 일이다. 어찌 되었건 참지 못하고 바이커들을 향하여 밀고 나가는 운전자가 오히려 무섭다. '오늘 길이 밀리는구나' 라고 생각하면 안될까? 밀린다고 목적지에 가지 못하는 것은 아니다. 늦어도 얼마나 늦겠는가? 조급함 때문이다. 왜 밀리는 도로에 나와서 교통 체증을 일으키나, 왜 바쁜 시간에 나와서 얼쩡거리나… 그런 생각을 할 것이다.

어제 뉴포트 야키나 베이 다리를 건넜다. 걸어서, 빈손으로. 오늘 또 건넜다. 오늘은 자전거를 끌고. 다리는 높고(아치형 다리의 가장 높은 곳은 41m), 자전거 레인도 없고, 보행자 도로는 약 1미터로 좁다. 나 같은 일부 바이커들은 자전거를 끌고 보행자 도로로 걸어가고, 또 일부 바이커들은 좁고 무서운 보행자 도로에서 자전거를 타고 간다. 강심장이다. 41미터 아래는 까마득한 바다가 있는데. 또 대범한 바이커들은 다리 위 1차선 도로에서 자전거를 타고 자동차들과 당당하게 다리를 건넌다. 어제 "다리에 불이 반짝거릴 때는 바이커가 다리를 건너고 있다."라는 안내판을 다리 양쪽 입구에서 봤다. 그렇다면 다리 위 도로를 자전거 타고 건너는 바이커들은 어딘가에서 불을 켜야 한다. 어제는 불이 어디에 있는지 보지 못했다. 그런데 바로 오늘 불을 켜는 버튼을 봤다. 버튼을 누르면 불이 켜지고 깜빡깜빡거린다. 자동차 운전자들에게 바이커가 다리를 지나고 있으니 조심하라 또는 서행하라는 신호등이다. 나처럼 다리 위 보행자 도로로 자전거 끌고 가는 바이커들은 버튼을 누르지 않는다.

캠핑카로 돌아가기 위해서 다시 다리를 건너야 했다. 불 켜는 버튼을 본 순간, 유혹이 생겼다. 버튼을 한 번 눌러 볼까? 경험삼아? 자전거 타고 다리를 건너볼까? 그런데 오늘 나는 자전거를 27마일(43km) 탔다. 피곤하다. 스트레스없이 빨리 캠핑카로 돌아가고 싶다. 무엇보다 자신감이 없고 무섭다. 내가 어떻게 다리를 건너가나? 오르막길도 있는데. 나는 버튼을 누르지 않고 다리 위 보행자 도로로 들어섰다. 바람이 강하게 분다. 나는 자전거와 함께 휘청거렸다.

하지만 오늘 이런 바이커를 봤다. 한 명의 바이커가 자전거 타고 보행자 도로가 아닌 차선에서 다리를 건너고 있었다. 그 뒤에는 차량들이 서행을 하며 뒤따라갔다. 다리가 1차선이고, 교통량이 많아서 뒤따르는 차량 운전자들은 바이커를 피해 가지도 못한다. 하지만 어느 누구도 바이커에게 고함을 치거나 경적을 울리거나 위험하게 중앙 차선을 넘어가지 않았다. 길이 990미터 되는 다리를 운전자들은 그렇게 서행으로 가고 있었다. 얌전히 바이커 뒤에서. 바이커는 자신이 천천히 간다고 하여 운전자들에게 피해를 준다고 생각하지 않는다. 운전자 역시 피해를 받는다고 생각하지 않는다.

캠핑카 여행을 하면서 자전거 도로와 share the road 안내 표지를 많이 봤다. 자전거이든, 자동차이든, 보행자이든, 누구나 함께 도로를 사용한다. Share the road. "Share"라는 말을 마음에 새겼으면 한다.

101.

햇살, 파도, 고래, 새, 그리고 하얀 등대

2017년 9월 11일 월요일

오늘 혼자서, 그렇다. 혼자서 자전거를 타고 27.8마일(44.7km)을 달렸다. 남친이 뒤에 따라오지 않았다.

먼저 곰이 나온다는 길을 피해서 남쪽 방파제 옆 야키나 베이 주립 공원에 갔다. 그리고 폭이 좁은 야키나 베이 다리 보행자 도로에서 자전거를 끌고 990미터의 다리를 건넜다.

야키나 베이 다리를 남쪽에서 북쪽으로 건너면 왼쪽에 오래된 등대가 있다. 야키나 베이 등대(Yaquina Bay Lighthouse)이다. 이곳에서 본격적으로 자전거를 타고 북쪽으로 갔다. 처음 시작은 원만했다. 내리막길이 나왔다. 내리막길에서 자전거 속도에 불이 붙었다. 하지만 빠른 속도가 무서워 브레이크를 꽉 쥐고 속도를 늦추었다. 오르막길이 나왔다. 자전거 기어를 낮추고 페달을 열심히 밟았다. 영차영차~ 힘들다. 자전거를 끌고 언덕을 올라갔다. 나이(Nye) 비치를 지났다. 저 멀리 야키나 헤드 등대가 보였다. 바로 내가 가는 곳이다. 아기자기한 가게와 레스토랑, 나무들이 즐비한 주택가도 지났다. US101번 고속도로 갓길에서 자전거를 타고 조금 지나자 야키나 헤드 등대(Yaquina Head Lighthouse) 표지판이 나왔다. 다시 언덕길, 완만한 길, 내리막길, 이렇게 반복하며 등대 입구 매표소에 다다랐다. 그런데 매표소에 도착하기도 전에 안내원이 큰 소리로 바이커(biker)들은 무료입장이라고 말했다. 그말에 매표소 앞에 줄지어 서 있는 자동차 운전자들 보란 듯이 경사진 길임에도 자전거를 끌지 않고, 힘차게 자전거 페달을 밟았다.

바다가 눈앞에 펼쳐졌다. 태평양이다. 저 반대편 어딘가에는 한국이 있겠지? 멀리 하얀 등대가 보였다.

바다, 고래, 새 그리고 야키나 헤드 등대

보인다. 고래가 보인다. 높은 파도 속에서 고래들이 뛰어 놀고 있다. 등으로 물을 품어 내고, 힘차게 공중으로 뛰어 올라 물 속으로 떨어지고, 꼬리를 퍼덕이고… 바람과 거센 파도와는 상관없이 반짝이는 오후 시간을 즐기고 있다. 그 위로 새들이 소리없이 허공을 날고 있다.

야키나 헤드 등대(Yaquina Head Lighthouse).

등대 높이 93피트(28m)로 오레곤에서 가장 높은 등대이다. 1868년 프랑스에서 만들어져 오레곤으로 왔다. 1873년 8월 20일, 처음으로 불이 켜졌고, 1966년 자동화가 되었다. 등대는 2초 동안 불이 켜지고, 2초 동안 불이 켜지고, 다시 2초 동안 불이 켜지고, 그리고

14초 동안 불이 커지는 방법으로 현재까지 가동되고 있다. 등대의 불빛은 바다 19마일(31km)까지 간다. 1980년, 미국 의회에 의하여 야키나 헤드 등대는 최우수 자연경관(Yaquina Head Outstanding Natural Area)으로 기록, 1993년에는 미국 유적지(National Register of Historic Places)로 등재되었다.

최우수 자연 경관을 보아도, 유적지를 보아도, 고래의 꿈을 보아도, 밀려 오는 파도에 도란 도란 쓸려 내려가는 돌멩이들을 보아도, 수평선에서 날개 짓하며 선을 긋는 새들을 보아도 마음이 우울하다. 바퀴에서 내려오고 싶다, 이제는. 집이 그립다.

야키나 헤드 등대

102.

말의 가면 무도회

2017년 9월 14일 목요일

코발리스(Corballis)에 있는 안과 병원에 갔다. 남친이 눈이 아프
댄다. 남친의 눈을 진찰한 의사는 괜찮다고 했는데 남친은 믿지 않
는것 같다. 뉴포트보다 마켓이 많은 코발리스에서 장을 봤다. 남친
은 뜬금없이 큰 도시에 왔으니까 한국 음식 먹으면 어떤지 내게 물
었다. 나는 그 말을 듣자 마자 스마트폰으로 재빨리 서치했다. '근
처에 있는 한국 음식점(Korean restaurants near me)'을 검색하자
코리앤더 아시안 퓨전과 이탤리언 젤라토(Koriander Asian fusion
and Italian gelato)가 나왔다.

코발리스에는 오레곤 대학교(Oregon State University)가 있다.
그래서 그런지 코발리스 다운타운에 들어서자 젊은이들이 많았다.
아시안 학생도 눈에 띄었다. 이 대학은 풋볼로 유명하다. 코리앤더
에 들어서자 점심 시간이라서 자리가 다 찼다. 우리가 마지막 테이
블에 앉았다. 두 명의 미국인 웨이추레스는 웃는 일굴로 바지런히
움직였다. 나는 불고기, 밥, 잡채, 템뿌라, 샐러드가 나오는 콤보, 남

친은 야키소바를 주문했다. 음식은 그런대로 맛있었다. 그러나 콤보에는 김치가 나오지 않았다. 거의 다 먹은 후에 후회했다. 오랜만에 먹은 한국 음식, 반찬도 먹고, 김치도 먹고, 얼큰한 김치찌개를 먹을 걸 그랬다. 한국 음식 먹을 때는 역시 반찬이 있어야 돼. 그리고 얼큰해야 돼. 그래야 스트레스가 풀린다.

뉴포트로 돌아가는 길에 시골 말 목장에서 얼굴에 가리개(?)를 쓰고 있는 말들을 봤다. 한두 마리도 아니고 여러 마리가… 아니 모든 말들이 다… 저게 뭐지? 남친도 처음 본다고 했다. 그래서 인터넷에 "왜 말은 가리는지 Why do horses cover"까지 타이핑을 치자 "Why do horses cover their eyes?"가 자동으로 나왔다.

말들이 얼굴에 쓴 가리개는 파리 방지 마스크 또는 캡(Fly mask or Fly cap)이다. 병균을 옮기는 파리나 곤충으로부터 말을 보호하기 위하여 말의 눈, 턱, 귀,  입과 코(muzzle)를 가리는 마스크이다. 마스크는 망사 천으로 만들어져 앞을 볼 수 있고 들을 수 있다. 디자인이나 스타일도 다양하고, 자외선을 차단하는 기능성 마스크도 있다. 말을 탈 때는 당연히 마스크는 사용하지 않는다.

103.

맥주 공장

2017년 9월 12일 화요일

약 25년 전, 나는 서울 양평동에서 1년 정도 살았었다. 아파트 단지 바로 옆에 롯데 제과 공장이 있었다. 공장에서는 썩는 냄새도 아니고 그렇다고 달콤한 냄새도 아닌 정체 모를 은밀한 냄새가 매일 풍겨 나왔다. 롯데는 명절이 되면 종합 선물 세트를 아파트 주민들에게 선물했다. 냄새를 참고 살아 주는 주민들에게 감사하는 마음이었는지 모르겠다.

2001년, 초콜릿을 너무나 사랑한 아들과 함께 영국 버빙햄(Birmingham)에 있는 캐드버리 초콜릿 공장(Cadbury Chocolate Factory)에 갔다. 공장 주변에는 온통 행복한 냄새가 넘쳐 나왔고, 그 냄새에 아들 얼굴에도 달콤한 초콜릿이 녹아드는 웃음으로 가득 찼다. 캐드버리는 명절에 동네 주민들에게 초콜릿을 선물하지 않아도 될 것 같다. 오히려 주민들이 초콜릿을 구입한다. 초콜릿은 냄새조차도 행복하니까.

지난 일주일 동안 나는 뉴포트 RV파크 주변에서 자전거를 타고 다니면서 흠, 흠, 코를 실룩거렸다. 무슨 냄새지? 냄새는 바람 따라 강하게 나오고, 바람 따라 사라졌다. 어딘가에서 새어 나오는 상쾌하지 않은 그렇다고 기분 나쁜 냄새도 아닌 은근한 냄새. 나는 냄새의 정체를 알 수 없었다. 정체불명의 냄새는 나에게 그 옛날 롯데 제과 공장에서 나오는 냄새를 상기시켜 주었다. 같은 냄새인지는 모른다. 기억이 난 것뿐이다.

오늘 밤, 뉴포트 RV파크 바로 앞, 베이(Bay)에 있는 로그(Rogue) 맥주 회사가 운영하는 레스토랑에 갔다. 입구에 들어서자 대형 맥주 제조기가 있었다. 맥주 제조기 사이 사이를 지나 2층으로 올라갔다. 그곳에 레스토랑이 있다. 분위기는 캐주얼하다. 맥주 메뉴만 여러 페이지이다. 맥주 메뉴를 본다고해서 알만 한 것은 없다. 그래도 맥주 종류나 이름이라도 보자. 메뉴 페이지를 넘기면서 나에게 깊은 추억이 있는 필스너(Pilsner)를 주문했다. 그리고 식사로는 클램 챠우더 수프(clam chowder soup)와 김치 크랩 슬라이더(Kimchi crab slider)! 이 작은 도시에 김치? 미국 음식과 한국 음식 김치가 만났다. 한 달 이상 먹지 못한 김치, 김치라는 말에 음식을 주문했다. 또 김치가 크랩과 어떻게 조화를 이루는지 궁금하기도했다. 슬라이더는 햄버거 또는 샌드위치처럼 생겼지만 크기가 작아서 정식 식사가 아니라 애피타이져로 먹는다. 속에 들어가는 식재료도 아주 간단하다. 바삭한 크랩과 살짝 매콤한 김치, 김치에 대한 갈증 탓인지 맛있게 먹었다. 한국에서 김치 맛이 집집마다 다르듯이 미국에서는 클램 챠우더 맛 또한 레스토랑마다 다르고, 맛있는 클램 챠우더는 먹어 보기 힘들다. 그러나 로그 맥주 회사 레스토랑의 클램 챠우더 스프는 맛있었다.

식사 후, 맥주 제조기 사이 사이를 지나면서 그곳에서 일하는 직원에게 이 주변에서 나는 냄새에 대하여 물었다. 그는 맥주 재료인 이스트(효모) 냄새라고 했다. 아, 그거였구나~ 이스트 냄새. 아마도 롯데 제과 공장에서 나왔던 냄새도 이스트가 아닌가 생각했다.

104.

14 Hands

7, 8년 전, 아버지가 인천 노인 요양 병원에 입원하시기 전, 아버지와 통화했다. "아버지, 아버지의 어린 시절 얘기해 주세요." 태평양과 그 위 하늘이라는 공간을 두고도 아버지의 말씀이 잘 들렸다. "몰러~ 기억 안 나, 다 잊어버렸다."

'손 한 뼘'에 관한 글을 쓰려고 할 때, 어릴 때 손 한 뼘 한 뼘 재면서 놀았던 놀이가 있었던 것 같기도 하고… 그게 뭐였지? 땅 따 먹기? … 인터넷을 다 뒤져 보았지만 돌멩이로 땅 따 먹기 놀이 외에 손 한 뼘, 두 뼘 재면서 놀았던… 놀이가… 있었는지… 없었는지… 찾지를 못했다. 나도 아버지를 따라 가고 있다.

나는 아직도 가끔 손으로 길이를 잴 때가 있다. 아이케아(IKEA)에 갈 때 줄자 대신 손으로 가구 크기를 재고, 집에서 줄자 찾기 귀찮을 때도 손으로 길이를 재곤 한다. 반면에 남친은 어떠한 일이 있어도 항상 줄자를 이용한다.

오레곤의 한 작은 주류 매장에 갔다. 그곳 와인 선반에서 "14 Hands"라는 와인을 봤다. "14 Hands?" "Hands?" 이게 뭐지?

14 Hands는 워싱턴주 남쪽 내륙 지방에 있는 와이너리 이름이다. 주변에는 야키마 강과 콜럼비아 강이 흐르고, 이 지역에서 사는 작은 야생마들이 언덕을 내려와 콜럼비아 강물을 마신다. 이 야생마도 역시 14 Hands이다. 여기서 14 Hands는 말의 키를 말한다. 키가 열 네 뼘(한쪽 앞발에서 말 등을 지나 반대편 앞발까지) 되는 작은 말이다. 워싱턴주의 야생마는 서부 개척 시대의 선구자 정신의 상징이 되었다. 그리하여 14 Hands 와이너리는 그 정신을 기리기 위하여 14 Hands라는 이름으로 와이너리를 하고 있다.

Hand(손 한 뼘)

핸드(Hand)는 미터나 그램처럼 국제 측정법(SI: International system of units)은 아니지만 고대 이집트와 성경에는 hand(h 또는 hh:hand high로 줄여서 쓰기도 한다.)를 측정법으로 사용한 기록이 있다. 영국에서는 1540년 영국 왕 헨리 8세가 1 hand는 4인치라는 법을 만들었으며, 영국 전통 측정법이 되는 계기가 되었다. 영국의 영향으로 호주, 영국, 캐나다, 아일랜드, 미국 등의 영어권 국가에서 주로 말이나 조랑말의 키를 잴 때 사용한다. 성인 남자 손 기준 1 Hand는 4인치(10.16cm)이다. 따라서 14 Hands 말은 키가 56인치(142.24cm)이며, 명마가 되기 위해서는 18 Hands, 즉 72인치(182.88cm)이어야 한다.

나는 손 한 뼘(1 hand)이 4인치가 맞는지 내 손바닥을 재어 보았다. 그런데 내 손이 더 크다. 수백년 전의 옛날 사람들 손이 작았나 보다.

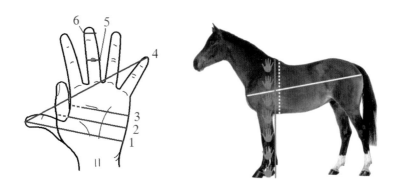

1932년형 엔티크 자동차 클럽

2017년 9월 15일 금요일

오레곤 태평양에 자리 잡은 뉴포트의 아침 날씨가 추워졌다. 창밖으로 날씨를 확인하던 남친이 아주 미국적인 거라고 하면서 나가서 사진 찍으라고 말했다. 뭔데? 창밖을 본 순간 와~ 놀람과 함께 스마트폰을 들고 곧바로 튕겨 나갔다. 빨간색, 파란색, 하얀색, 노랑색, 검정색, 알록달록한 색…, 엔티크 자동차였다. 나는 사진부터 찍어 댔다. 그리고 엔티크 자동차를 타고온 한 아줌마와 얘기했다. 그들은 듀스데이(Deuce Day)라는 캘리포니아, 오레곤, 워싱턴 주 등의 노스웨스트(Northwest) 지역 엔티크 자동차 클럽 멤버들이며, 그들이 타고 온 자동차들은 모두 1932년형이라고 했다. 사진을 찍던 중, 1932년에 로스앤젤레스에서 올림픽 경기가 있었다고 새겨진 자동차 번호판도 봤다. 멤버 모두 배를 한 대 빌려서 바다로 나가 아침 식사하고 고래도 볼 거라고 했다. 장난감 같기도 한 예쁜 자동차들, 어떻게 도로를 달릴까? 건전지로 달리나? 수십 대가 한꺼번에 고속도로를 달릴 때 얼마나 신날까? 디즈니 랜드 카스랜드(cars land)를 달리는 기분일까? 중년과 노년을 멋지게 즐기는 사람들, 그들 덕에 하루가 즐겁다.

106.

캠핑카 여행과 고양이 그루밍

2017년 9월 23일 토요일

토마스는 화장실에서 볼일을 본 후, 가끔 발이 엉망이 될 때가 있다. 요즘 빈번하다. 화장실이 작아서 그러나? 아니면 토마스가 많이 자랐나? 아니면 모래 품질이 좋지 않나? 여기저기 토마스의 젖은 발자국이 보인다. 모래도 여기저기 흩어져 있다. 나는 도망가려는 토마스를 붙잡아 발을 닦아 준다. 그걸 알고 있는 토마스는 볼 일을 본 후, 내 손이 닿지 않는 수납장 위로 날쌔게 올라간다.

캠핑카 세면대 밑 수납장에는 4개의 작은 플라스틱 박스가 있다. 맨 위에는 나의 세면용품, 그 밑에는 남친 것, 또 그 밑에는 내 것, 맨 밑에는 토마스 그루밍 용품 박스. 위에 있는 박스와 세 번째 아래 있는 박스를 꺼낼 때, 토마스는 달아나지 않는다. 그러나 4번 째 박스 꺼낼 때 토마스는 멀리 달아난다. 4번째 박스 꺼내는 것을 어떻게 알까? 소리나지 않게 조심스럽게 박스를 꺼내도 토마스, 귀신같이 알아 차린다. 토마스가 달아나 버리면 포기한다. 그러나 최근에 작전을 바꾸었다. 세면대 수돗물을 틀어 놓고 토마스의 감각 방해

작전을 펼친다. 그리고 그루밍 용품 박스를 꺼낸다. 토마스는 수돗물 소리에 묻힌 박스 꺼내는 소리를 듣지 못한다. 그리고 내 손이 닿는 곳, 내 영역권에서 무방비 상태로 계속 자고 있다. 토마스를 살며시 잡고 그루밍을 시작한다. 토마스, 졸리는 눈 속에서 별로 놀래지 않는다. 영문을 모른다. 그러다가 뒤늦게 깨닫는다. '아니, 이 집사, 언제 그루밍 용품 꺼냈냐옹?' 놀라움 속에서도 토마스는 눈을 게슴츠레 뜨고 계속 잔다. 자면서 그르렁 거린다. 기분이 좋다. 발톱도 잘라 준다. 토마스는 잠에서 사알짝 깨어나 발을 뺀다. 그르렁 소리가 멈춘다. 빗질을 한다. 양치를 한다. 내 손은 토마스를 부드럽게 그러나 단단하게 잡고 있다. 고양이의 약점, 목 뒷덜미. 나, 펫코(애견샵)에서 그루머 한 경력이 있거든. 이 집사, 그렇게 만만한 사람 아니야. 토마스에게 많은 면에서 주눅이 들긴 했지만 그루밍 만큼은 내 손에서 벗어날 수 없다. 또 새로운 작전, 토마스의 그루밍 용품을 식탁 아래 두었다. 좀 지저분해 보이기는 하지만, 토마스의 젖은 발을 목격한 순간, 민첩하게 대응할 수 있다. 이렇게 빨리 대응할 거라고는 토마스는 아직까지 모른다.

토마스 목욕을 시킨다. 목욕 후, 은은한 베이비 파우더 냄새가 난다. 감촉이 좋다~ 하지만 토마스는 자기를 귀찮게 하는 나를 얼마나 미워할까? 토마스, 더러운 천덕꾸러기 길냥이로 살래 아니면 만인의 로망 미스터 양이로 살래? 그리고 제발~ 쉬를 할 때 발을 더럽히지 않았으면 좋겠어.

토마스는 내가 깨끗하게 그루밍을 해 주었는데도 내 실력을 믿지 못하고 높은 선반에 올라가 스스로 그루밍을 나 보란 듯이 한다. '샴푸보다는 내 혀로 그루밍하는 것이 젤 나아, 야옹!'

토마스가 화장실에서 볼일을 깨끗하게 했을 때 표정, 당당하다. 높은 곳으로 도망가지 않는다. 발이 엉망이 되었을 때 표정, 잘못을 저지른 표정을 짓는다. 높은 곳으로 달아난다. 축축하게 젖은 발자국과 모래를 뒤로 남긴 채.

107.

캠핑카 여행과 라디오 광고 녹음

2017년 9월 23일 토요일

1990년대, 여행을 하면서도 일 할 수 있는 방법은 없을까? 성우 일을 계속하는 방법은 없을까 생각했다. 1996년 캐나다 토론토에서 2개월 지내면서 캐나다 친구 녹음실에서 녹음 하여 녹음된 미니 디스켓을 한국으로 보낸 적이 있다. 그 당시에는 컴퓨터 녹음이 없었다.

2017년 3월 18일 캠핑카 여행 시작 후, 지금까지 4번 녹음했다. 여행하면서, 캠핑카에서!

오레곤 캔비의 리버사이드 RV파크, 모두가 잠들었다. 잠들지 않아도 조용하다. 주말 파티도 없다. 모두가 RV파크 규칙을 잘 지킨다. 교통량도 줄어들었다. 남친은 날씨가 추우면 햇빛 가리개로 창문을 덮고 그 위에 블라인드를 친다. 운전석과 캠핑카 거실(식탁, 주방이 있는 곳) 사이 그리고 거실과 침대 사이에도 두툼한 커튼을 친다. 캠핑카 천장 환기창도 두툼한 덮개로 막는다. 그런데 오늘 밤은 추워서가 아니라 라디오 광고 녹음을 하기 위해서였다. 방음이 잘 된 정식 녹음실은 아니지만 그런대로 이동용, 임시 녹음실이 되었다. 그리고 여행하면서 가지고 다니는 마이크를 꺼내어 랩탑에 연결했다. 토마스, 조용히~ 쉬~

"파알라 카지노 스파 앤 리조트~" 30초 라디오 광고를 녹음했다. 여러 번. 그리고 좋은 것을 골라서 편집하고 광고 에이전트에게 보냈다. 에이전트는 지난번에 녹음한 것보다 녹음 상태가 괜찮다고 했다. 조만간 체크(수표)가 오겠지!

한국에서나 미국에서나 방송은 인기 있다. 그러나 방송 프로그램은 한정되어 경쟁이 높다. 이미 인기 있는 사람들, 유명한 사람들이 방송 한다. 방송 전문가가 아닌 일반인들은 감히 생각조차 하지 못한다. 그래서 생긴 것이 팟빵(podbang)과 팟캐스트(podcast)이다. 이 프로그램을 이용하여 누구나 방송할 수 있다. 그러나 이것조차 현재 방송되는 라디오 프로그램을 다시 듣기 형태로 올려놓은 것들이 대부분이다. 물론 치열한 경쟁속에서도 소속된 방송국 없이 팟빵이나 팟캐스트하여 대중들의 인기를 얻는 사람들도 있다.

컴퓨터의 발달로 컴퓨터 녹음 프로그램이 많아지면서 비싼 장비를 갖추고 방음이 잘 된 녹음 스튜디오에 가지 않아도, 방송국에 가지 않아도, 이제는 어디서나 녹음하고 방송할 수 있다. 그중의 대표적인 인물이 아이폰 시리(Siri)의 목소리 주인공이다. 그녀는 대부분의 녹음을 집에서 한다.

방송, 매력있는 일이다. 나 역시 한국에서 성우로서 17년, 로스앤젤레스에서는 15년 동안 성우도 하고 방송도 했다. 지금은 방송 프로그램 없는 실업자 방송인, 실업자 성우이다. 하지만 나만의 일, 나만의 프로그램을 만들어 간다. 그것이 방송이든, 캠핑카 여행이든.

고양이와 휘파람 소리

2017년 9월 24일 일요일

오늘 토마스 목에 목줄을(Leash) 매고 밖으로 나갔다. 토마스, 세상 구경 좀 하고, 신선한 바람도 쏘이고, 비타민 D도 흡수해야지… 겁 많은 토마스, '세상 구경? 세상 많이 알면 다쳐, 창문 밖 구경으로도 충분해. 신선한 바람? 창문으로도 신선한 바람 많이 불어와. 비타민 D? 비타민제 복용하면 돼!' 토마스는 세상이 뒤집히는 줄 알고 집으로, 캠핑카로 들어갔다. 아, 이것도 괜찮은 방법이다. 집으로 돌아가는 연습!!

캠핑카 바로 앞에서 토마스를 땅에 내려 주었다. 토마스는 포복 자세로 목줄에 매달린 채 캠핑카로 들어갔다. 이번에는 2m 떨어진 곳에 토마스를 내려 놓았다. 역시 캠핑카로 들어갔다. 3m, 4m, 5m로 거리를 늘렸다. 5m 떨어진 지점에서도 토마스는 캠핑카로 줄행랑 치듯 들어갔다. 집으로 돌아오는 훈련이 아니라 무서워서 집으로 돌아오는 것이다. '이 험한 세상 어떻게 믿어? 싫어 싫어웅~ 나가고 싶으면 내가 알아서, 시간 적당히 봐서, 적응되면… 지금은 아니야, 야옹!' 토마스가 어떤 이유로 돌아와도 반복하다 보면 학습이 된다. 토마스가 마지막 훈련을 끝내고 캠핑카로 들어왔을 때 목줄을 풀어 주고 칭찬해 주었다. 그러나 토마스는 나의 칭찬에는 아랑곳하지 않고 나를 피하여 재빠르게 캣타워로 올라갔다. 그리고 벙커 베드 구석으로 가려는 순간, 휘파람을 불었다. 나의 휘파람 소리는 토마스에게 식사를 뜻한다. 식사를 주면서 토마스가 캠핑카로 돌아온 것을 칭찬해 주기 위해서였다. 휘파람 소리를 들은 토마스, (지금 토마스가 배고픈 시간이다.) 캣타워에서 앞발 하나는 벙커 베드에 올려놓은 채 멈췄다. '휘파람 소리다! 밥 먹자. 그런데 밥이 아니면? 나를 붙잡기 위한 꼬임이라면? 나를 붙잡아 밖으로 나간다든가 그루밍을 하려고 한다면…? 내려갈까 말까, 한 번 믿어봐? 어떡하지? 야옹~' 토마스는 그 자리에서 움직이지 않고 생각 중이다. 또 생각 중이다. 한참 동안 생각한다.

109.
우리 고양이는 신경질쟁이

2017년 10월 2일 월요일

토마스 오말리(Thomas O'Malley). 나의 5살짜리 오렌지 태비 고양이의 이름이다. 아들이 1970년에 나온 월트 디즈니 애니메이션 아리스토캣츠(The Aristocats)의 주인공 고양이 이름을 따서 지었다. Aristo '귀족의, 최상의, 최고의'라는 뜻이다. 그러나 애니메이션의 주인공 토마스는 귀족 고양이가 아니다. 프랑스 파리 뒷골목에서 사는 길냥이이다. 여자 고양이도 잘 꼬신다. 상대 주인공인 여자 고양이는 부잣집 고양이이다.

한편 우리의 토마스는? 토마스가 만약 길냥이가 되었다면 다른 길냥이들로부터 왕따 당할 것이고, 동네 사람들로부터 밥 한 끼 제대로 얻어먹지 못할 것이고, 항상 숨어서 지내지 않을까? 토마스의 성격이 원래 그런 것인지 아니면 내가 잘못 가르친 것인지… 토마스는 겁이 많다. 신경질을 부린다. 떼를 쓴다. 공과 사가 분명하다.

토마스는 타고난 겁쟁이?

2012년 6월쯤, 토마스를 만났다. 로스앤젤레스 한인타운 한 아줌마로부터 토마스를 구입했다. 50달러로. 지금 이 순간 "구입했다"라는 말을 쓰니 기분이 좋지 않다. 토마스에게 미안한 마음이 든다. 하지만 우리는 만났다, "구입"을 통하여. 내가 사는 동네는 코요테가 무리지어 살고 있다. 이웃 사람들이 애완동물을 혼자 밖에 두지 말라고 조언했다. 그래서 좋은 집사가 되기 위하여 아기 토마스를 한 번도 밖에 나가지 않게 했다. 항상, 늘, 매일 집 안에 있었다. 바로 거실 밖에 커다란 패티오(마당)가 있지만 한 번도 자진해서 나가려고 하지도 않았다. 아니다. 토마스는 몇 번 실수로, 본능으로, 호기심으로, 내가 딴짓하고 있을 때 밖으로 나간 적이 있었다. "토마스! 어디 있니?" 화들짝 놀라 마당으로 나갔다. 그리고 휘파람을 불었다. 토마스는 휘파람 소리를 듣고도 나타나지 않았다. 배고프지 않기 때문이다. 패티오의 담을 넘어서 우거진 나무 뒤로 갔다. 토마스가 그곳에 있었다. 하지만 토마스는 나를 향하여 하악질을 하며 코요테가 아닌 나를 피하여 집으로 돌아왔다.

캠핑카 여행하면서 창문으로 뛰쳐나간 토마스, 토마스와 나는 겁을 먹었다. 토마스는 무서워서 겁을 먹었고, 나는 걱정으로 겁을 먹었다. 그리고 캠핑카로 토마스를 데리고 들어 오는 과정에서 대형 사고도 났었다. 그 이후로 가끔 토마스를 줄에 매고 밖으로 데리고 나갔지만 토마스는 캠핑카로 열심히 들어왔다. 그리고 외출 기피 증세를 보이며, '나, 안 나갈 고양~' 꽁꽁 숨어 버렸다.

토마스는 신경질쟁이?

토마스, 밥 먹을 시간이 아니다. 그러나 토마스는 배가 고프다. 인터넷으로 쓸데없이 바빠서 토마스에게 밥을 즉시 주지 않으면 토마스는 1단계 애교 전략을 쓴다. 내 어깨에 헤딩하며 부빈다. 또 부빈다. 부비부비~ 부비부비~ 그리고 바로 내 앞, 랩탑 키보드를 지나가며 llllllllllllll, gggggggg, tttttttttt……, 밟히는 대로 알파벳을 친다. 그럼에도 불구하고 내가 꿈쩍하지 않으면 토마스는 강도를 높여 2단계 전략으로 돌입한다. 내 안경을 발로 차 테이블에서 떨어뜨린다. 나를 문다. 바닥으로 내려가 자신의 물그릇을 발로 찬다. 물그릇 주변이 흥건히 젖는다. 비닐 봉투를 씹는다. 내가 서 있을 때는 토마스는 내 다리를 인절미 같은 발로 찬다. "야옹~ 야옹~ 야옹~ 내 인내심 시험하지마~ 야옹~ 나 정말 배고프거든~ 야옹!" 나는 마치 기 싸움하듯, "토마스, 아직 식사 시간 아니야~" 토마스의 3단계, 자포자기, 배고픔과 마음의 짐을 내려놓고 캣타워로 올라간다. 기가 죽은 토마스, 풀이 죽은 토마스, "에휴~ 내 인생, 주는 밥만 먹을 수밖에 없는 내 인생," 한탄하는 모습이 역력하다. 그리고 자신의 인생을 하소연하듯 엎드린다. 눈을 감는다.

토마스는 공과 사가 분명?

밥을 먹기 위하여 나에게 부비부비하는 것은 토마스에게는 공적인 일이다. 식사 후에는 더 이상 나에게 애교를 부리지 않는다. 돌변한다. 고개를 돌린다. 나와의 관계를 끝낸다. 식사 전후의 태도가 완전히 달라진다. 내가 토마스를 어루만지면 자리도 옮긴다. 칼바람이 휙휙 분다. 밥 외에는 토마스는 나에게 사적인 마음이 없다. 물론 아주 드물게 토마스는 나에게 자신의 몸을 허락할 때도 있다.

토마스가 기분 좋게 자고 있을 때이다. 내 옆에서 자고있는 토마스의 배, 목, 귀, 가슴을 부드럽게 어루만진다. 토마스는 이내 그르렁 소리를 낸다. 아~ 좋당~ 그르렁~ 더 만져 달라고 벌러덩까지 한다. 그리고 계속 잠을 잔다. 내가 손을 놓을 때까지.

토마스 오말리, 겁이 많든, 신경질을 부리든, 이기적인든, 피곤해진 내 마음을 녹이는 소중한 양이이다.

캠핑카 여행, 이제 집으로 가자

8월로 기억한다. 남친과 크게 싸웠다. 우리는 공통점이 없대나? 그러면 왜 같이 있는 거지? 이사 나갈게. 하지만 시간이 필요해. 직장 구하고 방 구할 때까지. 그런데 너 지금 우리는 공통점이 없다고 했지? 네가 얼마 전에 나에게 보낸 이메일 읽어봐. 그 이메일에는 공통점이 있다고 했거든. 남친과 말다툼하고 이기기 위해서는 항상 증거가 필요하다. 왜냐면 내 말을 믿지 않기 때문이다. 그래서 싸울 때는 거두절미하고 증거를 보여 주면 찍소리도 못한다. 증거를 보여 준 것이 두 번째이다. "네가 말하는 것 녹음 해야 돼."라고 말 한 적도 있다.

그 이후 우리는 사랑한다는 말을 하지 않았다. 잠잘 때 굿나잇 키스도 하지 않았다. 남친은 마치 국경선처럼 선을 긋듯 기다란 팔을 이불 위로 올려놓고 장벽을 만들었다. 여기 넘어 오지 마.

2017년 10월 7일 토요일

5번 고속도로 남쪽으로 달렸다. 캘리포니아가 보인다. 웰컴 투 캘리포니아.

2017년 10월 9일 월요일

예전보다 교통이 혼잡해진 요세미티 국립 공원을 본 후, 99번 남쪽으로 달렸다. 한국 이민자들도 많이 거주하는 프레스노(Fresno)와 베이커스필드(Bakersfield)를 지났다. 베이커스필드의 건조한 바람으로 얼굴은 바싹바싹 타들어 갔다. 99번 고속도로는 5번 고속도로와 합쳐진다. 이곳부터 멀고 높은 산을 넘어야 한다. 이 엄청난 산(Los Padres National Forest)을 넘어야 로스앤젤레스가 나온다. 오래전에 여러 번 다녀서 익숙한 오르막길 고속도로가 나왔다. 99번과 5번 두개의 고속도로 북쪽에서 내려오는 수많은 차량들이 산을 오르고 있다. 영차영차~ 힘을 쓰며 올라가는 대형 트럭들이 맨 오른쪽 차선에 즐비했다. 우리도 마지막 피치를 올리자. 집이 가까이 있다. 올라가자. 부릉 부릉 부릉~

해가 기운다. 오른쪽 창문 너머로 오렌지 색 하늘이 길게 펼쳐졌다 이내 산으로 가려졌다. 가려진 오렌지 색 하늘은 다시 나타나지 않았다. 대신 어둠이 내려왔다. 그 어둠 속에서 화려하게 빛나는 로스앤젤레스, 어둠 속에 불이 밝혀진 아들 집에 도착했다.

토마스는 또 다른 환경의 적응 시간이 필요하다. 나의 집에서 캠핑카, 캠핑카에서 아들 집, 또한 새로운 만남에도 적응해야 한다. 나와 아들, 아들이 떠난 자리에 남친이 들어왔다. 이제는 남친과 나는 떠나고, 아들과 며느리와 함께 생활할 것이다. 내가 한국에서 돌아오는 날까지, 나의 집으로 들어가는 날까지. 토마스는 자신을 어릴 때부터 키워 준 아들의 냄새를 맡으면서 등을 치켜세우고 아들의 몸에 자신을 부벼 댔다. '부비부비~ 방가방가~ 오랜만~ 여행 간 사이 잘 지냈냐옹? 신세 지러왔지옹~'

나는 집이 있어도 들어가서 살 수 없는 집, 그 집이 있는 로스앤젤레스에 돌아온 것 만으로, 아들과 며느리가 있는 로스앤젤레스에 도착한 것만으로도 따뜻한 집에 온 것 같다. 집에 왔다. 7개월을 돌고 돈 후에. 짐은 내일 내리자.

캘리포니아
로스앤젤레스

Los Angeles

갈 곳 많았던 캠핑카 여행 이후, 길을 잃다

2017년 10월 9일 월요일

지난 3월 18일 캠핑카 여행을 시작한 자리로 돌아왔다. 로스앤젤레스. 7개월만이다. 그대로다. 텍사스의 사우스 파드레 섬에서 강풍 소리에 잠 한숨도 자지 못하고 있을 때, 하늘을 나는 경찰 헬기 소리에 잠들지 못하는 엘에이, 루지애나에서 swamp tour(습지대 악어 구경)를 하고 있을 때, 모기 걱정 하나 없이 좋았던 엘에이, 플로리다의 섬뜩한 구름과 폭우, 천지를 갈라 놓는 천둥 번개 속에 있을 때, 바싹 바싹 마른 하늘을 자랑하는 엘에이, 볼 것이 없어 심심하다는 중부 지방의 광활한 평야를 지날 때, 다람쥐 쳇바퀴처럼 매일 매일 정신없이 사는 엘에이, 수백만 명의 여행객들이 찾아오는 옐로스톤 국립공원에서 코를 찌르는 황산 냄새를 맡고 있을때, 헐리웃 스타 거리에서 스타들의 손바닥을 찾아 헤매는 엘에이. 그대로다. 모든 것이 그대로다.

7년도 아닌 7개월의 짐을 캠핑카에서 내리면서 새로운 환경, 다시 정리해야 하는 시간, 갈 곳이 없어 아들과 며느리 집에 쌓여 있는 짐을 보며 한숨이 나왔다. 그렇구나, 갈 곳이 없구나. 토마스, 우리 어디로 가지?

2017년 10월 11일 수요일

남친은 샌디에고로 떠났다. 우리가 다시 만날 지 아니면 이것이 마지막이 될 지… 앞으로 더 살아 봐야 알 수 있다. 남친과의 말다툼과 서로 싸늘해진 마음 때문에 받았던 스트레스를 풀고 싶어 했던 나, 그러나 떠나는 남친과 캠핑카 문 앞에서 포옹을 하자 마음이 찡했다. 그래도 남친이라고.

2017년 10월 15일 일요일

한국으로 잠시 떠나는 날이다. 토마스, 길고 힘들었던 여행이었지만 이제는 편히 쉬거라. 그리고 나 없는 사이 잘 지내거라, 화장실 깨끗하게 사용하고, 응가와 쉬 제 자리에 잘하고, 발 더럽히지 말고, 밤에 사냥할 것도 없으니까 조용 조용히 하고, 잠자고 있는 사람들의 침대 머리맡을 걸어 다니거나 배에 올라가지 말고, 놀자고 야옹거리지 말고, 특히 밤에는, 내가 말했지, 사람들은 밤에 잠을 잔다고. 슬퍼하지도 말고, 다시 만날 때까지, 다시 만나면, 그때는 우리 집으로 가자. 우리 양이 착하다.

112.

캠핑카 여행 205일, 19,312km

2017년 11월 5일 일요일

　남친과 나의 약 7개월의 캠핑카 여행이 끝났다. 2017년 3월 18일 토요일, 캘리포니아 로스앤젤레스에서 시작하여 2017년 10월 9일 월요일, 떠났던 자리로 다시 왔다. 지난 205일 동안, 여행하며 살며… 길 위에서, 네 바퀴 위에서 살았다.

　캠핑카 여행 전, 미국의 서부, 남부, 동부, 북부, 다시 서부로 돌아오는 big loop(커다란 원) 여행을 계획했다. 그러나 여행지에서 다음 목적지가 여러 번 바뀌었다. 그럴수 밖에 없었다. 모기에 엄청 물렸기 때문이었다. 텍사스 사우스 파드레 아일랜드와 플로리다의 덥고 끈적거리는 날씨에도 지쳤다. 17년 동안 살면서 모기 한 번 물리지 않았던 로스앤젤레스! 그립다! 그래서 생각한 것이 선선한 곳으로 가자. 모기 없는 곳으로 가자! 그래서 대서양을 따라 북쪽으로 올라가지 않고 대서양을 떠나 서쪽 내륙 중부 지방으로 향했다. 죠지아주에서 노스 캐롤라이나주 애쉬빌. 애쉬빌에 도착하기도 전에 벌써부터 온도가 달라지는 것을 느꼈다. 서늘했다. 모기도 없다. 그리고 두 번 다시 대서양 쪽으로 가지 않았다. 대신 중부를 달렸다. 그래서 빅 룹(big loop)이 아닌 기다란 반쪽 원을 그리며 미국을 횡단했다. 짧게는 하루, 길게는 2~3주씩 한곳에서 머물렀다.

여행하면서 사람 됨됨이를 볼 수 있다고들 한다. 나도 남친도 서로의 한 성격을 봤다. 비록 싸우기도 하고 스트레스도 받았지만 어쨌든 7개월 동안 길 위를 안전하게 달려 준 남친에게 고마운 마음을 전한다. 남친이 처음에는 반대했던 고양이와의 캠핑카 여행, 하지만 작은 캠핑카에 토마스까지 함께 여행할 수 있게 해 주어 감사한다. 토마스에게 물리는 사고도 있었지만 잘 참아 준 남친에게 감사한다. 집사 잘 만나서 미국을 둘러 보며 나의 위로가 되어 준 토마스에게도 감사한다. 집사 잘못 만나 구불구불, 덜컹덜컹, 캠핑카에서 시달린, 그러나 건강하게 잘 버텨준 토마스에게 감사한다. (캠핑카 여행 이후, 토마스는 나만 보면 달아나버린다. 또 여행?) 모험으로 가득 찬 나의 캠핑카 여행을 응원해 준 바다와 멜린다에게도 감사한다. 어머니 날, 꽃을 RV파크로 배달해 준 아들 바다에게도 감사한다. 비는 내리지 않는 그래서 모기 없는 로스앤젤레스에 살았었다는 것에 대하여 감사한다. 미국의 대자연을 볼 수 있었던 기회, 미국의 스토리를 들을 수 있었던 기회, 신비로운 대자연을 창조하신 하느님께 감사드린다. 온몸으로 물속을 걸어갔던 아름다운 오네온타 계곡과 폭포에도 감사한다. 자전거를 타고 달렸던 시골의 자전거 도로에도 감사한다. 해바라기 꽃들이 만발한 노스 캐롤라이나 애쉬빌의 빌토모어 정원에도 감사한다. 화산 지대의 용암 사이 사이에 뜬 달님과 별님에게도 감사한다. 지나쳐 가는 수 많은 사람들, 그 속에서 간간이 이야기를 나눈 여행객들에게도 감사한다. 아침의 차가운 공기, 청아한 강물 소리, 맑은 하늘에 선을 그리는 한 마리의 독수리, 바람에 드러 누운 언덕 위의 마른 풀… 이러한 곳에서도 생명을 보여 준 대 자연, 내가 보고 느낀 모든 것에 감사한다. 무엇보다 '시간'이 전부인 이 세상에서 부족한 나의 블로그를 읽어 주고, 공감해 주고, 댓글을 올려 주고, 응원해 주고, 위로해 주고, 귀향을 축하해 준 분들에게 감사한다. 조회 수와 상관없이, 진심으로.

만약 누군가가 또 RV 여행할거냐고 묻는다면 Yes라고 답할 것이다. 그때도 토마스가 싫든 좋든 토마스를 데리고.

113.

〈고양이는 여행 중〉을 마무리 한다는 것

2017년 11월 10일 금요일

에너지가 넘쳐 글을 쓸 때 행복하다. 글이 시냇물을 만나 술술 풀린다. 에너지가 제로일 때 끄적끄적 아니 톡… 톡… 톡… 글을 힘차게 치지도 못하고 랩탑 앞에 앉아 시간만 보낸다. 워드 한 페이지 내려가기 힘들다. 한 줄 쓰고 다른 생각… 다른 망상… 이것으로도 하루가 지난다. 유튜브에서 남들이 올린 고양이 동영상까지 보고 나면 생각이 멈춘다. 글도 멈춘다. 그러나 시간은 멈추지 않았다.

정성을 다하여 쓴 글, 며칠 지나면 바뀌게 된다. 정성이 빠진 글은 나를 더 충격에 빠뜨린다. 두서없이 쓴 글이 눈에 확 들어온다. 유치하다. 정신이 번쩍 난다.

글을 정리하고 또 정리했다. 이제는 랩탑 키보드에서 손가락을 놓자. 그러나… 책으로 나온 후에 교정도 불가능한 부분이 생기면 어쩌나. 아직 출판하지도 않았는데 걱정이 앞선다. 출판 후에도 지우고 다시 쓸 수 있는 방법이 없을까? 이런 방법이 있다면 언제든 두 손을 놓고 싶다.

나는 아직도 키보드를 두드리고 있다. 글을 또 읽고 또 읽고 고친다.

114.

〈고양이는 여행 중〉 마무리 후에 미련이 남았다

2018년 1월 15일 월요일

춥다. 너무너무 춥다. 추워서 밖으로 나가지 않았다. 그랬더니 시간은 추위와 상관없이 성큼성큼 지나 한국에 온 지 벌써 3개월이나 되었다. 그저께와 어제 날씨 영하 14도, 13도.

노인 요양 센터에 누워 계신 아버지, 그동안 한 번 찾아뵈었다. 미국에 사는 관계로 자주 찾아 뵙지 못한 아버지, 그러나 한국에 와서도 역시 자주 찾아뵙지 못했다. 이것이 사람 사는 모습인가? 잊고, 미루고 사는 것들이…

아버지… 6년 동안 노인 병원에 누워계셨던 아버지… 갑자기 패혈증 증세를 보이고 2017년 12월 21일 낮 12시 5분, 혈압기에서 뚜~ 하는 소리가 났다. "사망하셨습니다." 의사의 평범한 말이 아련히 들렸다. 눈물이 흐르지 않았다. 염하고, 발인하고, 화장하고, 시골 가족묘 엄마 옆에 모셨다. 한국에 온 두 번째 이유였다. 아버지 돌아가시기 전에 한 번 더 아버지를 보는 것. 아버지를 보고… 그런데 아버지가 돌아가시고… 생각지도 못한 것까지… 다 했다.

내가 태어 나고 30년 넘게 살았던 곳, 17년 공백을 뛰어넘어 4개월 남짓 살면서 이방인처럼 느꼈다. 지난 17년 동안 많이 달라진 한국, 익숙한 문화 속에서 이질감을 느꼈다. 지하철역에서 황급히 움직이는 사람들, 그 속에서 정지된 걸음으로 그들을 따라갔다.

지난 17년 동안 달라진 언어, TV나 인터넷에서 톡톡 튀는 말을 들으며 신기해 했다. 격세지감. 나는 정지된 나의 문화와 나의 언어 속에서 이 책을, 아니 여행 일기를 썼다. 따라서 이 책을 읽는 독자들은 미국식 한국어, 특히 부사, 형용사의 이상한 어순, 한국과 미국이 섞여 이것도 저것도 아닌 것을 볼 것이다. 톡톡 튀는 언어 하나 없이 곧은 언어, 정지된 언어를 볼 것이다. 다만, 나의 배짱을 이해해 줄 독자들의 아량을 기대할 뿐이다.

기내용 가방을 끌고 3층으로 올라갔다. 인천의 한 고시텔. 한 달 숙박료 230,000원. 관리비, 전기 요금 등의 추가 비용 없다. 밥이 제공된다. 반찬은 없다. 공동 화장실과 샤워실, 세탁실, 그리고 주방. 딱 좋다. 저렴하게 장기간 숙박하기에. 고시텔의 서너 평 되는 작은 방에는 정식 침대도 아닌 간이침대가 있고, 그 위에 분홍색 꽃무늬 이불이 놓여 있다. 주인 아주머니는 친절하게도 1인용 전기요를 빌려 주셨다. 수직으로 길고 작은 창문을 끼고 기다랗고 좁은 책상이 벽에 붙어 있다. 의자는 없다. 미니 냉장고와 플라스틱 3단 서랍장이 책상 밑에 있다. 오랜 만에 접하는 온돌, 방 바닥이 따뜻해서 좋다. 옷을 빨아서 방 바닥에 늘어 놓는다. 생각보다 빨리 마른다. 추운 주방에서는 옷을 두툼하게 입어도 춥다.

아는 사람이 고시텔에는 들어가지 말라고 했다. 안 좋다고, 시끄럽다고… 내 귓전에서 옆방의 문 딸깍 여닫는 소리, 전화 수화기 건너편의 상대방 목소리, 희미하게 들려 오는 티비 소리, 헛기침 하는 소리, 미니 냉장고의 모터 돌아 가는 소리, 코 고는 소리, 간혹 술에 취하여 늦게 들어 오는 사람의 횡설 수설하는 발자국 소리, 나의 기침 소리도 옆 방으로 흘러 가겠지.

운동하지 않는 날, 하루 종일 고시텔에 처박혀 있다. 고시텔의 간이 침대 모서리에 앉아 책상에서 글을 정리한다. 어깨가 아파 온다. 책상은 높고 침대는 낮고. 베개를 책상 앞에 놓고 그 위에 앉는다. 좀 높아 졌다. 어깨가 아프지 않다. 그래도 하루 종일 랩탑을 두드리다 보면 어깨가 다시 아파 온다. 이렇게 밖에 나가지 않고 방 안에 있으면 세상 밖의 시간은 흘러 가겠지. 그리고 집으로 돌아 갈 날이 오겠지. 보일러 물 흐르는 소리가 간간이 들린다.

밖은 아직도 추운가 보다.

RV(캠핑카)의 모든 것

Recreational Vehicle

1. RV 란?

Recreational Vehicle의 줄임말로 여가를 즐기는 자동차이다. 한국에서 말하는 캠핑카이다. RV 종류와 크기에 따라 주방, 침대, 화장실, 샤워, 식탁, 옷장, TV 등의 편의 시설이 갖추어져 있다.

RV 뒤에 있는 발코니

한 마디로 움직이는 집이다. RV는 더 고급스러워지고 있다. 식기 세척기, 세탁기, 벽난로, 위성 안테나, 발코니, 자동 처마 조절기, 자동 계단 내리기, 물탱크 온도 조절기, 태양열 전기 시설, 로프트(loft)까지 있는 RV도 있다. 심지어 이층으로 전환되는 RV도 있고(영화 배우 윌 스미스가 소유한 트레일러), 작은 자동차를 RV 밑에 넣을 수 있는 RV도 있다. RV의 실내 공간도 점점 더 커지고 있다. RV 45피트(약 13.7미터) 길이에 슬라이드 아웃 3개, 4개, 5개까지 활용하면 RV 공간은 상상할 수 없을 만큼 커진다. 또한 킹 사이즈 침대가 있는 매스터 베드룸(master bedroom), 매스터 배쓰룸(bathroom, 샤워와 화장실)도 있고, 가족 위주의 RV에는 벙커 베드, 소파 겸 침대, 그리고 운전석 위의 드랍 다운 베드(drop down bed)가 있어서 최고 10명까지 수용할 수 있는 RV도 있다.

2. RV 종류

RV는 종류도 많고 크기도 다양하지만 크게 모토홈과 트레일러로 나눈다. 모토홈(motorhome)은 말 그대로 모터가 있어서 스스로 달리는 RV이다. 트레일러(trailer)는 모터가 없다. 따라서 중소형 트럭과 같은 다른 자동차가 앞에서 끌고 가야 한다(towing).

■ 모터홈은 다시 여러 종류로 나누어진다

1) 클래스 에이 모터홈(Class A Motorhome)

클래스 에이 모터홈의 가장 대표적인 것은 버스 스타일이다. 고속도로나 국립 공원 등에서 관광 버스 아닌 대형 버스들이 달리는 것을 볼 수 있다. 바로 클래스 에이 모터홈이다.  클래스 에이 모터홈은 자동차 회사가 만든 상업용 트럭 섀시(chassis, 차대), 상업용 버스 섀시, 또는 모터홈 전용 섀시를 RV 제작 회사가 구입하여 섀시 위에 모터홈을 만든 것이다. 클래스 에이 모터홈은 길이가 다양하며 46피트(약 14m) 넘는 것도 있다. 주에 따라서 허용하는 길이가 정해져 있지만 46피트까지는 대부분의 주에서 허용한다. 가격은 크기와 모델, 편의 시설에 따라 가격이 천차만별이다. 중고는 $50,000 정도도 있고, 신형은 2십만 달러, 백만 달러, 2백만 달러가 넘는 것도 있다. 클래스 에이 모터홈은 휘발유(gasoline) 또는 디젤(diesel)용이 있다. 디젤용이 힘이 좋다. 그러나 주에 따라서 휘발유가 더 비싼 곳이 있고 디젤이 더 비싼 곳이 있다.

클래스 에이 모터홈의 장점

고급스러운 라이프 스타일을 주며 가장 많은 편의 시설을 갖추고 있다. 슬라이드 아웃은 더 많은 공간을 제공한다. 실내 공간 이동이 자유롭고 편하다.

클래스 에이 모터홈의 단점

모터홈이 커서 조작과 운전하기가 힘들다. 연료 효율성이 낮고 안전 성도 떨어진다. 일부 주에서는 보통 운전 면허증으로 운전할 수 없다.

2) 클래스 비 모터홈(캠퍼밴)(Class B Motorhome, campervan)

밴(van)에 지붕을 올리거나 밴 뒤에 다른 것을 추가하여 만든 것이다. 메르세데스 벤쯔 밴으로 만든 캠퍼밴이 많이 있다. 벤쯔의 고급 캠퍼밴은 중고 조차도 십만 달러가 넘는다.

3) 클래스 씨 모터홈(Class C Motorhome)

중소형 트럭 섀시에 모터홈을 올린 것이다. 이것 역시 크기가 다양하다. 내가 여행 한 캠핑카가 길이 26피트 (8m) 클래스 씨 모터홈이다.

4) 트럭 캠퍼(truck camper)

픽업 트럭(pickup)에 임시로 거주 공간을 만든 것이다. 팝업 캠퍼(popup camper or popup trailer, 줄여서 PO라고 부른다.), 폴딩 트레일러(folding trailer), 텐트 캠퍼(tent camper), 텐트 트레일러(camper trailer), 캠퍼 트레일러(camper trailer)라고도 부른다. (캠핑도 가지가지 참조)

5) 토터홈(Toterhome)

대형화물 트럭 또는 소방차 섀시를 이용하여 모토홈을 만든 것으로 가장 강한 힘을 자랑하며 엄청나게 크다. 엔진 소리도 다르다. 볼보에서 만드는 토터홈이 있다.

■ 트레일러(travel trailer or conventional trailer)

트레일러는 크기에 따라서 픽업 트럭, SUV, 미니 밴, 일반 승용차, 오토바이 등이 트레일러를 뒤에(범퍼나 frame hitch) 끌고 간다. 모양도 다양하다. 또한 트레일러를 어떻게 연결하는가에 따라서 일반 트레일러(trailer)와 피스 휠 트레일러(Fifth Wheel trailer)로 나뉜다.

1) 티어 드랍 트레일러(Tear Drop Trailer)

커다란 눈물 방울(tear drop)처럼 생긴 이 트레일러는 크기가 다

양하다. 가장 작은 티어 드롭 트레일러는 오토바이(motorcycles)로
도 토잉할 수 있다. 혼자 잘 수 있는 크기의 티어 드롭 트레일러는
크기는 작지만 고급스럽고 첨단 시설로 무장되어 있다.

티어드랍 트레일러

새로운 스타일 미니 트레일러

초미니 트레일러

2) 피스 휠 트레일러(Fifth Wheel Trailer)

픽업 트럭이나 중소형 트
럭의 짐칸(truck bed) 위에 얹
어서 특별히 제작된 고리에
연결하여 (in-box hitch) 끌
고 가는 트레일러이다. Fifth
wheel coupling이라고 한다.

커플링, 합방, 합쳐지다의 뜻으로 끌고 가는 트럭의 짐칸과 트레일러가 포개어진 모습이다. 인기가 많다. 그러나 트럭에 연결하고 뺄 때 조작이 힘들다.

3) 토이 홀러(Toy hauler)

유홀(U-Haul)이라는 이삿짐 트럭 렌트 회사가 있다. 이사 전문 업체 비용이 비싸서 사람들은 이삿짐 전용 트럭을 빌려서 스스로 이삿짐을 옮긴다. 여기에서 haul이라는 말은 옮기다의 뜻으로 "네가 옮긴다" 즉 U-haul이다. 공사 후에 남은 건축 쓰레기 등을 싣고 가는 것도 hauling이라고 한다. 토이 홀러는 모터홈을 비롯한 자동차 뒤에 끌고 다니는 운반 기구로서 이동용 창고이다. 개인 골프카트, 오토바이, 레이싱카, 자전거, ATV(All-terrain vehicle, 바퀴 네 개 있는 오토바이) 등의 개인 레져 용품을 싣고 다닌다. 크기도 다양하다.

토이 홀러외에 달리(dolly)도 있다. 자동차를 달리 위에 싣고 끌고 다닐수 있다.

누구나 경제적인 여유가 되면 편리하고, 멋지고, 럭셔리한 RV로 여행할 수 있다. 그러나 돈을 많이 들이지 않고서도 얼마든지 여행 할 수 있다. RV 여행하면서 만난 캠퍼 여행자들, 그들은 자신들이 가지고 있는 소형 트럭에 그들이 직접 만든 캠퍼로 멋진 여행을 하고 있었다. (캠핑도 가지가지 참고)

3. RV 여행과 예약

RV파크 또는 RV 리조트 전용 가이드북이 있지만 구글하면 웬만하면 다 나온다. RV파크 웹사이트를 통하여 비용과 위치, 수영장, 헬스장, 월풀욕조, 놀이터 등의 편의 시설을 확인하고, 주변 관광지와 대중교통(토잉카가 없는 경우) 등을 알아두면 좋다.

RV파크 예약할 때 다음과 같은 질문을 받는다.

날짜:

인원: 보통 두~세 명까지는 추가 비용 없다. 최대 8~10명까지. 한 명당 추가 비용은 1일 $5~10.

RV 종류: 모토홈 또는 트레일러, 길이, 슬라이드 아웃 여부

토잉카(towing car) 유무 확인: RV파크에 따라서 추가 비용이 있을 수 있다. 토잉카 한 대에 한해서는 대부분은 무료.

전기 파워 종류: 20암페어, 30 암페어, 50암페어

반려동물 유무:

백 인(Back in) 또는 풀 쓰루우(pull through): 백 인은 배정받은 캠프사이트(camp site)에서 뒤로 주차하는 것이다. 풀 쓰루우(pull through)는 앞으로 들어가서 주차(캠핑)하고 떠날 때도 앞으로 나간다. 풀 쓰루우가 편리하여 더 비싸다.

4. RV 여행과 반려동물

개와 여행할 때

여행 전에 예방 접종, 특히 광견병 접종을 한다. 그리고 RV파크와 캠핑장에 따라서 허락하지 않는 개 종류(breed)가 있다. 주로 핏불(pittbulls), 랏트와일러(rottweilers) 또는 이 개들과 교배되어 태어난 잡종(mixed breeds)이 해당된다. 또한 2~3마리 이상인 경우 추가 비용을 요구하는 곳이 있다. 반려동물은 RV파크에서 항상 목줄(leash)을 매야 하며 반려동물이 볼일 본 것은 깨끗하게 치운다. 반려견은 매일 매일 운동을 충분히 하게 해 준다. 곰과 같은 예상치 못한 산짐승에 대비한다. 캠핑장이나 RV파크의 반려동물에 관한 규칙을 숙지한다.

고양이와 여행할 때

고양이도 개와 마찬가지로 광견병을 비롯한 예방 접종을 해 준다. 고양이의 화장실(litter box)은 움직이지 않도록 한다. 나는 이동중일 때는 화장실을 모토홈 계단, 주차(캠핑)할 때는 운전석과 보조석 사이 공간에 두었다. 어떤 여행자는 수납장을 이용하여 고양이 공간을 만들기도 한다. 하지만 요즘의 고급 RV는 고양이를 위한 공간이 만들어져 있다. 고양이가 창밖 구경도 하고, 잠도 자고, 물도 마시고… 편리하다. 고양이 화장실 주변을 청소하기 위하여 소형 진공청소기를 비롯한 청소용품을 구비하면 좋다. 고양이는 털이 많이 빠지므로 위생관리를 철저히 해야한다. 또한 돌발 사고가 났으므로 RV 문을 여닫을 때 고양이가 나가지 못하도록 주의가 필요하다. RV

여행 시작 전, 고양이를 RV에 태우고 적응할 수 있도록 미리 연습한다. 하드 케이스(hard case) 여행용 가방을 가지고 간다. 고양이가 좋아하는 장난감, 캣 타워(cat tower, cat tree house, or cat condo), 또는 캠핑할 때 창밖 돌출형 케이지(cage)를 만들어고양이가 안전하게 나갈 수 있도록 하면 좋다. 잘 훈련된 고양이는 목줄을 메고 여행할 수 있다. 진짜로 훈련이 잘 된 고양이는 목줄없이도 공원이나 산에서 자유롭게 집사를 따라 다닌다. 그러나 예측 불허의 사고는 언제든지 일어날 수 있다. 항상 안전 사고를 대비해야 한다.

반려 동물과 여행할 때는 이름표와 마이크로칩을 달아주고, 예방 접종 기록, 사료 넉넉히, 깨끗한 물, 어깨 멜빵(leash and harness)을 준비한다.

5. RV 여행과 돈벌기

장소에 구애받지 않고 프리랜서로 컴퓨터 관련 또는 일반 사무직으로도 컴퓨터로 일을 주고 받을 수 있으면 여행하면서도 수입이 생겨 좋다. 또한 온라인으로 물건 팔기, 사진 찍기, 취재하여 수입 올리기 등등. 나는 약 7개월 동안 4번의 라디오 광고 녹음을 했지만 부족하다. 오레곤에서의 일이다. 시골 과수원에서 2주 일할 수 있는 구인 광고를 봤다. 2주에 2천 달러. 나도 지원해 볼까? 남친이 극구 말렸다. 힘들대나? 그래도 경험삼아, 수입도 생기고, 돈 버는 일 다 힘들지 뭐. 하지 못했다.

여행이 좋아서 하던 일 그만 두고 여행을 떠나는 열정도 좋지만 여행 후의 일도 염두에 두어야 한다. 나는 RV 여행 후, 한국을 다녀오고… 지금까지도 내 집에 들어가지 못하고 있다. 토마스 함께 살지 못하고 있다. 그러나 남친은 여행전, 여행중, 그리고 여행 후에도 계속 일을 하고 돈을 번다.

6. RV 여행의 장단점

내가 지인들에게 RV 여행을 한다고 말했을 때 모두가 부러워했다. 그러나 아무리 멋진 RV 여행이라고 하더라도 현실에 맞는지, 장단점이 무엇인지 알아야 한다.

RV 여행의 장점

1) 이동성: 여행을 좋아 하는 사람에게 좋다. 모험으로 가득 찬 인생을 즐길 수 있다. 즉시 떠날 수 있다. 가고 싶은 곳, 원하는 대로 갈 수 있다. 움직이기 싫으면 RV파크나 캠핑장에 오래 머물 수 있다.

2) 집을 떠난 후 또 다른 집(Home away from home): RV에는 집에서 필요한 대부분의 시설이 되어 있기 때문에 여행지에서도 집의 느낌을 가질 수 있다. 여행 일정은 내가 만든다. 따라서 쉬고 싶으면 쉬고, 먹고 싶으면 냉장고에서 음식 꺼내어 먹고, 자고 싶으면 자고, 화장실도 언제든지 사용하고, 게으른 날에

는 외식할 수 있고⋯ 언제든지, 어디서든지, 내 마음대로 할 수 있다. 가방을 싸고 풀고 반복하지 않는다.

3) RV파크에서 또 다른 커뮤니티를 만든다: RV파크에서는 옆 RV 여행자들과 이야기도 나누고, 밤에는 모닥불 지피고 맥주나 와인 마시며 즐거운 시간을 가질 수 있다. 좋은 여행 정보도 얻을 수 있고, 좋은 사람들과 친구가 될 수도 있다. 이러한 것들은 호텔에서 할 수 없는 것들이다. 또한 이웃이 맘에 들지 않으면 언제든지 떠날 수 있다.

4) RV는 재산이다: RV는 구입 후 시간이 지날수록 가치가 떨어진다. 그러나 호텔과 비행기 티켓 등의 비용을 생각하면 오히려 돈을 번다.

5) RV 생활은 경제적이다: 호텔과 비교하여 저렴하다. 캠핑장은 더 저렴하다. 무엇보다 호텔에서 부과하는 리조트 수수료도 없다. 마켓에서 음식 재료 구입 후 RV에서 요리하고 식사하면 돈이 덜 든다. 또한 RV 파크 월사용료가 저렴하여 RV 파크에서 상주하는 사람들도 있다.

6) 반려동물: 일반적으로 반려동물과의 여행은 쉽지 않다. 그러나 RV 여행은 얼마든지 반려동물을 데리고 갈 수 있다.

RV 여행의 단점

1) 비싸다: 고급 RV는 비싸다. 중고도 비싸다. 중고이든 새 것이든 RV를 구매하기 전에 RV를 대여하여 일주일 정도 RV 여행을 시도해 보자. 친구들과 여행을 한다면 서로 비용을 나누어 낼 수 있어서 RV 대여 비용 부담이 덜 간다. 물론 RV 대여도 비싸지만 구입하는 것보다는 저렴하다.

2) 연료비: RV는 연료를 많이 먹는다. 남친의 클래스 씨 모토홈의 경우, 마일리지가 갤런당 8마일(3.78리터에 12.87km)이다.

3) 기동성이 떨어진다: RV 여행은 언제든지 어디든지 갈 수 있는 이동성이 좋지만 반면에 단점이 되기도 한다. RV 길이가 20피트(6m) 이상이라면 여행지 도로를 미리 파악해야 한다. 특히 클래스 에이 모토홈은 대도시 다운타운에서의 운전이 아주 힘들다. 다운타운 지역을 피해야 한다. 또한 대부분의 큰 도시에 있는 시내 터널에는 '프로팬 가스' 진입을 허용하지 않는다. (RV에는 프로팬 가스가 있다.) 따라서 GPS로 "터널 없는 도로 (no tunnels)"을 선택하여 길안내를 다시 해야 한다. 일부 도시 다운타운에서는 대형 자동차의 진입을 아예 금지하는 곳도 있다. 설령 다운타운에 들어 간다고 해도 운전도 힘들고 주차할 곳도 없다. 이럴 때 토잉카(towing car, 모토홈 뒤에 끌고 다니는 작은 자동차)가 있다면 편리하게 이용할 수 있다. 모토홈은 RV파크에 두고 작은 자동차로 쉽고 편리하게 다니면 된다. 그러나 작은 자동차 역시 편리하면서 동시에 단점이 된다. 모토

홈 뒤에 토잉하고 운전할 때 RV 운전 경험이 없으면 위험하고 연료를 많이 소모하기 때문이다.

4) 청소: RV도 집이다. 청소를 해야 한다. 침대 정리, 먼지 닦기, 바닥 청소하기, 화장실 청소, 설겆이, 빨래, 그리고 반려 동물이 있다면 반려 동물 운동, 식사 주기, 목욕시키기, 산책하기 등등.

5) 유지비: 유지비와 수리비가 많이 들어 간다. RV를 구입할 만큼 경제적인 여유가 있는지, RV에 대한 지식을 가지고 있는지, 어느 정도는 스스로 고칠 수 있는지, 도로에서 RV가 고장 났을 때 처리할 수 있는 마음의 의지(필요한 부품을 받기 위하여 며칠을 기다릴 수도 있다.)가 있는지 자신을 먼저 알아야 한다.

6) 보관 공간: 아무리 간소하게 짐을 챙겨도 RV 공간은 좁다. 만약 샤워를 RV파크 공중 샤워실에서 하고 RV 샤워실을 사용하지 않는다면 샤워실을 임시 옷장으로 사용할 수 있다.

7) 사용하지 않는 RV 보관 비용: 지역에 따라 월 보관료가 $50~$200정도 한다. 그러나 24시간 보안 시스템이 있고 실내에 보관한다면 비용이 더 많이 든다. 또한 RV를 융자금으로 구입했다면 사용하지 않는 RV에 대하여 할부금을 계속 지불해야 한다.

8) 침대 매트리스: RV에 따라 다르지만 RV침대는 집이나 호텔 침대만큼 편하지 않다. 특히 RV의 소파 겸 침대 또는 식탁 의자 겸 침

대는 불편하다.

RV 여행을 계획하는 사람 그러나 RV 경험이 없는 사람은 안전을 위하여 RV 학원에서 운전 방법, 주차 방법, 트레일러 연결하는 방법 등을 배울 수 있다.

7. RV 여행과 용어

· 어닝(Awning): RV의 캔버스로 된 처마, 주차(캠핑)할 때 필 수 있다. 수동과 자동이 있다.
· 백 인 또는 백 업(Back in or Back up): RV파크(RV Parks)나 캠핑장 (Campgrounds)에 주차할 때 뒤로 주차하는 것. 요즘은 백 업 모니터링 시스템(Back-up monitoring system)이 있어서 후방을 살필 수 있다.
· 베이스먼트(Basement): RV 밑에 물건 보관하는 공간, 창고.
· 블랙 워터(Black Water): 화장실에서 나온 오물이며 RV 밑에 더러운 물 탱크(black water holding tank)에 저장된다. 가득 찬 경우, 덤프 스테이션 또는 RV파크 하수구에 연결하여 버린다. 블랙 워터를 먼저 버리고 그레이 워터를 버린다. 그레이 워터로 오물 파이프를 씻어 낼 수 있기 때문이다. 탱크를 청소할 때는 탱크의 오물을 분해하는 약품을 넣은 후, 변기에 물을 많이 버려서 청소한다.
· 분덕킹(Boondocking, 노숙): 전기, 물, 식수, 하수 등을 연결하지 않고 캠핑하는 것.
· 박스(Box): 클래스 에이 모토홈의 실내 거주 공간. House 또는 living space라고도 부른다.
· 브렉커웨이 시스템(Breakaway system): 모토홈과 끌고가는 뒷차(towed

car)의 연결이 풀려 뒷차가 떨어져 나갈 때 뒷차가 멈추는 응급 브레이크 시스템.

- 캡튼스 췌어(Captain's chair): 운전석과 승객 보조석. 칵핏(Cockpit: 비행기 조종석)라고도 부른다. 고급 모토홈의 캡튼스 췌어는 빙빙 돌며 안락의자로도 된다.
- 카라반(Caravan): 여러 대의 RV를 각각 타고 같이 여행하는 그룹 RV 여행자들을 말한다. 한국의 수학 여행 버스 대열과도 같다. 맨 마지막에 있는 RV를 가리켜 테일거너(tailgunner)라고 한다. 카라반 멤버가 위급한 경우 도와 준다.
- 카셋트 토일릿(Cassette Toilet): 저장 탱크가 내장되어 있는 소형 변기로서 RV에서 분리하여 오물을 버린다.
- 섀시(Chassis): 직사각형 모양의 강철 프레임으로 엔진, 기어, 바퀴, 서스펜션 시스템을 가지고 있는 차대로 그 위에 모토홈 박스를 올려 모토홈으로 만든다.
- 코우치(Coach): 모토홈
- 칵핏(Cockpit): RV 운전석(파일럿)
- 덤프 스테이션(Dump Station): 오물 버리는 곳.
- 디캠프(Decamp): 훅업 연결을 푸는 것.
- 다이넷(Dinette): 식사하는 곳. 식탁 의자는 침대겸용
- 딩이(Dinghy): 모토홈 뒤에 끌고(tow)가는 작은 자동차. 어떤 경우에는 바퀴만 있는 토우 달리(tow dolly)를 모토홈 뒤에 연결하여 자동차를 토우 달리에 싣고 가기도 한다.
- 드라이 캠핑(Dry camping): RV파크나 캠프그라운드에 체크인(돈 지불)하고 드라이 캠프하는 경우가 있다. 그러나 훅업할 수 없다. 분덕과 드라이 캠핑의 공통점은 둘 다 훅업하지 않는 것이다. 그러나 분덕은 허가 없이 몰래 노숙 또는 캠핑 하는 것이고 드라이캠핑은 허가 받고 캠핑하는 것이다.

- 피스 휠 트레일러(Fifth-Wheel Trailers): RV 종류 참조
- 프레쉬 워터(Fresh Water) 또는 포터블 워터(Potable Water): 식수
- 풀 훅업(Full hookup): RV파크나 캠핑장에서 물, 전기, 케이블, 배수, 하수 연결.
- 풀 타이밍(Full-timing): RV에서 생활 또는 거주하는 사람, RViers or full-timers
- 갤리(Galley): 항공기, 선박, RV의 주방
- 젠셋(Genset): 제너레이터(generator)의 줄임말
- 구스넥(Gooseneck): 피스 휠 트레일러의 다른 이름
- 그레이 워터(Gray water): 주방과 샤워실에서 나온 오물
- 히치(Hitch): 자동차와 트레일러를 연결하는 기구
- 홀딩 탱크(Holding tanks): 오물 저장 탱크 또는 식수 탱크
- 훅업(Hookups): RV파크 또는 캠프그라운드에서 전기, 수도, 케이블, 배수 연결하는 것.
- 레블링(Levelng): RV 캠프 사이트가 평평하지 않을 때 바퀴(wheels), 빌트 인 시저 잭(built-in scissors jacks), 또는 레블링 잭(leveling jacks)에 각목 또는 램프(ramps-levelers)을 밑에 받쳐서 평형을 맞추는 것. 평형 맞추는 도구(스마트폰에서 leveling app을 다운받아 이용)를 RV안의 테이블 위에 두면 평형이 되었는지 확인할 수 있다. 요즘은 각목을 이용하지 않고 자동으로 맞추는 RV도 있다. 평형되지 않으면 냉장고, 배수관 등 여러 가지에 영향을 끼친다. 심지어 잠자리도 편치 않다.
- 마이크로 미니(Micro-mini): 작은 크기의 클래스 씨 모토홈
- MH: 모토홈의 줄임말
- 넌 포터블 워터(Nonpotable water): 식수 아님
- 파일럿(Pilot): 프로판 보일러, 오븐, 냉장고, 온수기 등에 불을 지필 때 사용되는 작은 불꽃이다. 프로판 보일러의 경우, 작은 불꽃은 계속 살아 있다.

· 파일럿(Pilot, co-pilot): RV 운전기사와 보조석에 앉은 사람.

· 슬라이드아웃(Slideout): RV 실내 공간을 넓혀 주는 것, 1개부터 5개 슬라이드아웃이 있는 RV도 있다. 주차(캠핑)할 때는 아웃하고, 운전할 때는 in한다.

· 스노우버드(Snowbird): 겨울 철새처럼 겨울에 따뜻한 지역으로 가서 사는 RV생활거주자(RVier)를 말한다. 따뜻한 지역은 플로리다. 캘리포니아, 아리조나, 텍사스 등이다.

· 쓰리웨이 냉장고(Three-way refrigerator): 12볼트, 프로팬 가스, 110볼트 전기로 가동되는 냉장고.

· 토우 달리(Tow dolly): 바퀴 달린 수레로서 모토홈 뒤에 연결하여 그 위에 작은 차를 싣고 다니는 수레.

· 토잉카(Towcar): RV 뒤에 끌고 가는 자동차.

· 월리 월드(Wally World): RVier들이 월마트(Wal-Mart)를 부르는 속어이다. 월리 월드에서 많이 분덕(RV노숙) 한다.

· 윅켄더스(Weekender's): RV를 타고 주말이나 휴가를 즐기는 사람들

· 윈터라이즈(Winterize): RV에서 겨울을 지내기 위하여 또는 RV를 장기간 보관하기 위하여 준비하는 것.

이 외에도 많은 용어들이 있지만 가장 많이 사용하는 용어를 모았다.

캠핑카 타고 고양이는 여행 중

ⓒ 이재경, 2019

초판 1쇄 발행 2019년 4월 17일

지은이   이재경
펴낸이   이기봉
편집   좋은땅 편집팀
펴낸곳   도서출판 좋은땅
주소   경기도 고양시 덕양구 통일로 140 B동 442호(동산동, 삼송테크노밸리)
전화   02)374-8616~7
팩스   02)374-8614
이메일   so20s@naver.com
홈페이지   www.g-world.co.kr

ISBN   979-11-6435-217-3 (03940)

이 도서의 국립중앙도서관 출판예정도서목록(CIP)은 서지정보유통지원시스템 홈페이지(http://seoji.nl.go.kr)와 국가
자료공동목록시스템(http://www.nl.go.kr/kolisnet)에서 이용하실 수 있습니다. (CIP제어번호: CIP2019012853)